百年薪火　世纪风范

谨以此书献给世纪广东学人

《世纪广东学人》编委会

世紀廣東學人

主编◎杨兴锋　李根基

南方日报出版社
NANFANG DAILY PRESS
中国·广州

图书在版编目（CIP）数据

世纪广东学人 / 杨兴锋，李根基主编. -- 广州 : 南方日报出版社，2011.8
ISBN 978-7-5491-0236-5

Ⅰ. ①世… Ⅱ. ①杨… ②李… Ⅲ. ①知识分子－生平事迹－广东省－近代 Ⅳ. ①K820.865

中国版本图书馆 CIP 数据核字(2011)第 141944 号

世纪广东学人 杨兴锋　李根基　主编

出版发行： 南方日报出版社
地　　址： 广州市广州大道中 289 号
电　　话：（020）87373998-8502
经　　销： 全国新华书店
印　　刷： 广州市岭美彩印有限公司
开　　本： 787mm×1092mm　1/16
印　　张： 22
字　　数： 280 千字
版　　次： 2011 年 8 月第 1 版
印　　次： 2011 年 8 月第 1 次印刷
定　　价： 88.00 元

投稿热线：（020）83000503　读者热线：（020）83000502

网址：http://nf.nfdaily.cn/press/

序

◎林雄

广东是中国的第一经济大省，但广东文化在全国的地位如何，却一直以来众说纷纭，有一种观点甚至认为广东是“文化沙漠”。持这种论调，或者是对广东文化不了解，或者是我们挖掘、宣传不够。其实，广东具有丰富的历史文化资源，尤其是广东的近现代，扎根于中华文化沃土，吸纳了世界先进文化的养分，引领时代之潮流。近代广东人才辈出，早已是不争的事实。令我们无比自豪的，是这种人才的涌现呈全方位的态势。以学术领域而言，中国最早的近代高等教育机构是从这里起步的，近代医学教育是在这里开始的，许多自然科学和社会科学学科都是在这里较早发展起来的，包括地质学、植物学、无线电子学、激光光学、人类学、语言学等等。完全可以这样认为，20世纪是广东学术的伟大时期！与之相伴生的，就是无论在自然科学还是在社会科学领域，涌现出了一批卓然屹立于学林的大家。《世纪广东学人》对这些学术大家的遴选遵从了两个标准：首先，他必须在人类的整个知识体系里有创造性贡献；其次，他在中国学科的发展里有创造性和奠基性的作用。这两个标准，足以使呈现在我们面前的前辈学人在任何时候都堪称广东的文化脊梁，在今天，无疑更是我们建设文化强省的底气所在。

《世纪广东学人》中的学人们，或在广东诞生成长，积聚能量，如梁启超、岑仲勉、邹鲁、陈序经、陈垣、罗香林、张荫麟、梁方仲、张竞生、容庚、杨成志、丁颖、陈国达、陈耀真诸先生；或在广东传道授业，传播智慧，写就了自己生命中最为传奇的一页，如陈寅恪、姜立夫、朱谦之、陈心陶、王力、冯秉铨、毛文书诸先生。无论是“走出去”的，还是“走进来”的，“广东”二字，都是学人们身上的一个鲜明印记，提及他们，能够自然而然地与广东产生联想。这部《世纪广东学人》所遴选的，还仅仅是他们中的一些，今后还将有姊妹篇，对“世纪广东学人”来一个“集大成”。然而，仅仅从这一些中，已足以让后辈窥见了广东学术文化曾经达到的水平和高度。我们看到，广东的文化影响决不逊于他人，只是之前还做得不够系统，没有形成规模，没有造成声势。现在，《世纪广东学人》弥补了这一缺憾，曾经群星璀璨的广东学人，借助这一平台得以集中地、系统地、生动地浮现于大众视野。这是一个非常有意义的普及。

我们缅怀20世纪的广东学人，在充分发掘广东优秀文化资源的同时，更重要的是，要接续绵绵不绝的广东学脉，为今天的广东树立学术标杆。具体而言，追忆那些独步学坛的旷世学人，就是要大力彰显他们严谨务实的治学为文之道，让他们“板凳坐得十年冷，文章不写一句空”的学术精神，能够穿越时光，为日益喧嚣的当下社会注入一丝清风；就是要大力弘扬他们爱国为民、兼济天下的救世风骨；就是要大力学习他们淡泊名利、甘为人梯的道德风范。广东文化强省战略明确提出，要把广东建设成为在全国具有重要影响力的区域文化中心、发展社会主义先进文化的排头兵、提升我国文化软实力的主力省、中国文化“走出去”的生力军和率先探索中国特色社会主义文化发展道路的示范区，形成具有中国气派、岭南风格、广东特色的现代文化体系。为此，我们需要借助前人留下的一切文化遗产，来提振建设文化强省的信心和勇气！

继《广东历史文化行》、《岭南记忆——走进广东非物质文化遗产》之后，南方日报和南方日报出版社又以《世纪广东学人》向大家奉献了一道历史文化大餐，这道大餐营养同样丰富，值得我们永远地咀嚼、回味。

是为序。

（本文作者系中共广东省委常委、宣传部部长）

目录

前言　志于道

在20世纪中西文化激烈冲突交融、中国知识与制度转型的历史大背景下，广东得风气之先，无论是文史社科，还是自然科学，都涌现出一批学术大家，通古今之变，汇中西之学，为广东学术赢得了不少“第一”，开创了中国现代学术的新气象：中国最早的近代高等教育机构从这里开始；近代的医学教育在这里起步；许多自然科学学科都在这里较早发展起来……

人类学家克罗伯(Kroeber)曾有一个久久不解的疑问：为什么天才成群地来(Come in a cluster)？这个疑问似乎正因1890年前后的中国而问。清季民初，风云激荡、世局巨变的中国，学术大师成群而来。

大师之中，有一群人绕不开广东这片土地。他们或在此诞生成长，积聚能量；或在此传道授业，散播智慧。他们“一方面吸收输入外来之学说，一方面不忘本来民族之地位”。他们的文字用永不褪色的黑夜写成，光芒使人类的白天更亮。但他们是谁?

这许多本该辉煌的名字，今天仍是很多人认知的盲区。我们知道粮食，但不知道现代水稻之父丁颖；我们知道梁启超，但不知道梁启超为什么说“知我罪我，任天下后世评说”；我们知道张竞生“色情博士”、“一代文妖”的离奇称号，但不知道他的美学主张与逻辑学思想；我们知道陈寅恪先后留洋16载，通晓20余种文字，但不知道他目瞑足膑后心里涌动着什么，使他写下诗句“平生所学供埋骨，晚岁为诗欠斫头”。

学人们探求学问的神奇，很多时候，只留下了传奇的痕迹。所谓传奇，就是传得多了，以讹传讹，格义附会，便为人所称奇。“侧帽风流独孤郎”，美男子独孤信帽子被风吹歪，却被满街慕信而仿；加诸学者们身上的光环，同样不可捉摸。

因此，我们想回到现场，在纸上和他们一起谈笑风生，笑看风云。回到陈寅恪的少年，看他用细小油灯藏于被褥之中，放下蚊帐偷读古书，通宵达旦。回到梁启超的青年。回到岑仲勉的中年，看没有家学渊源，没有进过名校，没有留过洋，没有名师指点，甚至不是科班出身的他，如何自学到40多岁终在史学界崭露头角。回到所有人的老年，黄卷青灯，看看他们在懊悔什么，欣喜什么，坚持什么。

现场有时也并不可靠。可能我们会因此看到真实影像，也可能会再次被混乱之光刺晃眼睛。孤独的思考者绝意浮名，不干寸禄，一辈子在冷板凳上精研学术，最后只在历史角落里静坐。而有人才疏学浅却长袖善舞，阉然媚世却自鸣得意，在舞台中央挥霍声名。我们只能等待，等待时间将所有该带走的带走，该留下的留下。

时间有时也并不公平。天才如张荫麟者去得太早，要用“蚂蚁爬行的方式，苦干到150岁”的丁颖活得不够长，而有的人却能凭长寿而荣。我们只能相信未来，相信未来会邀请静坐者发声，叫聒噪者一边呆着。当大学变成江湖，当江湖上流传教授论文抄袭，学者们忙着用良知购买钱币，导师爱女生超过爱自由，我们固执地相信，相信未来时间会带走这一切不光彩的现场。那些混乱浅薄的发言，阉割过的文字，还有人们被刻意培养的奴性，也会带走。

是过去让我们相信未来。当看到孔子说“士志于道”，看到顾炎武说“君子之为学，以明道也，以救世也”，看到陈寅恪说“惟此独立之精神，自由之思想，历千万祀，与天壤而同久，共三光而永光”，你应该明白他们并不寂寞，他们并不只是说说而已。

追忆过去，并不是为了给未来制造更多传奇，而是为了给今天描画理想。为了提醒人们智慧是什么色彩，不带功利之心的为学之道本应如此。提醒人们，这片土地上曾有成群天才，他们都有一颗不肯媚俗的心。他们的生活细节还活在很多人的记忆中，但还是太少；他们的赤子之心躺在图书馆里，但应该穿透人心；最重要的是他们的精神和灵魂，无论阴暗光明，本应像朋友一样与我们相伴，像老师一样带我们探索，而不是像现在，遥遥相望，若有若无。

不要以为这和你没有关系。即使你每天躬耕劳作，或是玩世不恭，你也依然有享有理想的权利；即使你不爱他们的智慧，你也会爱他们的有趣；即使你从不看书写字，你也难以否认，是他们的思想和行动，形成了你生活中美好的部分。

也许你还是怀疑，有没有必要用这么多版面，挖掘一群逝者的生活和念头；主宰我们生活的不是历史的坟墓，而是现实的迷宫，是飞一般的房价，摧枯拉朽的拆迁，蝇营狗苟的生活。其实我们也这样怀疑。纵然他们的思想和学问曾让这个国家前进，给这片土地荣耀，但这个时代，温和的声音已不可能惊雷破柱，理性的思考已无法怒涛惊海。但还是请你接受这微小的力量，就当是做了一个有关理想的梦。梦醒后，我们依然投身于火热的生活。

学人小传

陈寅恪，江西义宁（今修水县）人，1890年7月3日生于湖南长沙，1969年10月7日卒于广州，中国现代最负盛名的历史学家、古典文学研究家、语言学家。他所说的『独立之精神，自由之思想』，成为中国一代学者的人格理想。

他并非广东人，但1949年定居岭南后，在广东写就了自己最为传奇的一页。其晚年穷十年之功完成的皇皇巨著《柳如是别传》，被视为其一生学术范式的总结。

陳寅恪：剩有文章供笑骂

2009年11月12日，中山大学85周年校庆日。当天上午，中山大学的学术精神圣地——陈寅恪故居修缮后开放。一楼大厅入门正对处，陈寅恪先生手拄拐杖的半身塑像，“打量”着这座小红楼的参观者。这天也是广州亚运倒计时一周年的日子，新闻中写道：当晚盛大的庆典仪式上，365个儿童手持“星星”，木棉红花绸带凌空而降，木棉花瓣漫天飘舞。

即使被誉为中国“最有希望的读书种子”、“教授中的教授”、“活字典、活辞书”，陈寅恪在世时也几乎没有俗世的名声。因为他从来不写通论性的文章（《与刘叔雅论国文试题》、《冯友兰中国哲学史审查报告》不能算正式论文）。比起梁启超、胡适、鲁迅这些家喻户晓的名字，他只是地道的学院式人物。

陈寅恪大概想不到，他身后会因为1995年那本《陈寅恪的最后二十年》成为焦点人物；那些掌故轶闻、啼血经历，成为人们附庸风雅的谈资，似乎谁不说陈寅恪，谁就是浅薄无知。

15年过去，这股“陈寅恪热”似乎降到了常温。学术界对陈寅恪的研究，更多地转向其安身立命的学术思想和全景式的生活，而不是聚焦于“独立之精神、自由之思想”那个象征性的符号。年近百岁的陈门弟子卞僧慧先生编撰的《陈寅恪先生年谱长编（初稿）》一书，已经由中华书局出版，而陈寅恪女儿陈流求、陈小彭、陈美延合撰的《也同欢乐也同愁——忆父亲陈寅恪母亲唐筼》，也由北京三联书店出版。

学术史上的陈寅恪应当和思想史上的陈寅恪同时得到强调，不要只记得那个有独立人格的陈寅恪。

历历往事

“陈先生的学问，似乎深不可测，高不可攀，不可企及”

比起鲁迅那撇标志性的隶书“一”字胡子、“一根一根精神抖擞地直竖着”的头发，陈寅恪的形象并不让人感觉印象深刻。

1926年7月7日，36岁的“单身汉”陈寅恪抵达北京。8月25日开学前，他到达清华园，和吴宓一起住进了清华园工字厅的西客厅，从此开启他在中国学术史上的传奇。

传奇从他来到清华园之前就已经开始了。1926年，梁启超推荐（一说是吴宓推荐）陈寅恪为清华国学研究院教授时，清华校长曹云祥问梁：“他是哪一国的博士？”梁答：“他不是博士，也不是硕士。”曹云祥又问：“他都有些什么著作？”梁答：“也没有什么著作。”曹听罢摇头表示为难。梁启超有点生气地说：“我梁某人也没有博士学位，著作嘛，算是等身了，但总共还不如陈寅恪先生寥寥数百字有价值。好吧，你不请，就让他在国外吧！”

自此之后，在清华园担任“国学研究院四大导师”之一的日子，可能是陈寅恪生命中最欢愉的时段。他在这里遇到了陪伴一生的妻子，遇到了爱戴他的学生，遇到了尊崇他的同道。早上，学生们会看见这个“相貌稀奇古怪的纯粹国货式的老先生”，“里面穿着皮袍，外面罩以蓝布大褂青布马褂，头上戴着一顶两旁有遮耳的皮帽，腿上穿着棉裤，足下蹬着棉鞋，右手抱着一个蓝布大包袱，走路一高一下”地去上课。风雨无阻来听课的人群里，既有清华国学研究院的学生，也有朱自清、冯友兰、吴宓，以及北大的德国汉学家钢和泰等。每回上中国哲学史课的时候，人们总会看见冯友兰十分恭敬地跟着陈寅恪从教员休息室里出来，边走边听他讲话，直至教室门口，才对陈先生深鞠一躬，然后分开。讲课讲到入神处，陈寅恪往往闭目而谈，如入禅境，直至下课铃响，也不介意。为了他那著名的“四不讲”（前人讲过的，我不讲；近人讲过的，我不讲；外国人讲过的，我不讲；我自己过去讲过的，也不讲。我只讲未曾有人讲过的），学生们当然乐得让他“拖堂”。

我们没有办法领略陈寅恪讲课的神采，只能从听过他课的“学生”的回忆里去想象。北京大学周一良教授回忆，1935年秋，他在燕京大学读研究院时，到清华偷听先生的晋南北朝史课。他当时的感受是：

“第一堂课讲石勒……旁征博引，论证紧凑，环环相扣。我闻所未闻，犹如眼前放一异彩，深深为之所吸引……别位先生的学问固然很大，但自己将来长期努力积累，似乎并不是办不到；而陈先生的学问，似乎深不可测，高不可攀，不可企及。”

姜亮夫先生也曾这样回忆：“陈寅恪先生广博深邃的学问使我一辈子也摸探不着他的底……听寅恪先生讲课，我不由自愧外国文学得太差。”

A12
百年双喜特约
世紀廣東学人
陈寅恪：剩有文章供笑骂
百年薪火 世纪风范 广东中烟工业有限责任公司特别呈献

“闭户高眠辞贺客，任他嗤笑任他嗔”

有关陈寅恪的掌故轶闻广为流传，如背着《皇清经解》留学列国16年，进过东西方多所著名大学，求教于世界第一流大学者，但学完即走，没有一个学位；能背诵“十三经”；与吴宓、汤用彤并称“哈佛三杰”；通二十几国外语（一说十几种）。这些脸谱就像放大镜，将陈寅恪放大成大象一样的存在，也让人们只能盲人摸象。

陈寅恪（中）与长兄衡恪（右）、五兄隆恪少年时期的合影

季羡林的回忆里，陈寅恪是一位“平生不解掩人善，到处逢人说项斯”的好好先生，对人宽容，又乐于助人。有一次，清华一硕士生考试，吴宓为一个微小问题否决了这位学生的及格，陈寅恪觉得不公，为这个学生据理力争。

对待亲人、朋友和学生，陈寅恪是这样和蔼可亲、古道热肠，以至于那些有关他“不好接触脾气大”的传闻在对比之下尤为突兀。周扬好不容易借陈序经的面子见上一次，却聊得很不投机；1962年春天，康生来访，他以生病为由拒见，中山大学办公室人员苦口婆心地动员，他不见就是不见。

类似这样拒见北来要员的事，陈寅恪不止做过这一次。虽然这多少招致对其不利的后果，但他不为所动；1964年元旦，他在诗中写道：“閉戶高眠辭賀客，任他嗤笑任他嗔”。

最“骇人听闻”的是这一次。1953年12月1日上午，陈寅恪在自己家里和曾经的学生汪篯有一次长谈。是年，中共中央历史研究委员会决定在中国科学院设立三个历史研究所（上古、中古、近代），拟请陈寅恪任二所（中古所）所长，汪篯奉命南下邀请老师就任。汪篯按照老师的要求，记录下了这次谈话。这就是后来那篇著名的《对科学院的答复》。1995年，《陈寅恪的最后二十年》首次披露了这篇记录。

文中重申他在《王观堂先生纪念碑铭》中的观点，“没有自由思想，没有独立精神，即不能发扬真理，即不能研究学术”，并据此开出就任的条件：“允许中古史研究所不宗奉马列主义，并不学习政治”。而且，“不止我一人要如此，我要全部的人都如此”。这还只是第一条。第二条是要毛泽东或刘少奇给他开证明，“以作挡箭牌”，并且“最高当局也应该和我有同样的看法，应从我说”。

当时中大教授冼玉清、陈寅恪助手黄萱在场，都劝他不要这样提，陈说：“我对共产党不必说假话。”

易中天说，这实际上是要全国学术界都不宗奉马列主义，不学习政治；以草间布衣一介书生，而公然要求“最高当局”也听他的话从他之说，此等“狂妄”，可谓空前绝后，胆大包天。

“他要至死不变，就让他带着花岗岩脑袋见上帝去吧”

他并不是一个乖僻之人，用今天的话来说，他只是坚持原则。这个原则，就是那句十字箴言：“独立之精神，自由之思想”。

它无关政治立场，因为他所交往者中，既有傅斯年、胡适这些国民党，也有杜国庠、冯乃超这些共产党；也无关学术对错，他说过，“学说有错误是可以商量的，王国维的学说中，也有错的，我的学说也有错误，也可以商量。个人之间的争吵，不必芥蒂”。

他看重的是道德、人品、气节。他愿意交往或敬重者，都是人品极好、极有气节的人，都不失其读书人的本色，有的甚至还有些怪脾气。诸如俞大维、吴宓、傅斯年、蒋天枢、陈序经、刘节、黄萱、冼玉清、姜立夫等，或光明磊落，或嫉恶如仇，或刚直不阿，或诚朴笃实，或遗世独立，他们同气相求，才能相聚。而那些他曾经交往、后来却决绝的人，则多有“变节”之举。

那些“骇人听闻”和“如沐春风”的两极影像，从两个方面将陈寅恪变成学界不可企及的神、人间完美人格的化身。这其中有多少能得陈寅恪一句“知我”的评价，有多少又是借他人之酒浇自己的块垒，缠绕不清。

如果可以让陈寅恪自由选择，也许他不只想做一个寻章摘句的学人。在1919年便与陈寅恪于哈佛相识的吴宓心目中，陈寅恪除了学富五车，还是一个“深悉中西政治社会之内幕”的卧龙式人物。他不可能忘记祖父陈宝箴、父亲陈三立的家国遗恨，也很难摆脱“修齐治平”的政治情结。葛兆光说，陈寅恪似乎觉得自己有一肚子经纶，只是无人领会，仿佛他一辈子并没有把世人敬仰的文字著述当成他的终极理想，而只是当成了一种无可奈何的余事。从他今存第一首诗即青年时代所作《庚戌柏林重九作》“興亡今古鬱孤懷，一放悲歌仰天吼”的句子里，从他晚年盲目后所作《答王啸苏君》之三“死生家國休回首，淚與湘江一樣流”的句子里，我们都能感受到他心中时时萦绕的另一种情结。他总觉得他对于政局有着他人不及的睿智见解。《陈寅恪诗集》中，两用“讀史早知今日事”，三用“食蛤哪知天下事”，都隐隐地流露出卧龙式的自负——“大梦谁先觉，平生我自知”。

即便不如此，至少他不会选择“身与心仇”。因为家国之变，身世之痛，性格之因，闭门著书成为他对人生的最后一点希望，可是，1945年他却因视网膜脱落而失明，1962年又在浴室滑倒骨折。这一年是虎年，也是陈的“本命年”。

他能选择的空间已经很小，但他还是把自己逼进更窄的角落——绝不“侮食自矜，曲學阿世”。境遇时好时坏，即使在1966年他的特别护理被撤除，助手被赶走，工资停发，存款冻结，财物尽失，大字报把他居住的东南区一号楼完全覆盖，有如一口巨大的白色棺材，即使“革命者”知其目不明而耳聪，便“聪明”地将高音喇叭对准其屋，在他耳边轰鸣，他1967年4月2

陈寅恪夫妇与长女流求于清华园合影

日让夫人唐篔所代写之“声明”还是坚持说：“我平生没有办过不利于人民的事情。”“革命者”批判说：“他要至死不变，就让他带着花岗岩脑袋见上帝去吧。”

老年陈寅恪的照片，像是在倔强地咬紧牙关。这个多病与衰弱的老头，不求全，不求变，也不求死，直到身体衰竭而后已。真不明白他哪里来的力量，就像很难想象一个人需要多大的能量，才能在20多岁时，就能自信遍访名师，遍求学问，而弃学位如敝屣。

“贤者拙者，常感受苦痛，终于消灭而后已”

1961年，陈寅恪多年知交吴宓特地自重庆来到广州。面对这位鬓发苍苍的老友，陈寅恪在《赠吴雨僧》诗中预言了两人将从此永隔：“問疾寧辭蜀道難，相逢握手淚汍瀾。暮年一晤非容易，應作生離死別看。”

1964年5月，陈寅恪晚年最知心的弟子蒋天枢南下谒见老师，陈向他托以“后事”，写下《赠蒋秉南序》一文。在这篇带有“遗嘱”性质的短文里，他悲叹自己“奄奄垂死，將就木矣”，但“默念平生固未嘗侮食自矜，曲學阿世，似可告慰友朋”。只是他少时自期的理想，历史对他的冀望，原不只是如此，而是“追蹤前賢……守先哲之遺範，托末契于後生”。如今，这一理想已“有如方丈蓬萊，渺不可即，徒寄之夢寐，存乎遐想而已”。他只能悲叹。

写那篇文章的时候，他那部耗费十年心力的巨著《柳如是别传》（《钱柳因缘诗笺证》）就要完成。稿竟之时，陈寅恪除了“刺刺不休，沾沾自喜”，也哀伤地想到项莲生“不爲无益之事，何以遣有涯之生”的话。5年之后，他的“有涯之生”走到了尽头。1969年春节过完，他被赶出东南区一号楼，在中山大学西南区50号一处非常潮湿的平房中（陈寅恪女儿陈流求告诉记者：“父母极怕潮湿”），迎来生命的终结。

1973年6月的一天，吴宓身负罪名，谪居在重庆市郊的一间斗室里，垂死病中，他忽然梦到了已12年不见的陈寅恪。在梦中，陈向他诵释自己的新诗句“隆春乍见三支雁”，吴宓百思不解其义，从梦中惊起。此前一年多，他曾冒死写信给中山大学的革命委员会，探问“在国内及国际久负盛名之学者陈寅恪教授”的近况，结果泥牛入海。他不知道，他许为“全中国最博学之人”的老友，已经在1969年10月7日凌晨5时去世。

弥留之际，他一言不发，只是眼角不断流泪。他没有遗嘱。45天之后，唐篔随之而去。

可能没人想起，71年前的几乎同一天（1898年10月6日），慈禧惩处陈宝箴、陈三立父子的上谕发出：“……陈宝箴着即行革职，永不叙用。伊子吏部主事陈三立，招引奸邪，着一并革职。”

陈寅恪去世时，距他1958年出版《元白诗笺证稿》11年。他在书中写着：

“值此道德標準社會風習紛亂變易之時……賢者拙者，常感受苦痛，終於消滅而後已。其不肖者巧者，則多享受歡樂，往往富貴榮顯，身泰名遂。”

陈寅恪（左）晚年，摄于中山大学

1940年的陈寅恪

逸闻趣事

论爱情：最伟大爱情如《牡丹亭》

陈寅恪把爱情分为几个不同的层次：最伟大最纯洁的爱情应当是完全出于理想，“情之最上者，世无其人。悬空设想，而甘为之死，如《牡丹亭》之杜丽娘是也”。第二个层次的爱情是若真心爱上某人，即便不能结合，也忠贞不渝，矢志不变。例如贾宝玉与林黛玉以及古代那些未嫁的贞女等。第三个层次是“曾一度枕席，而永久纪念不忘，如司棋与潘又安，及中国之寡妇是也”。而第四个层次，才是人们平常最多见也最为推崇给常人的，即终身为夫妇而终身无外遇者。

——摘自《寂寞陈寅恪》

谈金钱：“弟好利而不好名”

《书信集》中，陈寅恪先生自称“无钱不要”，这自然是戏言。“弟之生性非得安眠饱食不能作文，非是既富且乐，不能作诗”，却是毫无矫情的实在话……《书信集》里屡次提到“弟好利而不好名”，“弟虽为好利”等等，这些话与陈寅恪先生的一个重要思想是密切相关的。《雨僧日记》1919年9月8日记载：“陈君又谓‘……我侪虽事学问，而绝不可倚学问以谋生，道德尤不济饥寒。要当于学问道德以外，另求谋生之地。经商最妙……若作官以及作教员等，绝不能用我所学，只能随人敷衍，自侪于高等流氓，误己误人，问心不安。至若弄权窃柄，敛财称兵，或妄倡邪说，徒言破坏……卒至颠危宗室，贻害邦家，是更有人心者，所不忍为矣。’”

也就是说“独立之精神，自由之思想”是要有一定的物质基础的，并不是嘴上喊喊、手上挥挥的标语口号。

——摘自钱文忠《书信里的陈寅恪》

对对子：“孙行者”对“胡适之”

陈寅恪曾经送学生们一副对联：“南海圣人再传弟子，大清皇帝同学少年。”因为清华国学研究院导师梁启超是康有为的弟子，学生们就成了“再传弟子”；王国维曾是帝师，学生们不就和皇帝成了同学？

当然，陈寅恪最有名的对联故事，还是“孙行者”那一宗。1932年，清华大学入学考试的国文试题中有对对子小题：“孙行者”，求对句。试毕，高中者仅一人，所对为“胡适之”。

（本文参考汪荣祖《史家陈寅恪传》，陆键东《陈寅恪的最后二十年》，刘克敌《陈寅恪与中国文化》，余英时《陈寅恪的学术精神和晚年心境》，葛兆光《最是文人不自由》。感谢陈寅恪长女陈流求先生、杭州师范大学刘克敌教授的学术支持。应陈流求先生要求，文中所引陈寅恪诗文以繁体字出现。）

（蒲荔子）

陈寅恪先生铜像

学者视点

葛兆光、刘克敌解析“陈寅恪热”和当下学界

现在不少知识分子乐于“人格矮化”

陈寅恪注定不是常人，那么常人能从他身上学到什么？

陈寅恪“众人皆醉我独醒”的时代已过去，那么今天能从他身上看到什么？

陈寅恪首先是一个学者，他的治学方法是否可学？

陈寅恪高估了同时代人的理解力，高估了深奥繁复的学术的感染力，竟至发出“平生所學供埋骨，晚歲爲詩欠斫頭”的悲鸣；他逝世41年后，我们又能理解他几分？

就这些问题，南方日报记者专访了复旦大学教授、文史研究院院长葛兆光和杭州师范大学教授刘克敌。

2001年，陈寅恪专著《柳如是别传》出版，首次印刷1万册，竟然在短短数月间销售一空。

“陈寅恪热”：
依然没有完全消退

南方日报：陆键东的《陈寅恪的最后二十年》让陈寅恪走向大众，并带动起一股“陈寅恪热”。这个过程是怎样的？

刘克敌：《陈寅恪的最后二十年》于1995年由三联书店出版后，立即在中国知识界、文化界激起强烈反响，并迅速引起大众传媒的注意，陈寅恪一时竟成为焦点人物。由此也开始了陈寅恪研究的新的里程碑——由书斋开始走向大众。

此书问世开始至20世纪末，短短5年间，关于陈寅恪的传记、研究专著和各类文集的出版达到一个高峰，至于论文数量之多更是难以统计。

南方日报：进入新世纪以来，所谓的“陈寅恪热”是否有所降温？

刘克敌：大众关注度没有那么高了，陈寅恪似乎正离我们而去，而我们不想再抓住他。连鲁迅这样更广为人知的大师也在被忘却，更不要说陈寅恪了。至于学术界则是以更加理智和冷静的态度从事陈寅恪研究，学理性更加突出。不过，2001年1月，人们盼望已久的《陈寅恪集》终于由三联书店出版，首先与读者见面的是《柳如是别传》，该书首次印刷1万册，竟然在短短数月间销售一空，不得不再次加印，反映出新世纪“陈寅恪热”依然没有完全消退或者说是再次“发烧”。虽然这“烧”发得有些莫名其妙，但还是聊胜于无。至于今天，热度在大众之中应该已经消退，但在学术界“陈学”还是受重视的研究领域。

我现在希望能特别表彰一下他在学术史上的意义，学术史上的陈寅恪应当和思想史上的陈寅恪同时得到强调。

A13

现在不少知识分子
乐于“人格矮化”

被符号化的陈寅恪：
不要只记得那个有独立人格的陈寅恪

南方日报：在这个过程中，不同人对于陈寅恪的解读也不尽相同。你印象中真实的陈寅恪是什么形象？应当如何客观看待陈寅恪这个人？

葛兆光：一千个读者有一千个哈姆雷特。在我看来，在社会上，在学界中，很多回忆陈寅恪先生的文章里面，其实是有两个陈寅恪的，一个是从思想、政治、文化的角度来回忆和想象陈寅恪的，更多的是把陈寅恪当成是思想史或政治史的象征性人物，突出的是陈寅恪的“独立之精神，自由之思想”。这种写法我们应当同意。但是，对于陈寅恪这样一个长期从事历史研究的学者，我更想谈的是陈寅恪在学术史中的意义。

如果一个人的学术研究很烂，恐怕他再有独立之精神、自由之思想，大家也不会把他当成象征性的人物。陈寅恪作为学者，学术研究的伟大成就，支持了他作为思想者的影响力和公信力。我不是反对谈陈寅恪的独立精神、自由思想，他的铮铮傲骨，他

1946年于南京萨家湾俞大维宅，抗战胜利后陈家兄妹大团聚合影。后排左起陈方恪、陈登恪、孔紫萸、陈隆恪、陈寅恪、陈康晦；前排左起唐篔、陈新午、陈美延等

晚年的悲凉心境，我也写过这类文章，但是，学术史上的陈寅恪应当和思想史上的陈寅恪同时得到强调，不要只记得那个有独立人格的陈寅恪。

刘克敌：他的地位在中国历史上应该跟鲁迅、胡适、王国维一样，都是第一流的文化大师。不过，现在有些人对陈寅恪有一些神化倾向，就像当年的鲁迅一样。比如说季羡林先生，包括他的一些弟子，还有海外一些舆论，对陈寅恪有过分拔高的嫌疑，特别是拔高他的政治意图，把他作为知识分子标杆，用心可能是好的，但却相对忽略了对他学术思想的研究。我认为，理解陈寅恪，应该首先将他当成一个普通知识分子、一个大学者，然后是一个爱国知识分子（不宜在此过度发挥），最后才是一个文化大师。陈寅恪多立少破的治学思路，对于20世纪中国学术界一直流行的所谓不破不立、破字当头的研究模式，无疑是一种反拨。

陈寅恪治学：
他的范式和框架颠覆不了

南方日报：您强调对陈寅恪的学术思想的研究。在今天学术失范的背景下，他的治学方法又有何借鉴意义？

葛兆光：值得注意的是，陈寅恪自从20世纪20年代回国以后，陆陆续续所作的历史研究，如果放在当时国际东方学以及中国学的潮流中看，跟世界最前沿的东方学研究是同步的，无论是关注的方向、材料的发掘还是方法的应用，甚至还有很多是他独特的观察。按照他自己的说法，就是很“预流”，而不是像我们现在一样，总是跟在别人的后面。

有的人对陈寅恪历史研究的深意恐怕不甚了解，比如说，有人批评陈寅恪考证杨贵妃进宫时是不是处女很无聊，其实这个问题是以小看大。陈是通过这种小事，来考证当时唐代文化在多大程度上是胡汉交融的，因为胡人没有那么严格的伦理观念呀，他要考证的只是中国文化早就是不断交错融合这样一个现象。这个就值得我们学习，我们现在“捡到篮子里就是菜”的现象太多了，我很早就说过，现在文史学界最大的问题就是“没有问题”，可是，他在选题上，是很有意识的，总是能够抓住大关节，并从小处观察到历史的宏大命题。

第二个值得借鉴的是，陈寅恪能从常见材料里读出不常见的、宏观的问题，尤其是中古史，我们知道中古史资料并不很多，但是他都能提出笼罩性很强的、很深层的问题来。尽管现在很多人对他的研究有批评，比如对唐代政治制度渊源、关中本位说等提出很多具体的意见，但是不可否认的是，他的思路、方法和范式颠覆不了，现在很多人的研究，仍然是走在他的延长线上。

第三个是，当年陈寅恪、傅斯年等提出的新史料、新领域和新方法，中国学术界从20世纪40年代以后好像断掉了。当年，他们提出把欧洲语言学和历史学的方法结合起来，用多种多样的语言工具研究问题，努力发掘新的史料，视野从汉族中国拓展到四裔，这都是很重要的。可是，现在学术界普遍满足于老问题，对新史料、新知识、新方法很少应用，也难得开拓出新领域。所以，我觉得现在不应该仅仅去谈论独立精神、自由思想，也同样要学习他的研究精神和研究方法。

刘克敌：20世纪是中国现代学术体系建构和大发展的时期，为此很多文化大师作出了巨大贡献，而陈寅恪毫无疑问属于其中重要的一位。他所提出的一些现代学术研究理念和方法，具有独特的价值，因为在面对中外广博的学术思想和学术资源时，如何选择和提炼加工以适合中国学术发展所用，其实一直是困扰现代中国学术界的问题，在今天也没有解决好。

例如，陈寅恪一直坚持少批评他人，重在建立自己理论体系的原则，在他的著作中，极少有批评他人学术思想和观点的地方，除非是对那些以学术为谋取名利手段的曲学阿世者。这一多立少破的治学思路，对于20世纪中国学术界一直流行的所谓不破不立、破字当头的研究模式（其实是批判重于一切），无疑是一种反拨。

再如，陈寅恪在其著作中很少提及西方学术观点，是由于他认为解释中国文化不需要或不适合使用如此方式。同时对于中国文化中缺乏的因素，他也能通过自己的理解把它转化为可以与中国文化融会贯通的成分。这表现出他对中外文化的深刻理解与把握，这与当代一些学者动辄引用西方经典来显示其知识渊博的方式，恰成鲜明的对比。

陈寅恪老年

陈寅恪故居——麻金墨屋一号

"人格矮化"：
"独立之精神，自由之思想"学不来？

现在需要坚持"独立思想，自由精神"，也只好在随笔、评论中表现，需要不断地向公众表达我们的想法

南方日报：陈寅恪流传最广的话，便是那句"士之读书治学，盖将以脱心志于俗谛之桎梏……惟此独立之精神，自由之思想，历千万祀，与天壤而同久，共三光而永光"。夏中义把这八个字归到乾嘉以来的"学统"里，并称自由思想为学统之骨，独立精神为学统之魂，而易中天则认为陈寅恪说的是"一个做人问题"。您的解读是什么？

葛兆光：一个在学院里做学问的人，同时也应当从象牙塔里时时伸出头去看看外面，去关怀一下外面的世界。萨义德有一本书叫做《知识分子论》，里面有一个很有趣的定义，说知识分子就是不断地站在局外去批评和捣乱的人。我觉得，知识分子不能像行政官员那样采取现实主义和妥协主义的态度，必须秉承最高的理想和最高的原则，来批评社会和政治，这才是陈寅恪讲的"独立之精神，自由之思想"。

南方日报："人格矮化"似已成为今天中国现实的一种，独立精神、自由思想在今天成了遥不可及的人格象征？这种精神应以什么样的方式继承和延续？

刘克敌：对于陈寅恪这样的文化大师，大多数人是仰视的。我们这个时代是一个没有大师的时代，不但没有，也不可能再出了。所谓的延续，也只能是在每一个知识分子的内心呈现，也就是坚持所谓的洁身自好。但如果人人洁身自好，就相当于明哲保身，各扫门前雪，这个社会将无法前进。更可怕的是，如今我们甚至连独善其身都无法做到。就拿高校来说，今天让你填一个表格，明天让你交一个总结，你能不填不交吗？上课时有些东西能说吗？不过，人格矮化，自然有外界的压力因素和体制因素，但最终还是知识分子自身的问题——很多人已经无所谓了，甚至乐于如此。

葛兆光：现在的学界，特别是人文学科处在一个很尴尬的境地中。过去学问只有一个标准，就是学术水准的高低，它是由学术共同体评价的，可是现在学术有三个尺度或标准：第一个来自政治，政治曲折地通过各种学院制度、工

分式的考绩和媒体的褒贬钳制学术；第二个来自经济，也就是市场，学术被迫要看能不能投合大众混个脸儿熟，什么时候出卖自己的学术作品价钱可以更高，什么课题更有“销路”；第三个才来自学术，但也已经没有学术共同体或学术公正性了，“乱哄哄你方唱罢我登场”。学术一旦被政治、经济捆绑在一起，就谈不上独立和自由了。所以，鲁迅当年讲“横站”，你要同时面对好几重危机和胁迫，这就是我们现在的处境。

这样的处境，逼得我们一些学者不得不用两支笔写作，一方面要坚持学术的客观性、中立性，要用学术的笔来写论著；另一方面，用随笔、评论、散文这样的方式表达我们的政治关怀、文化关怀。所以我觉得，我们现在需要坚持“独立思想，自由精神”，也只好在随笔、评论中表现，需要不断地向公众表达我们的想法。

陈寅恪与中国传统文化：传统是不断构造出来的

陈寅恪所坚持的是民族文化的抽象性继承，而非继承某些具体的内容，因此他如果看到今天这样的“祭孔”等活动，恐怕是会苦笑的

南方日报： 陈寅恪毕其一生都在“维系民族文化精神于不坠”，而其方法则是“一方面不忘本来民族之地位，一方面吸收输入外来之学说”。应当如何理解陈寅恪的文化主张？

刘克敌： 陈寅恪用自己的研究，证明中华文化一直是在汉族文化与异族文化的融合中发展，即使在通常人们认为是纯粹的汉族文化中，也能发现异族文化成分。在常人普遍认为是中国文化精华的领域，他追根溯源，考证出其中的外来因素，如人们普遍认为土生土长的中医，其实受佛教影响很深，天竺有一神医名耆婆者，其名字和药方多见于佛教经典，且随之传入中国。《周髀算经》的“盖天说”，也是由佛教徒从印度引进的新说改进。又

中山大学陈寅恪故居修复开放仪式。中大校长、书记与陈寅恪家人共同揭幕

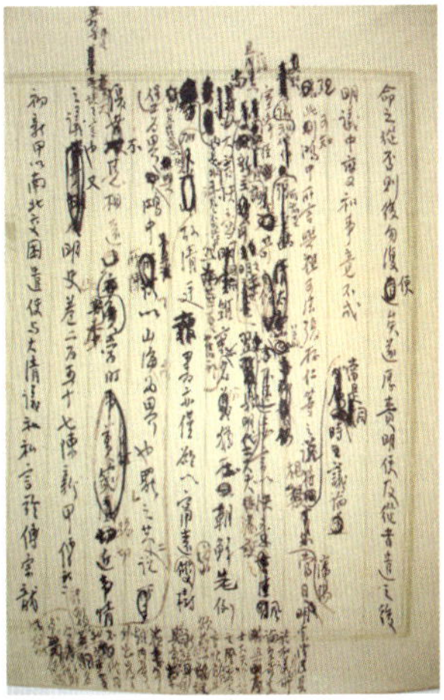

陈寅恪文稿遗墨

如“竹林七贤”，今人常误把“竹林”当成真实的竹林，其实“则为假托佛教名词……乃释迦牟尼说法处，历代所译经典皆有记载，而法显、玄奘所亲历之地”。

陈寅恪这么做，其现实意义不言而喻：任何一个民族文化，如果拒绝学习异质文化，必衰落无疑。但是在学习外来文化的过程中，不能忘记民族文化的“本位”性质。

不过，陈寅恪所坚持的是民族文化的抽象性继承，而非继承某些具体的内容，因此他如果看到今天这样的“祭孔”等活动，恐怕是会苦笑的。

此外，陈寅恪还提出了很好的学习中外文化的方法，例如在吸收外来文化时采用“取珠还椟”的方法，即只采集其精华内核，而抛弃不适合中国的外在形式——而我们今天却往往反其道而行之，可悲！

葛兆光：我觉得中国文化绝对不是一个单数的文化，而是一个复数的文化。现在很多提倡国学或者提倡儒学的人，始终把儒家看得太唯一和绝对，这个我不赞成，我有一个很简单的看法，就是中国文化里面，儒道佛甚至伊斯兰教、天主教内容都有，它是一个不断更新、变化、丰富、生长的文化，传统是不断构造出来的。

陈寅恪对于当代青年之意义：
不要把学术当成一个混饭碗的活儿

如今的“80后”、“90后”，经常挂在嘴边的就是“个性独立”、“非主流”，其实陈寅恪早就是如此，因为他从来也没有进入过所谓的“主流”

南方日报：陈寅恪的独立精神、学术追求，在这个浮躁的社会似乎显得尤为可贵。对于现在的青年来说，要如何重新认识、学习陈寅恪？

葛兆光：我仍然认为，第一要坚持的就是“自由思想，独立精神”。我希望每个年轻人，如果要成为一个知识分子，就要把陈先生的这种思想和精神当成永远的追求。

第二，如果他更有志于从事学术研究的话，我希望年轻人对陈寅恪在上世纪二三十年代就已经指示的学术方法有所理解，不仅成为一个像陈寅恪一样，能够“预流”的学者，而且千万不要把学术仅仅当成一个混饭碗的活儿，不要把学术看作是“生产”，而是一种“理想”。

第三，更具体一点，对陈寅恪那一代学者的治学方法，也要认真地揣摩和学习，做出一些笼罩性的、开拓性的学术成果。

刘克敌：陈寅恪做过多年教师，也是一个桃李满天下的好老师。所以我觉得今天我们的青年，要认识和学习他，不妨就从做他的一个小学生开始。如果能像他那样，不在乎获得俗世的功名，不在乎是否上名牌大学，不在乎是否能拿到什么学位，而是潜心学习中外文化——不是仅仅学习一些简单的技术，而是从根本（观念）上学，那就算是一个好学生。

其次，如今的“80后”、“90后”，经常挂在嘴边的就是“个性独立”、“非主流”，其实陈寅恪早就是如此，因为他从来也没有进入过所谓的“主流”，而是一直坚持自己的思想和学术立场。所以，现在的青年学习陈寅恪，倒是有一个与他看似相同（自然内涵不同）的基础，就是他们的独立意识。不过值得注意的是，坚持独立精神和思想自由，不是为了个人，而是为民族、为文化、为人类的未来。在这一点上，也许我们的青年还是比较欠缺。

中山大学陈寅恪故居修复开放仪式上，家人赠书

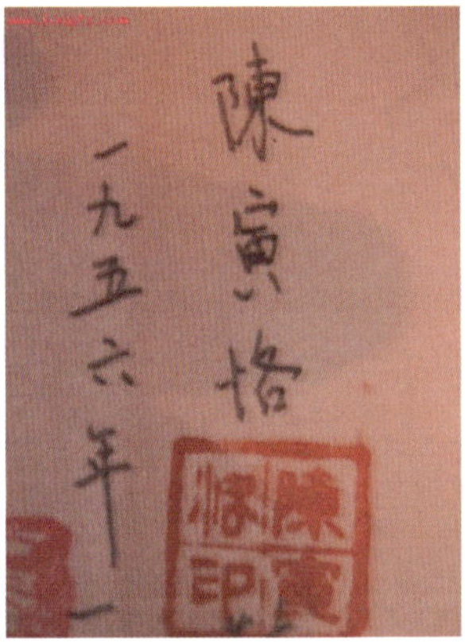

陈寅恪手迹

延伸阅读

1.《柳如是别传》

陈寅恪著

三联书店，2001年1月

陈寅恪晚年自称“著书唯剩颂红妆”，耗费10年之功撰《柳如是别传》，颂扬明末清初奇女子柳如是之气节才情，以“表彰我民族独立之精神，自由之思想”。这部“痛哭古人，留赠来者”的书，“忽庄忽谐，亦文亦史”，浓缩了陈寅恪一生的学养和志趣。而其中极其丰富的史料，精密的排比和考据，精妙独到的感悟，则让人不得不叹服陈寅恪的坚毅精神与绝世天才。

2.《也同欢乐也同愁——忆父亲陈寅恪母亲唐篔》

陈流求、陈小彭、陈美延著

三联书店，2010年5月

这是陈寅恪、唐篔的女儿陈流求、陈小彭、陈美延三姊妹合作撰写的回忆录。在这本书里，她们叙述了和父母一起生活，亲见、亲闻的种种往事，从孩提时代依稀记事起，大体到1949年为止。书中所述，较以往记述更为真实而丰满。

3.《陈寅恪先生年谱长编（初稿）》

卞僧慧著

中华书局，2010年5月

卞僧慧先生早年曾在清华大学历史系从游于陈寅恪先生。1995年，本书曾协商出版事宜，因责编大肆删削，以致面目全非，为卞僧慧先生所拒。时隔15年之后，本书终于以完整面目面世并得到了陈寅恪先生后人的认可。

2010年，清华大学国学研究院与中华书局联合举办了上书以及《梁启超年谱长编（初稿）》出版学术座谈会。

4.其他

汪荣祖《陈寅恪评传》

蒋天枢《陈寅恪先生编年事辑》

张杰、杨艳丽选编《追忆陈寅恪》、《解析陈寅恪》

陆键东《陈寅恪的最后二十年》

刘克敌《陈寅恪与中国文化》

余英时先生论文四篇，收于《现代危机与思想人物》一书

葛兆光《最是文人不自由》

胡文辉《陈寅恪诗笺释》

（蒲荔子　吴敏　唐海燕　许嘉琪）

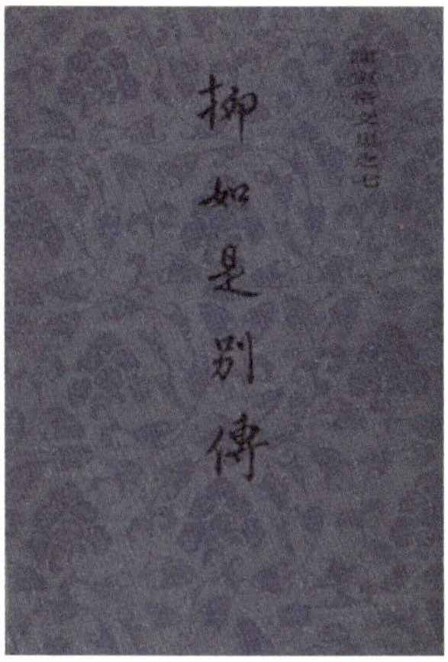

《柳如是别传》封面

学人小传

梁启超（1873-1929），广东新会人。中国近代维新派代表人物，著名政治活动家、启蒙思想家、教育家、史学家和文学家。

梁启超的一生以1917年辞去北洋政府财政总长为界，大致分为『从政』和『治学』两个阶段：从『公车上书』起，20来岁就名动京师；戊戌变法失败后，流亡海外，创办《清议报》和《新民丛报》，倡导『诗界革命』和『小说界革命』。1912年回国后，任北洋政府司法总长、财政总长，曾与蔡锷策划武力反袁。辞职后，辗转各地讲学、著书，作品合为《饮冰室合集》。时人评价梁启超前半生是『长彗烛天，琼花照世』，暮年却是『光沉响绝』。

从『桃源中人』到『世界人』，『治世』与『治学』是梁启超面临的最难的抉择。

梁启超以『多变』闻名：政治主张数年一变，风向摇摆；与康有为决裂，跟孙中山反目，对袁世凯先拥后伐，被目为『卖朋友，事仇雠，叛师长』的阴谋家、小人。治学上，『不惜以今日之我，难昔日之我』，对待『尊孔』、『经学』、『进化』、『科学』、『天命』等诸多命题的态度一变再变。康梁两位维新主将，一则一成不变，一则毕生求变，是耶非耶？『让天下后世评说。』

梁启超自号『任公』，自幼『以天下为己任』。别号『饮冰室主人』，出自《庄子》，意为面对国家内忧外患，心中焦灼，唯『饮冰』方可得解。观其一生，名副其实。

梁启超：从桃花源人到世界公民

上海世博会开幕以来，一批100年前就“预言”了世博会将在上海举行的清末小说，在图书市场上十分吃香。其中梁启超写于1902年的《新中国未来记》不仅年代最早，且书中关于“大博览会”的描述，显示出作者的远见卓识——思想理念的传播、碰撞与交流，比产品和技术的展示更为重要。

近年来，梁启超的“先知先觉”，越来越受到重视，例如建设“有中国特色”的精神文明与价值观，中国人如何成为“世界公民”，反对狭隘的民族主义等。经济学家郎咸平更是抛出一个惊人观点：早在100年前，梁启超就针对早期中国股市泡沫和崩盘，提出了“世界级的解决方案”！

思想先驱、“舆论之骄子，天纵之文豪”……梁启超在一个世纪后，呈现在世人面前的形象，依旧是“横看成岭侧成峰”，雄奇而又苍茫。这个“百科全书”式的通才，还拥有另外一个分量极重的头衔——“清华国学院导师”。2010年5月，清华国学院与中华书局在北京隆重推出了“四大导师年谱长编”的头两部——梁启超、陈寅恪《年谱长编》。包括梁启超私人书信在内的大批珍贵史料，首次完整公开，引起广泛关注。

我们把视角锁定在梁启超一生作为“学人”的主要阶段：从1920年欧游归来直至1929年病逝。我们试图还原梁启超最后10年里作为大师特立独行的性情风范，与生为凡人平淡细微的点滴悲欢，透视一介学人对中国文化的自信，对人生理想的捍守，对家国民族的一腔血诚。即便你无法拥有梁启超的旷世才华，至少可以借鉴他的人生态度——宁可困惑一世，从未颓唐一时。

逸闻趣事

学不厌，教不倦，与同学们一起改错

梁启超以淋漓健笔著称，关于其口才则众说纷纭，关键就在于听不听得懂他那一口带新会口音的“官话”。据说，梁启超初次被光绪帝召见，就因为交流不畅吃了大亏，光绪失望之下仅赐了个六品顶戴。梁启超自己却说，有一回应邀向西北军讲话，让冯玉祥感动得放声大哭，全军流泪。1920年冬，梁启超在清华讲授《国学小史》，那么学子们又是怎么看的呢？

“‘启超没有什么学问，’眼睛向上一翻，轻轻点一下头：‘可是也有一点喽！’”

当年在清华上学的梁实秋记得，梁启超上课时常常手舞足蹈，讲到激动时万态毕露，满头大汗。他最喜爱《桃花扇》，有时悲从中来，“竟痛哭流涕而不能自已”，有时又“于涕泗交流之中张口大笑”。梁启超时常旁征博引，偶尔卡壳，“用手一敲秃头”便可“倒”出大段诗词。下课时，他于掌声雷动中徐徐步出教室，听众无人敢先离席。

闻一多多年后向他的学生们“表演”过梁启超讲授古乐府《箜篌引》的情形——梁任公先把那首古诗写在黑板上，然后摇头摆脑地朗诵一句：“公、无、渡、河”，接着大声喝彩，叫一声“好！”然后再重复地念：“公、无、渡、河”，“好！”“实在是好！”梁任公这样自我陶醉地一唱三叹，一声高似一声，并无半句解释。然后黑板一擦就算讲完。闻一多讲述时，情不自禁地跟着把脑袋转来转去，讲得满脸通红，声音激昂。末了把声音压低，两手一摊，正告弟子：“大师讲学，就是这样！”

1922年梁启超赴南京东南大学主讲先秦政治思想，与传授“实用主义”的胡适狭路相逢。学生黄伯易回忆道，胡“像花牌楼商人”，目空一切；梁“广额深目，态度诚恳”，第一次和学生见面就表态：“我梁启超一定要学习孔子‘学不厌，教不倦’的精神，与同学们一起攻错。”

梁启超常热心帮贫困学生谋一些编目录之类的兼职，赚补生活费用，教学上也很开明，欢迎学生挑战，每次开课学子云从，室无隙位。不过也有一次，因为当天有校际篮球比赛，来的人太少，拂了先生的面子。他当即怒斥学生们

无心向学，“不过是要看看梁启超罢了，和动物园的老虎、大象一样！”

一动笔万言长文“片刻即脱”

梁启超晚年每日5点起床，工作十个小时，星期天也不休息。他有句口头禅——“万恶懒为首，百行勤为先”，36年间所著《饮冰室合集》共148卷，1400万字，平均每年要写39万字。

梁启超一动笔则情如烈焰，思胜泉涌，万言长文“片刻即脱”。1914年他小住清华“工字厅”，罄十日之功，写完长达百页的《欧洲战役史论》。护国运动期间，遭袁世凯通缉追捕躲入荒山，大病初愈即奋战三天三夜，写出了《国民浅训》一书。

人入暮年，梁启超的精力不减，只消一个周末，便可成书一本。与他一同欧游的蒋百里，回国写了一本《欧洲文艺复兴时代史》，请他为之作序。岂料梁启超一发不可收拾，出手便是6万字，这篇“长序”只得单独出版，是为梁启超的学术代表作《清代学术概论》。

梁启超下笔神速，一是拜天资所赐，擅博闻强记，故能出经入史，信手拈来。譬如他能全篇背诵贾谊七千余字的《治安策》，曾笑言：“不能背《治安策》，又怎能上‘万言书’？”一次宴会上，胡适提到中国古诗中没有写猪的诗句，他马上以乾隆一句非常生僻的诗文“夕阳芳草见游猪”反驳。二是长于高屋建瓴、宏观掌控，如学者陈明远所说，“能够详尽占有资料并且从中迅速地整理出一个头绪来”。

若是将梁启超与同为“四大导师”的王国维、陈寅恪一比，“纵横捭阖”有余，“钩深诣微”就见拙了，稍有不慎还会犯下常识性错误。黄侃就曾笑话梁启超有一次演讲中“有无数笑柄”，居然将“老、庄、屈子、葛相、道安”列为“湖北五贤”。

A12 百年双喜 世纪广东学人

梁启超：从桃花源人到世界公民

广东中烟工业有限责任公司特别呈献

梁启超

梁启超深具自知之明，尝自言：“务广而荒，每一学稍涉其樊，便加论列；故其所述著，多模糊影响笼统之谈，甚者纯然错误。”梁启超在檀香山刚学习了几个月的英文，便自觉已得真谛，还编了一本《英文汉读法》，教人数月之内学会翻译英文。结果，经《国民报》英文编辑王宠惠“测试”，梁启超的英语水平当场“现形”。梁羞愧之下，将书一撕两半，丢到窗外。

梁启超后来对刘海粟说：“一个渔人同时撒一百张网，不可能捉到大鱼……基础好，天分好都不够，还要业精于勤。不能把治学的摊子摆得太大。‘才成于专而毁于杂’，一事办好，已属难得；力气分散，则势必一事无成。”

一生多失败，但失败也津津有味

“我信仰的是趣味主义。”这是梁启超的一句名言。他常说，做学问还是当从趣味入手，才易出成果；但另一方面，自己为学“浅芜”，原因正在于“学问欲”很旺又“病在无恒”，以致“不能专积有成”。

梁漱溟在《纪念梁任公先生》一文中，说他“热情多欲”、“感应敏锐”，“然而缺乏定力，不够沉着，一生遂多失败”。梁启超曾坦言，自己所做的事，严格说来没有一件不是失败的，但是“连失败也觉得津津有味”。他告诉子女们：“我虽不愿你们学我那泛滥无归的短处，但最少也想你们参采我那烂漫向荣的长处。”

生活中，梁启超的确是个“烂漫向荣”的人，听京戏，也听古典音乐，收藏字画、楹联书法，样样都来。一生藏书4万多册，藏有碑刻拓本1200多件，逝世后尽数捐给了北京图书馆。人生最大“俗癖”，首推“四人功课”。在清华时，梁启超有句名言非常流行：“只有读书可以忘记打牌，只有打牌可以忘记读书。”

某日，一牌友出题考他：“手中七张万牌，已听牌，并且听六、七、八、九万，问手中七张牌是什么？”梁启超一分钟后出示答案：三张六万，两张七万和两张八万，完全正确。

梁启超曾说，打牌有助启发智商：“手一抚之，思潮汩汩来”。传说，梁启超在担任《时务报》主笔时，经常半夜一边吆喝“八万”、“九条”，一边口述社论，由专人记录下来，即可付梓。约稿、演讲统统不预选准备，临阵之前，一阵“东风、白板”过后，便大功告成。著名的讨袁檄文《异哉所谓国体问题者》，据说也在打牌过程中起好腹稿的。全文是一篇电报，由梁启超口述，发电员打字，费时两个钟头才打完，一共九千多字，一刻不停，一字不改。

梁启超54岁时留影

他青年时代写过一句诗，“万事祸为福所倚，百年力与命相持”，后来写成对联送给后辈，勉励年轻人要永远乐观、豁达、振作、向上。梁启超生平每件事都做得“兴会淋漓”，即使在海外逃命期间，他也随身带着宝爱的碑帖，每天临池不废；夜来呼朋唤友推牌九，不亦乐乎。

晚年患上尿血症，身体每况愈下，他照例每日挥毫自娱。在家书中，他活灵活现地描摹“老白鼻”（幼子梁思礼乳名，即Baby的意思），模仿家中女仆，把“乡音无改鬓毛衰”念成“乡音无改把猫摔”的样子——看惯了半个世纪的鲜血、权术、战乱，经历了一次次希望的凋敝，心底竟然还是一派灿烂和天真。或许，这就是“趣味”给予梁启超最好的补偿吧。

与周善培“彼此多规过，少奖善”

《孝经》有云：“士有诤友，则身不离于令名。”梁启超身边总有一帮“诤友”，时不时地“泼冷水”。周善培在青年时代和梁启超有过一次同船之谊，当时梁已有盛名，而周仍是无名小卒，梁启超主动表示交好。二人订交从一开始就定下原则“彼此多规过，少奖善”。

周善培多次劝梁启超治学为文不可一味求速。有一次，周对好友说，他的文章能“动人”，却不能像《史记》那样“留人”。“你这几十年中，作了若干文章，莫说百读不厌，使人读两回三回的能有几篇？”1924年9月梁启超在夫人李蕙仙去世时写下了深情悱恻的《祭梁夫人文》，一反常态地做了一天，“慢慢吟哦改削”，又改了两天才完成，列为“一生好文章之一”。

周善培认为梁启超不是从政的料，预言他与段祺瑞共事的结果是“长叹一声下台”，果然言中。周又问他“你讲了一生政治，有几天是愉快的？”梁无言以对。

对于钦佩的对象，梁启超从不吝啬赞美。“四大导师”中他尤其推崇王国维的“专精绝学”，甘心将王列为四人首席；但对于不是彻底认可的人，特别是后起之秀，心态就未免有些复杂。

胡适少时深受梁启超“新民说”影响，算是梁的弟子辈，留学归来一跃成为新一代学术界“领军人”，风头正健。梁欣赏其才华，却不认同其哲学理论，曾在北大公开演讲发难。1923年，二人同时应邀为青年开出一份《最低限度国学书目》，胡将《三侠五义》、《九命奇冤》也列入其中，却没有《史记》、《汉书》、《资治通鉴》。梁很不满，当即撰文批驳说，自己偏偏就没读过这两本书，“但说我连国学最低限度都没有，我却不服”。

梁启超显露出的“争胜”的念头，周善培看得很清楚。他说，梁启超常以不知一事为耻，如胡适偶然研究哪怕“极无价值”的东西，他也要跟着研究一番。于是，周劝他：“论你的年辈、资格，应当站在提倡和创造的地位，要人跟你跑才对，你却总是跟人跑。不自足是美德，但像这种求足的方式，何时才到头呢？”梁启超一再点头，终究还是拴不住自己“竞赛”的心。

周善培为了回报梁启超当初“礼贤下士”的诚意，做了一辈子的“魏征”，梁启超也是他平生“最能受直言”的对象。两人的友谊持续终生，达30余年之久。

用生命为西医和科学辩护

梁启超和所有身处于世纪之交的知识分子一样，身上涌动的中西文化养分一直在持续交战，他对于“科学”便是如此。梁启超年轻时也曾是狂热的“崇洋派”，认为“中国自汉以后的学问全要不得，外来的学问都是好的”，对

“科学”十分痴迷；赴欧期间目睹一战之后的混乱与萧条，“科学万能梦”宣告破产。回国后转投传统文化麾下，倡导用东方的“固有文明”来“拯救世界”。晚年态度渐趋稳定，既不认为科学无用，也不赞成科学万能，而是希望取中西治学精神之长补缀互砥。

梁启超最后一次为“科学”辩护，是以身家性命作担保。1926年，梁启超确诊患上尿血症，随后在协和医院接受了肾切除手术。不料，手术后病仍不得愈，才发现原来主刀的中国大夫，竟然把梁原本的好肾给误切了。

一时“群情愤慨、舆论抨击”，梁启超却不想因为此事影响西医在中国的发展，主动为医师辩护，又拒绝了朋友起诉的提议。其弟梁启勋发现，本来为梁启超手术操刀的应是一位美国外科专家，却临时换成中国医生。他猜测这有可能是哥哥的主动要求，“谓余之病疗于中国学者之手，国之光也”，“一时感情冲动，遂不惜以身试法”。

1929年1月19日，梁启超溘然长逝，终年56岁，其脑部捐献给协和医院。去世前半年，他开始编写《辛稼轩年谱》，一度痔疮复发，疼痛难忍，每日服泄油，仍坚持工作。梁启超最后写下的一行字，是“所不朽者，垂万世名。孰谓公死，凛凛如生”。

梁启超晚年的存照，老了，须发零落，然而那双炯炯有神的眼睛，还像从前一样。“凛凛如生”的，还有他晚年提倡的治学目的：“在社会上造成一种不逐时流的新人”，“在学术界上造成一种适应新潮的国学”。再比如，1923年他在著名的“科学与玄学”大论战中，留下的一句经典总结：“人生关涉理智方面的事项，绝对要用科学方法来解决；关涉情感方面的事项，绝对的超科学。”

那个摆在梁启超及同时代所有学人面前的“世纪大问”，现在，已经摆在了我们眼前——东方西方，路在何方？

（郭珊）

梁思成一家

学者视点

夏晓虹与耿云志接受本报专访谈梁启超

但开风气不为师

梁启超的一生，徘徊在干政和为学两条道路之间，颇费踌躇；时至今日，有人推举他为清华四大国学导师首席，也有人认为他的学术成就不大，文章唯“新闻笔墨”而已。从政与治学的矛盾如何处理？学术与公众的距离又当如何保持适中？

和同时代的学人一样，梁启超一生都在东西方文明的冲突和交汇中探寻适合中国的道路，100年前他就提出要“做世界公民”，要在精神上与世界接轨，以中华文明为世界作出贡献。梁启超晚年希望重新唤起人们对传统文化的信心，批判地总结中国古代文化遗产。东方与西方，路到底在何方？

就这些曾经困扰梁启超、百年后我们仍不得不面对的问题，笔者采访了北京大学中文系教授、博士生导师夏晓虹，中国社会科学院学部委员、近代史研究所研究员、中国现代文化学会会长耿云志。

学术：
不能忘情政治的学者

梁启超的一生大体可以1917年底脱离政界为标志，划分为从政与治学两个时期

南方日报：梁启超一生身份复杂，是举世公认的“舆论之骄子，天纵之文豪”，是中国近代史上著名的政治活动家、启蒙思想家、教育家、史学家、文学家和一代报人。您觉得在他的所有头衔中，“学人”居于一个怎样的位置？

夏晓虹：后人虽然加给梁启超很多“封号”，但实际上最根本的，也为梁启超所承认的，还是政治家与学者这两重身份，其他各种头衔都可以分属其下。梁启超的一生大体可以1917年底脱离政界为标志，划分为从政与治学两个时期。在我看来，梁启超本质上还是个学者，他自己也承认，“两样比较，学问兴味更为浓些”。只是他所处的是一个救亡图存的时代，外在的形势促使感

情激越的梁启超走上了政治之途。

梁启超曾自我反省，认为自己只能做“理论的政谭家”，而不能适应“实行的政务家”的角色。因为政治理想可以很纯净，而现实政治并不干净。一旦进入官场，也就丧失了批判的立场，必须遵守另一套游戏规则，结果不是同流合污，就只能急流勇退了。梁启超最终选择了后者，用他的话说，就是“做个学者生涯的政论家”；按照我的理解，是成了一位不能忘情政治的学者。

耿云志：在梁启超一生中，不同的时期，他的历史角色是不完全一样的。从1890年代，梁启超登上历史舞台时起，到民国初年，护国战争结束止，这一较长的历史时期里，梁启超主要是作为政治改革运动的领袖和宣传鼓动家发挥其伟大的历史作用的。而在护国战争结束以后，梁氏基本上退出政治舞台，而把主要精力用于讲学和著述，这时候，他便主要是作为一位学人发挥其影响，并且确实培养出许多有成就的学者。

若就梁启超一生的总体来说，我觉得占第一位的还是他作为政治改革运动的领袖和杰出的宣传鼓动家这一角色占有最重要的地位。其次是启蒙思想家，最后才是学者、教育家。但梁启超聪明过人、精力过人，其人格又极具感染力。所以，尽管他专门从事讲学著述的时间不是很长，他所产生的影响却仍是巨大的，能超过他的学术影响力的人并不是很多。

A13

但开风气不为师

爱博：
不断寻找新的学术生长点

梁启超是近代著名的几位大师中，为人最率真的一个，他勇于自我批评。后人对他的批评，一般没有超出他的自我批评

南方日报：与梁启超同时代以及后世的学者中，对于梁启超的评价历来存在很大的分歧，有人将其列为清华四大国学导师之首，也有人说他影响虽大，成就甚微。他自己也反省称学问博杂而失于浅芜，您认为该如何评价其学术成就？目前学术界对他的

评价有无“高估”或者“低估”的倾向，还是说基本上已有定论？

夏晓虹：学界对于梁启超学术成就的评价存在不同的看法，这很正常。我自己考虑的一个基本前提是，不以今天的标准衡量前人，而应该设身处地，回到历史现场。梁启超确实不断在自我检讨：“吾学病爱博，是用浅且芜；尤病在无恒，有获旋失诸。”但他并不能改，或者很可能是并不想改。而这种不断扩张、转移的学术兴趣，使他在收获“浅芜”的同时，也不断寻找到新的学术生长点。梁启超的“爱博”与“无恒”，都是因为被新学说、新学科、新学理、新材料所吸引，趋新求新才是其兴趣转换背后的真正动力。举例来说，即使同样一门课程，在南开讲过的“中国历史研究法”，再到清华授课时，内容和结构已完全改变，这才有了现在留下的《中国历史研究法补编》。而许多新的学术课题，也正是由于梁启超的发现与开拓，才吸引了众多的后来者。

耿云志：梁启超是近代著名的几位大师中，为人最率真的一个，他勇于自我批评。后人对他的批评，一般没有超出他的自我批评。梁氏在《清代学术概论》中自谓：“启超务广而荒……多模糊影响笼统之谈，甚者纯然错误。”又谓，因爱博，所以不免陷入浅而芜。他自认，“晚清思想界之粗率浅薄，启超与有罪焉”。这种自我批评，应当说是相当严厉的。

我觉得，对一位学者的学术成就做评价，应针对某项具体学术课题来批评其得失；最好不要给他打出一个总评分，这是很难估计得确当的。不过我们可以努力抓住一个人的主要特点，比如，我觉得，清末民初，影响力最大的四位学者——梁启超、章太炎、王国维、胡适——他们明显各有自己的特点。梁的特点是博，涉猎的方面非常广泛，知识渊博。章的特点是古，古文字、古音韵、古代典籍，他比一般学者要熟。王的特点是精，他关于甲骨文字的研究，关于西北地理的研究，都是上乘精品。胡的特点是新，其方法新，其见解新。

我觉得，议论前辈学人，要心存忠厚。对于时下人们的某些“过高”的评估，或“过低”的评估，可以不去理会。

通人：

像梁氏那样博学的学者难再现

梁启超对最新学术动态的敏锐把握与及时响应，都具有开辟新局的启示效应

南方日报：学者大体分两类：一类是“鸟瞰”型，百科全书式，如梁启超；一类是“深掘专攻”型，如王国维。“既博又专”是否永远只是一个学者的乌托邦之梦？

夏晓虹：刚才已经说到梁启超的“爱博”，这种治学领域广博的学者，现在称之为百科全书式，传统的说法则是“通人”。“通人”是很难达到的境界，所以，在这个意义上，我才认为梁启超对于“爱博”与“无恒”未必是要真心戒除，反而会有些得意。《清代学术概论》中，梁启超有一段以第三人称口吻所作的自我审视：一方面他承认自己的“务广而荒”，参与造成了“晚清思想界之粗率浅薄”；但另一方面，他也肯定，“以二十年前思想界之闭塞委靡，非用此种卤莽疏阔手段，不能烈山泽以辟新局”。所以，他自许为“新思想界之陈涉”，或者用他喜欢征引的清代诗人龚自珍的诗句表述，就是“但开风气不为师”。我们也可以从这个角度理解梁启超的学术追求。他对最新学术动态的敏锐把握与及时响应，比如20世纪初，他以逻辑学解读《墨子》，以文化地理学阐释南北学风与文风的差异等，都具有开辟新局的启示效应。梁启超的治学风格固然与王国维不同，在每一研究课题的深入程度与持续关注上，他不如王国维专精。但王国维的专深也仍有其从经学、小学到文学的广博面向，而并非今人所想象的专深必定狭小。

耿云志：在当下，学术分工越来越细，学科越来越繁杂，像黑格尔、马克思那样渊博的哲学家、思想家和学者，是难以再现了。在我们中国，像梁启超那样博学的思想家和学者也难再现了。按现在的形势，一般学者要想真正作出有价值的学术贡献，都只有向专精的方向去做。因此，现在的所谓好博，往往都流于浅薄。

新会梁启超故居

为学与为政：
对学术独立性相当看重

学问，基本上是靠书呆子做出来的。应当提倡学子专心读书，不为其他事撄心，这样才会出学术精品

南方日报：纵观梁启超一身，从政和为学两重身份相互渗透、交织之处甚多，而梁启超本人也认可学问是应当有独立性的。那么学者是否就该为了追求学问的纯粹性，身居书斋，遗世独立，远离时事？

夏晓虹：退出政界以后，转向“学者生涯”的梁启超对学术的独立性相当看重。不过，这是对他前期“借经术以文饰其政论”的反思，是要避免政治对学术的干扰和曲解，并不等于从此闭居书斋，远离时事。实际上，晚年把主要精力用于讲学与学术著述的梁启超，仍然关注时局，不时以社会名流的身份发言。无论是五四运动、五卅事件，还是“三一八”惨案，梁启超都曾及时表达他的抗议。只是，此时他已意识到有必要厘清政治与学术的边界，尊重各自的职业道德与操作法则，不应把政治立场或情绪带入需要科学性与纯粹性的学术研究中，因为那会损害论证的可信度。梁启超晚年这种区别对待政治与学术、避免混淆二者的做法，既维护了学术的独立，也保持了入世的情怀，对我们今日也有启发。

耿云志：学问，基本上是靠书呆子做出来的。梁启超就说过：“凡学问之为物，实应离‘致用’之意味而独立生存。……质言之，则有‘书呆子’然后有学问也。”

所以从发展学术、发展科学的角度讲，我们应当提倡学子专心读书，专心研究，不为其他事撄心。这样才会出人才，出学术精品，出科学发现与发明。反之，总是用各种理由去干扰他们的工作，搞什么政治挂帅、群众运动、斗私批修之类，使他们的精力不能集中，有时甚至背上许多思想包袱，情绪紧张，那样，是绝对搞不出上乘的研究成果来的。陈景润是个极端的特例。在那样政治狂热、运动紧张的情况下，他能把自己的心思完全放在科学研究上，并作出突出的成就，真乃“天人”也。

学者与公众：
不能把“百家讲坛”和梁启超相提并论

有些人既想做学问，又想在公共领域出名。于是，学问做不好，始终只是半吊子。在公共领域也只能是跟着人家摇旗呐喊的角儿

南方日报：用今天的话来说，梁启超可算是近代史上最早一批“公共知识分子”。一般说来，学院派、书斋派的学者似乎很受推崇，如王国维、陈寅恪、季羡林。另一方面，像梁启超这样影响很大、在他那个时候“曝光率”很高的学人，所获得的评价却存在很大差异。直到今天，像“百家讲坛”捧红的不少文化名人都面临争议。在您看来，学者应该和公众保持一个怎样的距离为宜？

夏晓虹：我认为，把“百家讲坛”的讲者和梁启超相提并论，是不合适的，因为他们所借助的媒介不同，观众/读者的期待不同，自然对表述内容、方式以及讨论深度等都有不一样的要求。而现在所谓对那些从事冷僻或专深学问的学者的推崇，应该是由很多原因造成的。比如，对长期以来政治控制学术导向的反拨，对近年媒体介入学术评价的影响力日增的不满，还有，对一种钱钟书所说“大抵学问是荒江野老屋中二三素心人商量培养之事，朝市之显学必成俗学”的治学境界的崇敬，等等。

其实，回到历史现场，梁启超集政论家与学者于一身的著述，使他始终承担了启蒙者的角色。假如稍加区分的话，或者可以说，从政时期，梁启超的贡献更多在思想启蒙，讲学时期则更多在文化启蒙。而无论是在推动社会变革，还是对研究范式的转化上，梁启超的影响都是有目共睹，功不可没。

耿云志：这个问题与前一个问题有密切的关联。一个真正追求学问的人，应是不求闻达，不求有名于时。而所谓“公共知识分子”，按理，也不是为求有名于世。而是因为国家、民族面临重大危机，自己对此有所了解，有所主张，因而挺身而出，登高

位于天津市真理道的梁启超书斋“饮冰室”

一呼。他们的主张受到人们的注意，甚至得到相当的响应，于是他就成了公共知识分子，或知识分子领袖。梁启超正是这样。当年，他到北京应会试，恰好赶上中日甲午战争，中国失败，被迫签订割地、赔款的屈辱和约，梁启超和他的老师康有为挺身而出，大声疾呼，要求拒和、迁都、变法、练兵，以救危亡。

一个人若想在自己的学术领域里作出真正有价值的贡献，就只能专心做学问，不必再追求当个所谓“公共知识分子”。两者不可得兼。有些人既想做学问，又想在公共领域出名。于是，学问做不好，始终只是半吊子。在公共领域也只能是跟着人家摇旗呐喊的角儿。

文化主张：
中西文化结合形成“新文明”

梁启超最早总结出中国人认识西方文化的三个阶段，即先由器物，到制度，再到文化

南方日报：和同时代的学人一样，梁启超一生都在东西方文明的冲突和交汇中探寻适合中国的道路，100年前他就提出要“做世界公民”，要在精神上与世界接轨，以中华文明为世界作出贡献。您如何看待梁启超的文化主张？他的哪些观点在今天特别具有前瞻性和建设性？

夏晓虹：梁启超出生在晚清，那本来就是一个西学东渐、中西文化冲突与交融的时代。固守传统文化者固然不乏其人，但梁启超选择顺应时代潮流，甚至引领潮流，无疑具有前瞻性。1902年，他在《论中国学术思想变迁之大势》中提出过一个流传甚广的比喻：“二十世纪，则（东西）两文明结婚之时代也。”他希望我们的同胞，“张灯置酒，迓轮俟门，三揖三让”，以这样隆重的仪式“行亲迎之大典”，相信“彼西方美人，必能为我家育宁馨儿以亢我宗也”。到1920年游欧归来，梁启超的主张已从输入西方文化转为输出中国文化，这就是他在《欧游心影录》中表达的“中国人对于世界文明之大责任”。不过，这两个工作是连贯的，先是“拿西洋的文明来扩充我的文明，又拿我的文明去补助西洋的文明”，然后，才可以“化合起来成一种新文明”。所以，这种“新文明”或“新文化”，才是梁启超所追求的终极目标。这其实也是现代有眼光的学者共同的体认。

梁启超的一幅书法作品

耿云志：梁启超最早总结出中国人认识西方文化的三个阶段：第一期，从器物上感觉不足，需要向西方学习。于是有器物与技术工艺的引进。第二期，从制度上感觉不足，需要向西方学习。于是有戊戌变法与辛亥革命，改变国体。第三期，从文化根本上感觉不足，需要向西方学习。于是有新文化运动，要从思想、伦理道德上来一番改革。梁启超身历所有这三个阶段。前两个阶段，他都充当了先锋和领袖。最后一个阶段，他也不是一个落伍者，他在相当程度上支持或附和了新文化运动。而且应当指出，早在清末，即第二阶段的时期内，梁启超已经超前地做了一些后来新文化运动时期所做的事情。例如他的《新民说》，强调先有新民而后才会有新制度，提倡自由主义，高扬自我，批判专制主义等等。正因为这些情况，所以，新文化运动一开始，胡适、钱玄同等即认为梁先生是他们的同盟者。

他在被认为倾向保守的《欧游心影录》一书中指出，中西文化结合要经历四步：第一步，先要有尊重爱护本国文化的诚意；第二步，要用西洋研究学问的方法来研究我们自己文化的真相；第三步，让自己的文化与那西洋的文化起一种化合的作用，形成一种新文化；第四步，把这种新文化向外扩充，贡献给世界。我们不能不承认，这是一个非常合理的也很可行的中西结合的文化纲领。他的主张，即使在今天看来，也是很有现实意义的。比那些笼统地提倡什么传统文化，宣扬什么国学，要有意义得多了。

教育：
梁氏一门三院士

梁启超的教育理念一是讲究“做人的方法”，期望“在社会上造成一种不逐时流的新人”；一是讲究“做学问的方法”，期望“在学术界上造成一种适应新潮的国学”

南方日报：梁启超一家三代个个成才，出了三个院士，他本人在世时也对清华的校风、校训、校政建设提出过很多创见，影响深远。最近几年，公众和媒体对于中国高等教育成败议论很多，对学术界批评也很激烈，梁启超的教育思想中，哪些您个人认为最值得发扬光大？

夏晓虹：从梁启超的外孙女吴荔明写的《梁启超和他的儿女们》一书，可以清楚地看到梁启超的慈父形象。作为父亲，梁启超突出的特点是儿女情长，对待子女非常平等。从家庭教育的角度说，他尊重子女的学科选择，提供的是合情合理的建议，而不是不可违抗的“父命”，在一种父子若朋友的和融气氛中，反而能够收到因材施教的良好效果。当然，梁启超作为“通人”的学术眼光与判断力，也会让他的建议具有前瞻性，这也是能够出现“一门三院士”的重要原因。

而从学校教育说，他晚年执教清华国学院，虽然培养出了许多人才，但1927年夏离开清华时，梁启超对于他这段施教经历仍然表示有所不满，没有达到“当初的预期”。梁启超对清华的批评，其实也包括了对现代学校的批评，就是那种机械的程式，“完全偏在智识一方面”，师生间缺乏充分的接触与交流，忽视了人格培养。而梁启超“当初的预期”，也就是他心目中理想的教育形态，应是知识教育与人格教育的统一。所以，他的教育理念概括起来有两点：一是讲究“做人的方法”，期望“在社会上造成一种不逐时流的新人”；一是讲究“做学问的方法”，期望“在学术界上造成一种适应新潮的国学”。而人格教育听起来虽然迂阔，但确实是现代分科教育的软肋。近年出现的以书院教育补救现代教育的讨论，实际也是延续了梁启超的思考。

逸 闻 趣 事

“狗屁分三级”

梁启超有“狗屁分三级”的著名论断：某年，某学政主持某地学子的考试，结果成绩普遍很差，学政大人勉强选拔出前三名后，批曰：第一名是“放狗屁”；第二名是“狗放屁”；第三名是“放屁狗”。梁任公解释说，“放狗屁”表明放屁者仍是人，“不过偶放一狗屁耳”；“狗放屁”表明放屁者乃狗也，虽然是狗，“不过偶放一屁耳”；“放屁狗”则不但是狗，而且这狗“舍放屁外，无他长技矣”。

影响

少年毛泽东深受梁启超的影响，16岁时，毛泽东开始读到《新民丛报》，“读了又读，直到可以背出来”。他不仅时常模仿梁启超的新文体风格，并效仿梁自号任公，为自己起名子任。1911年春天，18岁的毛泽东将他所描绘的未来中国政治蓝图贴在湖南长沙一所学校的墙上，在毛的这张蓝图中，孙中山将成为新中国的总统，康有为担任首相，梁启超则是外交部长。

后来，李大钊、毛泽东分别在北京、长沙建立学会，分别以“少年中国”、“新民”命名。

“发乎情止乎礼”

1925年阴历七月初七徐志摩和陆小曼结婚，梁启超因人情之故不得推却，只得当证婚人。梁启超说：“徐志摩，你这个人性情浮躁，所以在学问方面没有成就；你这个人又用情不专，所以你再婚再娶，以后务必痛改前非，重新做人。”稍停又道：“徐志摩，陆小曼，你们听着，你们都是离过婚的人，都是过来人！今后一定要痛自悔过，祝你们这是最后一次结婚。”满堂宾客听得瞠目结舌，徐志摩极为难堪，不得不低声哀求：“先生，给学生留点面子吧。”

时人评价

“梁任公为吾国革命第一大功臣，其功在革新吾国之思想界。十五年来，吾国人士所之稍知民族思想主义及世界大势者，皆梁氏之赐，此百喙所不能诬也。去年武汉革命，所之能一举而全国响应者，民族思想政治思想入人已深，故势如破竹耳。使无梁氏之笔，虽有百十孙中山、黄克强，岂能成功如此之速耶？近人诗‘文字收功日，全球革命时’，此二语唯梁氏可以当之无愧。”

——胡适

“五四运动的领袖几乎没有一个不曾因读了他的文字而受到启发。”

——萧公权评梁启超

（郭珊　唐蓓）

学人小传

岑仲勉，广东顺德县人。1886年9月出生，1961年10月7日病逝于广州。中国已故著名历史学家，在先秦史、隋唐史、文献学、地史学和中外交通史等学科领域，均有建树，造诣颇深，生平著作丰富，成就突出，为国内外史学界所推崇。

岑仲勉被誉为大器晚成的史学家，前半生混迹官场，后半生潜心向学，经历与学问俱奇。他生前留下千万余字学术文章，被历史学家刘节誉为『著作等身、群言是宝』。

岑仲勉：于无声处听惊雷

论及上世纪的广东史学界，曾有两位以中古史研究闻名的大学者，一位是陈寅恪，另一位就是岑仲勉。他生前曾与陈寅恪并称为中山大学历史系两大学者，身后却寂寂无名，只留下史学著作洋洋千万言。

裹挟在中国近代社会巨变、中西文化对撞的百年风雨中，岑仲勉留下了世纪广东学人的另一重背影。

与陈寅恪世家望族、留洋多年的背景不同，岑仲勉是一位广东土生土长的平民学者，用今天的话说可称得上是草根学者。没有名师指点、没有名校经历、没有史学科班训练，岑仲勉以近50岁的高龄从仕途隐退转入史学界，从广东闯入北方主流学界，甘受茅屋秋风之苦，终成一代史家，其身世经历，颇为传奇。

岑仲勉“幼承庭训”，父亲是前清举人，堂兄是顺德最后一位翰林。年轻时受变法图强思潮的影响，耳濡目染着西学冲击，在这场家国身心所面临的革命风暴中，他一生没有摒弃投身史学的理想，独辟蹊径，续中国传统学问之命脉于一线。

萧然万物，弦歌不辍。在“偌大一个中国安不下一张平静的书桌”的动荡年代，岑仲勉钻入书斋，追寻经世致用的理想。但他留下的逸事传闻寥寥无几，可说可谈的近乎单调，使他的形象接近呆板。在岑仲勉的身上，我们既能看到中国历史上最末一代“士大夫”的影子，又可以看到新知识、新思想、新时代先驱的种子。他形销骨立，却以过人的意志，挣脱中国传统文人“学而优则仕”之归宿，迈向现代学人学术与人格的独立之境。

“同为沟通东西学术，一代文化所托命之人，而其后世声闻之显晦，殊异若此，殆有幸与不幸欤？”（陈寅恪语）学术的境界和使命自有不同。在如今“大师满天飞”、“学术明星云起”的年代，岑仲勉式的学者，几乎已成绝响。

面对西方文化的冲击和中国的变局，中国的文化传统究竟将何去何从？在这一世纪命题下，岑仲勉式的中国知识分子上下求索，自觉传承了“学者的使命”这一精神向度。岑仲勉的学术生涯、传奇经历，或许可以给今天的学者以最好启迪：绝不能“在现状下苟安，在思想上躲懒”。

历历往事

叫板陈寅恪，“弄斧一定要去班门”

半个多世纪前的广州康乐园里，有这样一个背影，一个老人踽踽独行，从校外蹒跚着来上课。高度近视的眼镜，一身唐装布鞋，左胸前挂个怀表，言语讷讷，因身患帕金森病，手脚抖得厉害，那模样简直跟他的学问一样，古旧深沉。这位貌不惊人的大学者，名叫岑仲勉。

当年在中山大学，岑仲勉与陈寅恪同为名师，学问最深，年岁也最高，又皆以中古史名世，并称“康乐园二老”。20世纪50年代，时任中大历史系主任刘节每年都会向入学新生介绍道：“我们系里拥有中古史两位大师：陈寅恪先生和岑仲勉先生，他们都是著作等身，满门桃李。二老同系任教，是全体师生的光荣。”

但这二老绝少碰面。其实早在20世纪30年代，陈寅恪和岑仲勉已经在论著中隔纸传音，前者当时已经名满天下，对后起的岑仲勉赞誉有加，并将其视为“中国将来恐只有南学”的标志。

那时岑仲勉还只是个中学教师，陈垣将其论著转示陈寅恪，陈寅恪一读就惊为天人：“岑君文读讫，极佩。此君想是粤人，中国将来恐只有南学，江淮已无足言，更不论黄河流域矣。”

暮岁之年，二老际会于康乐园时，已变身两病叟。陈寅恪讲元白诗证史，岑仲勉讲隋唐史，一个目盲足膑，一个头晃手摇。二老都用自己的著作充教材，异曲同工，成为校内两道景观。有趣的是，由于同是致力于隋唐史，岑仲勉有不少见解与陈寅恪相左，总是在讲课时一一挑明。在当年的隋唐史课上，岑仲勉总能旁征博引，论证陈寅恪所述不尽确当。如此“针锋相对”，很快招致一些人不解。岑仲勉本人得知后，十分坦荡地宣称：“我的看法，讨论与友谊，应截然划分为两事也。”

岑仲勉总有一股“弄斧一定要去班门”的书生义气。在课堂上，岑仲勉有句名言：“射人先射马，擒贼先擒王。进行讨论和商榷也得找名家，这样才有影响。”晚年，得知陈寅恪受排挤，岑仲勉曾发出这样的喟叹：“寅恪兄亏于现状啊！”

陈寅恪对岑仲勉的学术成就也非常推崇，晚年所著的《元白诗笺证稿》中曾多次引用了他的学术成果。据中山大学教授蔡鸿生回忆，二老虽是旧相识，晚年却很少来往。只因二老一聋一盲，即便会面也无法谈出一二，倒不如以文会友，更加畅快淋漓。

除去学问相近，两位病叟爱好也颇为相投，都酷爱粤剧，可这二老一个失聪一个失明，一个只能看，一个则只能听，倒也各得其乐，相映成趣。

世纪广东学人

岑仲勉：于无声处听惊雷

百年新火 世纪风范 广东中烟工业有限责任公司特别呈献

弃官为学，“视苏老泉已瞠乎其后”

“君子之为学，以明道也，以救世也。”顾炎武的这句话，或许是清末民国的一代文人，身处乱世而得以解脱的内心信条。

1931年，岑仲勉从平步青云的官场上毅然隐退，到广州圣心中学当一个小小的教务处主任，留下人生中最具深味的一笔。

那一年日本在东北挑起“九一八”事变，家国乱世，在一个自幼读遍经史、怀抱治世理想的传统儒生内心，会激荡出怎样的波澜？我们已无从得知。但彼时的岑仲勉，一定不会无视他的堂兄岑樾作为科举时代顺德最后一位翰林的荣光，不会忘却他的同乡同宗兄长岑学吕正在张学良府中治军书的显达，也不可能不知晓他的昔日同窗故交杨永泰正在国民党内如日中天，但他选择了急流勇退。

隐退前，岑仲勉先后在上海海关、广东财政司等处谋职，官至三水铁路局局长、陕西禁烟督察处官员，可谓仕途坦荡，但他毅然放弃职俸殷实、衣食优渥的生活，宣告了对官场俗世的心灰意冷。

这些变故必在常人那里引起苦痛挣扎，在岑仲勉心中却不失为快意割舍。在政府任职的十几年里，他一直在工作之余挤出时间，研究属于经世之学的农学和植物学。1923年起，他就开始在《科学》杂志上发表文章，1934年致陈垣的信中，岑仲勉这样回忆步入学术的起点：“十余年前尝慨我国惟兴农或可补救，故喜谈稼圃之事，居恒亦以此自遣。”

“学而优则仕”，中国文化自古有这种传统。从古至今的文人，能主动退出仕途的可谓凤毛麟角，仅见陶渊明“不为五斗米折腰”，李太白“安能摧眉折腰事权贵”。到了近代的学人之中，岑仲勉算是一位。

忧患意识与经世思想，纠缠于岑仲勉心底，迫使他中年转入史学，这与鲁迅弃医从文的人生抉择，不无相似。清末道光以后，西方列强力逐欧亚大陆，于是出现了中国19世纪的西北边疆新危机。值此紧要关头，中国传统士大夫学者里一批敏感的、走在时代前沿的人挺身而出，展开对中国边疆西北史地的研究，相继涌现出魏源、张穆、何秋涛、屠寄、李文田等清代著名学者，尤其是李文田更是岑仲勉同乡。投身于这股学术洪流，也成了岑仲勉“心向往之”的人生路径。

如今看来，岑仲勉弃官后选择广州圣心中学，独具苦心。圣心中学由法国教会所办，出版法文学术杂志，能直接通达当时欧洲的汉学中心法国，借一本《圣心》杂志，岑仲勉得以和沙畹、伯希和、马伯乐、葛兰言等扬名世界的法国汉学家论长短。岑仲勉无须再隐姓埋名，无须再蛰伏蹉跎，对于沙畹学科奠基式的世界名著《西突厥史料》，初出茅庐的岑仲勉也敢于叫板：“除西史部分外，中史材料之编纂，直未达到吾人所预期。”

三年后，岑仲勉的西北史地论文，引起著名史学家、广东籍前辈学者陈垣的注意，将他推荐给陈寅恪、傅斯年等人，直到这时，主流学术界才知有岑仲勉此人。1937年，岑仲勉被正式聘入中央研究院历史语言研究所，正式走上学术之路时，他已年过半百。

在别人即将安享晚年之时，岑仲勉毅然投身学海。他晚年曾这样调侃自己：“早岁学殖荒落，中年稍振刷，视苏老泉已瞠乎其后。”的确，对比“年二十七始发愤为学”的苏老泉——苏洵，岑仲勉踏入学术界的步子晚了许多。但古往今来，以这样的经历而做出大学问的人，恐怕也再难找出几个。

自学成才，甘为一介布衣

对比许多有留洋经历的学者，岑仲勉中途出家、自学成才的背景显得黯淡无光。别人是少年得志，骤得大名，他是中年转行，渐入佳境。岑仲勉完全依靠自学，既对清代嘉庆道光以后的史学进行批判继承，又在西学冲击之下具备国际视野，广泛涉猎近代东西方汉学的有关成就，于荒榛败垒中推陈出新，接续了传统学问在现代的生命力。

20世纪30年代的史语所可谓大师云集，赵元任、陈寅恪、钱穆、陶希圣、劳榦等学者已负盛名，岑仲勉并不起眼。但他以厚积薄发之势，步入学术鼎盛期。如今，随意翻开一本当年的《史语所集刊》，岑仲勉的论文有时会占到一多半。在这十余年里，战火频仍，岑仲勉随史语所从南京流徙于长沙、昆明、重庆等地，不遑宁处，却都无法扰乱其心。因为耳聋之疾，岑仲勉索性双耳不闻窗外事，一心只读圣贤书。这时期，即便与同住一个四合院的史语所同仁，岑仲勉也少有寒暄，形单影只。

岑仲勉

何兹全回忆说，那时的史语所迁徙到南京李庄，与世隔绝，没有报纸和广播，外界战事只能通过从山下来送菜的人那里得知，岑仲勉算是老一辈，因为耳朵不好，他很少跟大家打招呼，大家也很少跟他打招呼。那时晚上在山里读书，只能点桐油灯照明，直冒黑烟，在灯下看书写字久了，鼻孔里都是黑灰。岑仲勉就在这样的幽灯暗夜里，寂寂与古书为伴，三个月读完《全唐文》，一个多月读毕《全唐诗》，爬梳钩稽，创见性地开拓了以碑证史的唐史研究路径，与陈寅恪以历史政治入手的研究方向遥相呼应。

拨开世上尘氛，胸中自无火焰冰竞；消却心中鄙吝，眼前时有月到风来。岑仲勉以惊人毅力投身西北史地之学和唐史研究，"一个人咬得菜根，方能实心教育"是他的名言。可以想见，完全依赖自学的他，做学问是如何的苦——投身古书堆，没有师友求教，宛若一个在黑暗中跋涉的独行客。

在史语所的11年里，岑仲勉并未受到所长傅斯年的特别器重，傅斯年一直对留洋归来的学者非常看重，而对旧式教育背景的学者相对漠视。1948年，岑仲勉南归广东，入中大教书。然而，岑仲勉却独自完成了一场异于常人的孤独跋涉，从20世纪30年代开始研学，到1961年去世的30年间，岑仲勉共留下1000多万言，后成书17种，论文近200篇。相当于30年内不间断地每日要著上千字，这样文火慢炖、硕果迭出的学者在中国当代史家中并不多见。

他的学问艰涩，他的交际寡淡，所以直到今天，岑仲勉并不为大多数人所知，写他的文章也不过寥寥数语，至今也没有一本专门的传记来讲述这位眼花耳聋、性情闭塞的学者。我们只能从岑仲勉遗留的只言片语中，拼凑出一个茕茕孑立的学者影像，他曾说："窃以为学以问世，不敢自信，则须求教；稍自信，亦期有补于世，非不得已，固不必以文为市。"可见他胸中自有天地，做的是学问，求的是正道。

岑仲勉的一生，清寒枯槁，更接近于一个书生的姿态：常伴青灯古卷，甘为一介布衣。

与世无争，"其真艰难磨折而后成功者大"

19世纪末以来，中西文化对撞的百年里，中国学人最大的命运就是变革和转型。岑仲勉身处其中，走出了一条"人无我有"的治学路径。

岑仲勉从中国传统文化走来，与王国维、钱穆等路径相仿，以乾嘉学派为主导，极大推进了清人治史路径的现代化转型。可他又并非闭目塞听的老学究，他眼观世界，精通英文、法文，又深谙植物学、农学的自然科学研究方法，得以与当时最新的西方汉学成就接通，依靠自学成才，应时而生，空前绝后。

今天的史学界在追溯传统时有这样的说法，清代数一数二的唐史专家劳格以45岁之英年早逝，学问未及发挥。但半个多世纪之后，岑仲勉以45岁跨入史界，继承了劳格的未竟之业，成就上也更上层楼。在学问上岑仲勉隔代续接清人学问，如有神助，冥冥之中维系了传统经史之学在近代的命脉。

在民族文化转折的宏阔背景中，岑仲勉这类学人，轮廓极尽清简，但似乎又关系重大。在他们生前，不求声名显赫，也不会曲学阿世，只是甘为人梯的平民学者。但在他们身后，年轻一代国学根基大多被割断，难以续接，让岑仲勉们的学问往往只剩下空谷回音，留下绝响。

在后人对岑仲勉的追忆里，还留着这样一些已模糊难辨的形象：他去世前还带着研究生，但已很少来校讲课，家住广州市文明路，却一直婉拒学校派车接送，宁愿挤公共汽车来学校。他一直未改顺德乡音，对学生却坚持讲普通话，颤抖着手写板书，每每都是一面墙写满人名、地名、官名。他对学校给他分配研究生的做法不满（想自己招徒），家中自设一小黑板，以回答登门拜访的学生提问（因耳聋只能看）。

一直在去世前，岑仲勉还在家里做着与世无争的学问。1961年，《重校贞观氏族志敦煌残卷》刚刚誊清不久，他就溘然长逝，一直等了差不多30年后，这部著作才发表。在“文革”中，他的学问遭鄙夷唾弃，扔进故纸堆。多年后，人们才猛然想起这个学富五车的老学者，从废书库翻出业已发黄的文稿，重新发表。这让人遥想起陈寅恪当年送王国维的那句话：“先生之著述，或有时而不章；先生之学说，或有时而可商，惟此独立之精神，自由之思想，历千万地祀，与天壤而同久，共三光而永光！”

如果没有静心阅读，很难看到这个不苟言笑的老人心中也曾掀起波澜。他对写下“独怆然而涕下”的孤独诗人陈子昂情有独钟，对吟出“当时已惘然”而一生郁郁不得志的李商隐青睐有加，对身陷牛李党争的李德裕的经世才能满怀敬佩。在著作《会昌伐叛集》前的“编证略例”中，他吐露了自己半生的治史心得，要“期取前贤之伟略，作后世之准绳”。

于无声处听惊雷。岑仲勉1961年去世时，距他发表第一本著作《佛游天竺记考释》过去了整整27年。岑仲勉在该书自序中写道：“吾侪求学，其易十倍显师（指东晋高僧法显），所造就或不及什之一，其真艰难磨折而后成功者大乎！”此话成为谶语，最终在他身上应验。

【本文参考了《中国史学家评传》下册《岑仲勉》一文（姜伯勤撰），以及蔡鸿生的《康乐园里忆二老》、郑欣的《忆陈寅恪师》、陈达超的《岑仲勉先生略传》等文章，并在采访中山大学历史系教授蔡鸿生、万毅，岑仲勉之子岑克（江西理工大学前校长）等人的基础上完成。】

（李培）

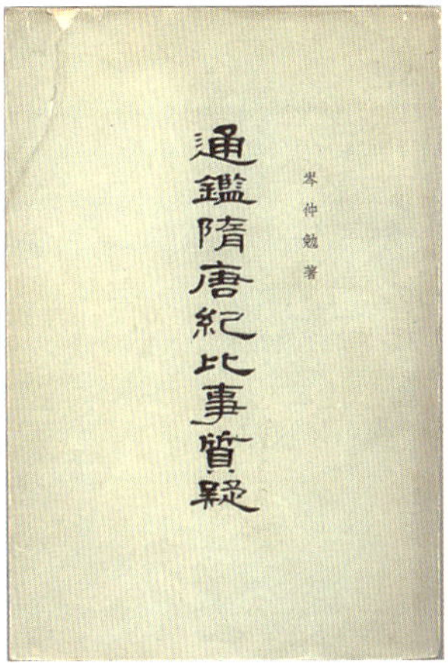

《通鉴隋唐纪比事质疑》封面

学者视点

姜伯勤与张国刚接受本报专访谈岑仲勉

他的学问清冷却能传之久远

岑仲勉的传世之作中，似乎可归纳出“治学三诫”。一诫“专之过早”，二诫“望文生悟”，三诫“断而不通”。岑仲勉先生这些苦口婆心的治学良言，现身说法，有为而发，倘能深入信息时代的学子之心，浮躁的学风就可望得救了。

——中山大学历史系教授蔡鸿生

经常在著作中刁难当时著名学者的岑仲勉，视学生如子弟，令受业者如坐春风。他时常左兜装一盒“白金龙”香烟，右兜揣一包糖，上课时，男生发烟，女生发糖。

我记得当时凡选了岑仲勉教授课的人都能获赠他的书，岑先生当时还在赠书上题字：赠某某学弟。他不把我们当学生看待，而是把我们当朋友、当弟弟来对待，令同学们激动不已。

——昔日学生张难生

淡泊自甘、寂寞自守，摒弃俗世困扰，幽居书斋，岑仲勉看似寂静而单调的一生背后，埋伏着巨大的人生主题。他毕生治学，始终在探索着一个具有“终极关怀”意义的大问题，即身处西方文化的冲击和中国的变局之中，文化传统究竟将何去何从？

在中国学术的近代转型之中，像岑仲勉这样本土文化教育背景、靠自学走上史学大家之路的学人，屈指可数。他以近50岁高龄半途出家，自学成家，有怎样的学术特色？在如今新一轮国学热之下，岑仲勉们毕生对“中国学术不会亡”的探求，具备怎样的启示意义？笔者专访了岑仲勉生前所带的最后一个研究生、中山大学历史系教授、博士生导师姜伯勤，以及清华大学历史系教授、博士生导师、中国唐史学会会长张国刚。

评价：
他是近现代中国史学转型的人物

台湾中兴大学有个研究魏晋隋唐史的教授，两个儿子分别取寅恪、仲勉两位老先生的名字，以示推崇

南方日报： 回想20世纪五六十年代，岑仲勉被称为中山大学名教授，与他同时代的王国维、陈寅恪等相比，您认为他们有什么不同？

姜伯勤： 王国维和陈寅恪完全是开风气之先的，王国维活了50多年，摸到什么都是他领路。宋元戏曲研究、甲骨文研究、殷周制度研究等都是他奠定的。岑先生主要是继承清代学术传统，对西北史地和隋唐史进行研究，以碑刻来考证历史。他也受到了当时西方学术的影响，往往致力于某一方面具体问题的分析。

张国刚： 胡适也好，冯友兰也好，学术上固然很有影响，但是，他们成为家喻户晓的人物都是因为与政治发生了联系。陈寅恪、王国维、吴宓也是政治符号化了的人物。其实，季羡林所做的学问比岑仲勉更窄更专，季羡林之所以成为大众人物，除了因为他是北大副校长之外，还因为季羡林经常发表一些时政言论，受到媒体关注，并作为具有某类政治品格的知识分子类型受到当局的青睐。

至于岑仲勉，他并未进入政治符号的话语圈里来，只是一个学者。但是，在隋唐史学界，岑仲勉与陈寅恪是并驾齐驱的，同样被后世的研究者们所尊重。台湾中兴大学有个研究魏晋隋唐史的教授，两个儿子分别取寅恪、仲勉两位老先生的名字，以示推崇。

南方日报： 岑仲勉半途出家，没有史学科班教育背景，主要是靠自学，有没有一些治学上的特色？

姜伯勤： 岑先生是近现代中国史学转型时期的人物，无论是其学术还是其思想，都带有那个时代的性质，传统与近代的特征在他身上兼而有之。

A13

世纪广东学人

他的学问清冷却能传之久远

广东中烟工业有限责任公司特别呈献

首先，作为20世纪的第一代唐史学者，学风近于晚清学者劳格，成就上更上一层楼。其代表作有《登科记考订补》、《郎官石柱题名新考订》、《翰林学士壁记补注》等。

其次，他对近代东西方的汉学成就也有广泛的涉猎，他的《西突厥史料补阙及考证》、《突厥集史》中既受到西方汉学家沙畹的启发，又在材料上、研究上超迈沙畹。

此外，在晚清“新学”潮流的激荡下，岑先生受到了自然科学方法论的洗礼，这种训练影响到其后来史学研究中的形式逻辑的素养。岑先生在70岁那天，把一部50万字的植物学手稿送给华南植物所。

岑先生是一位极其勤勉的专家，2004年中华书局出版《岑仲勉著作集》15种，此著作集尚不包括《元和姓纂四校记》、《墨子守城各篇简注》。从40岁到76岁，完成了约1000万字著作。

张国刚：与陈寅恪相比，岑仲勉的特点是较少提出宏观历史架构，偏重于在具体史料辨证或史事上的实证分析。陈寅恪先生的“关陇集团”等理论，给学者打开了研究的思路，不管你赞成不赞成，很难绕开。岑仲勉被学术同行重视，不仅因为其学术成果丰硕，而且许多观点自成一家之言。比如与陈寅恪先生关于牛李党争的看法不同，岑仲勉通过大量的考证，认为李德裕无党，牛李之李指李宗闵；对唐代府兵制度的研究，岑仲勉也有独特的意见；岑对于西域史料、唐代官制史料的考察，也都很有影响。

今天研究隋唐史这一段的学者，在中古史许多具体历史问题的研究上绕不开岑仲勉，必须参考他的著作。比如他对突厥问题、唐代御史台的一些考察等，他的《黄河变迁史》还对水利史方面有所贡献。他的《金石论丛》、《唐人行第录》、《通鉴隋唐纪比事质疑》等，他的学问不只有隋唐史，还有《两周文史论丛》、《汉书西域传地理校释》，对中西交通史方面也是有所建树的。后世学者研究这些问题，还要先把岑的东西吃透了才能进行，他的东西还没有能好好地继承。

过去百年来，岑仲勉一类的学者是有一些，但是，像岑著述如此丰硕的并不多。在北大、清华之外这样的学者就更少。过去北大、清华的教授，很容易通过业已成名成家的学生推扬和回忆而扬名于世。岑仲勉上无师承，下缺学生推扬，往往就不被关注，但是他的成果很多，学问价值是不可抹杀的。

学术之路：
岑仲勉有学理追求，也有“经世致用”的追求

心无旁骛去研究学问，暂时没用，却是为了有长远之用；不图一时之用，是对未来学术发展有用

南方日报： 岑仲勉似乎长年在做“纯学术”的学问，如今却有更多学者走入公众视野，做学术的普及化、大众化。如何看待这两种学术路向？

姜伯勤： 我是岑先生最后带的一个研究生，我也一直是不接触传媒的，因为他的学术路径告诉我：我们要做“纯学术”研究，就是要做超越很快就会被淘汰的流行文化的那种学问。

比如说中山大学历史系创办一份杂志叫《艺术史研究》，我们默默做了十年，在全世界有艺术史专业的几家名牌大学中享有盛誉，但是一般人却不知道这个学刊。因为我们有这样一种观念，学术的周期往往是50年，这就是说如果50年后这个东西还有价值，那才是不被淘汰的学问。岑先生一生就是在做这样的学问。

张国刚： 作为科学研究本身，不管是历史还是其他学科，能够与他对话的，当然不是大众。岑仲勉只在同行学人圈中知名，没有成为大众话题，就不会引起关注。这并不奇怪。

但是，我觉得学术面向大众作传播是无可厚非的。其实，中国学术传统历来注重的“学理”“致用”两个方面，我认为都不可偏废。心无旁骛去研究学问，暂时没用，却是为了有长远之用；不图一时之用，是对未来学术发展有用。学问的传承是在于它是有用的，可以传承人类的记忆，传承又有两个指向，一是传之久远，一个传之当世。前者清冷却能经历比较长久的考验，后者时髦但是也许会时过境迁。究竟走哪条路，每个学者有自由选择的权利。比如对于历史知识，无论是娱乐性知识性的了解，还是启迪性思想性的把握，都是需要的。

岑仲勉墓坐落于广州银河公墓内，一代广东学人，掩映在松柏之间

谈治学精神：

老一辈学者做学问强调"读书得间"

现在的朋友们往往怎么做学问呢？在电脑上输入一个关键词，然后就把所有的东西搜出来了，这样做出来的作品，其学术积淀明显是不够的

南方日报：从岑仲勉身上，现代知识分子可以得到什么启示？

姜伯勤：估计此后若干年内，再也无法产生陈寅恪先生、岑仲勉先生那样的大家。这是由于我们现在缺乏一种打通古今中外的教育体制和理想。

打个比方，老一辈学者做学问强调"读书得间"，就是从字缝里面读出别人没有注意到的问题。而现在的朋友们往往怎么做学问呢？在电脑上输入一个关键词，然后就把所有的东西搜出来了，这样做出来的作品，其学术积淀明显是不够的，我决不认同。

张国刚：岑仲勉的治学精神值得弘扬，古往今来，这种超越物质层面的学术追求，中国和西方都是有所维系的。但是现在做传统学问的越来越少，比如金石、音韵等方面，就是如此。当然，岑先生他们那一辈人从小熟读四书五经，现代从小学英语计算机，时代变了。

有一点要指出，岑仲勉那辈人当时的学术教育背景不同，物质条件也不一样。对于历史学这样的人文学科，应该有一种制度化的措施来保障研究者潜心去做，不能完全依赖于研究者个人的道德精神。个别的人可以从道德层面加以提倡、加以表彰，但是从制度设计上，更应该保障学人无后顾之忧地安心从事研究工作。所谓"极高明而道中庸"。做学问从来都不是富裕的事业，但总得有与之相称的生活保障。那时的教授待遇和现在能够比吗？

南方日报：钱穆常说，在中国学术史上，"通儒"的地位往往在专家之上，但"通儒"自然是一种理想的境界，不是人人都能企及的。如何看待岑治学中的通和专？

张国刚：岑是有通有专的。学问有通有专之别，这与个人的治学特点、才华的差异、兴趣的侧重，都有关系。有擅长通的，有擅长专的。比如钱穆先生也是有很通的《国史大纲》，很专的《先秦诸子系年》，都是和个人的学术秉性有关的。

至于岑仲勉先生，做的问题很通，不限于一朝一代，但是他不太习惯去做

抽象的东西，形式上还是具体的。岑仲勉的知识面是很宽广的，治学路径是很广的，一般人很难比肩，比如突厥史、西域史地、金石证史，隋唐史就更不用说了，不仅治学面非常广，而且每一面都很独到，很精深，但是不是一种纵论的形式，不仅所从学问的领域很通，在具体研究领域又很专。

姜伯勤：我跟随岑先生读研究生时，他业余教两位学弟在家念金文，当时先生还在写作《两周文史论丛》。要从岑先生的经验来看，解决通与专的问题，必须在青少年时有良好的古文训练和外语训练，必须有打通古今、打通中外的大历史视野，必须读名著。

《隋唐史》封面

谈中国学术：
解释中国历史的学术范式仍未建立

中国的社会发展概念不一样，不能用西方的理论现成地加以解释。用西方的概念解释中国的理论，可以得到一种满足，但实际上却是削足适履

南方日报：近百年来，中国学术一直处于一种困境，“旧”和“新”的嬗替，“中”和“西”的冲突，在不少学人身上都留下了深深的印记。您如何看待岑仲勉的毕生求索？

姜伯勤：岑先生留下了两个方面的精神财富：

第一，超越性。身为学者一定要超凡脱俗，学问要超越一般水平，这关系到一个民族在文化精神上的独立。他经常说：“一个人咬得菜根，方能实心教育。”他的意思是，必须要心无旁骛做学问，苦到一定的程度，才能得到一定的境界。像他自己，放弃了在海关、禁烟局的优越的生活条件来搞教育，还要养活一大家子人，平时的生活很拮据。

第二，重视实学。他上课时会问我们，你们懂什么是财政呢？我亲自做过财务工作的。岑先生也讲求经世致用，他认为懂得实学的东西才能懂得学术，所以他晚年花费精力著成50万字的

《黄河变迁史》，是为了对解放后政府治理黄河有所裨益。但是，他的经世主张和现在的“实用之学”不一样。

我不轻易用“国学”这个字眼，我心目中的中国传统文化是经过王国维和鲁迅改造过的一种学问。否则，我们就与前近代的陈腐思想和《狂人日记》批判过的吃人“礼教”划不清界限。

张国刚：从五四以来，中国的国家命运及学术文化都受到西方的极大挑战，挑战的整个过程就是以西学治中学，这就带来中国传统学术的一场革命，这不仅是文学革命；用西方的观念诠释中学。中国传统学问有自身的体系和框架，但是这有一个缺点在于，比如历史学，中国学术评价系统，多讲君王的明暗、臣下的忠奸，在王朝治乱兴衰、合久必分分久必合这些问题上做文章。王夫之的《读通鉴论》就做到了极致，后来近代学人王鸣盛的《十七史商榷》与赵翼的《廿二史札记》等等，这些东西都是在具体的价值道德等评价上做文章，没有西方社会科学的观念体系分析。

不论“新旧”，无非就是二者的调和的过程，像鸡尾酒一样。这个弊病也很清晰，一百多年过去，依然是中国学术的本土化，本身的体系没有搭建起来。比如说西方的资本主义萌芽，这是西学的概念，但如果按照这种西方建构的体系来分析中国，各种生产要素、土地、劳动力、资本的流动，在战国时就已经很平常了，但战国时期显然还不是资本主义。所以，中国的社会发展概念不一样，不能用西方的这些理论现成地加以解释。用西方的概念解释中国的理论，可以得到一种满足，但实际上却是削足适履。我们现在要重建我们的概念系统和理论范式，这就是问题所在，这必须回到历史本土去，但是光回到旧学去是不够的，如果完全按五四的那些做法做下去，也有很大的弊病，所以，现在是前无古人的事业，中国学者要在西学的基础上“师夷长技以制夷”，建立我们自己解释中国历史的学术范式。

岑仲勉先生基本上是旧式的学问，但也试图有新的解释，试图在研究中引进当时流行的一些概念如阶级等。在这一点上，陈寅恪先生就试图建立中国的一种史学体系，比如说他的注释引文方式，就很中国；而提出的问题很现代。钱穆先生一直在理论范式引进上很谨慎。他们在方向上都有不同的努力。

延伸阅读

岑仲勉先生主要著作：

《元和姓纂四校记》（一、二、三册）
商务印书馆1948年
中华书局1994年再版

《隋唐史》（上、下册）
高等教育出版社1957年
中华书局1982年再版

《突厥集史》（上、下册）
中华书局1958年

《唐人行第录》
中华书局1962年
上海古籍出版社1978年再版

《中外史地考证》（上、下册）
中华书局1962年
香港太平书局1966年再版

《通鉴隋唐纪比事质疑》
中华书局1964年

《金石论丛》
上海古籍出版社1981年

（李培　张阿娜）

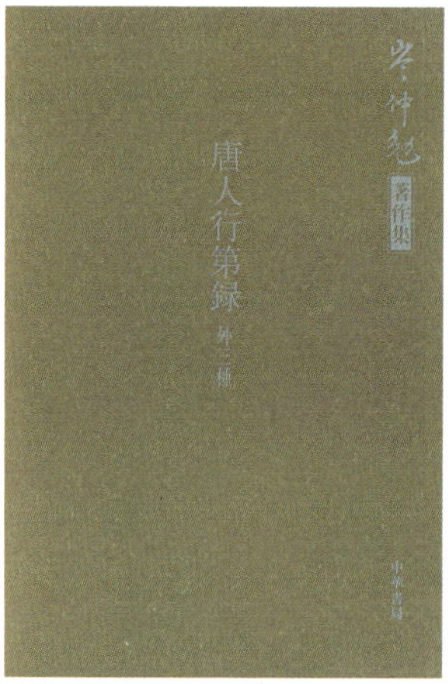

《唐人行第录》封面

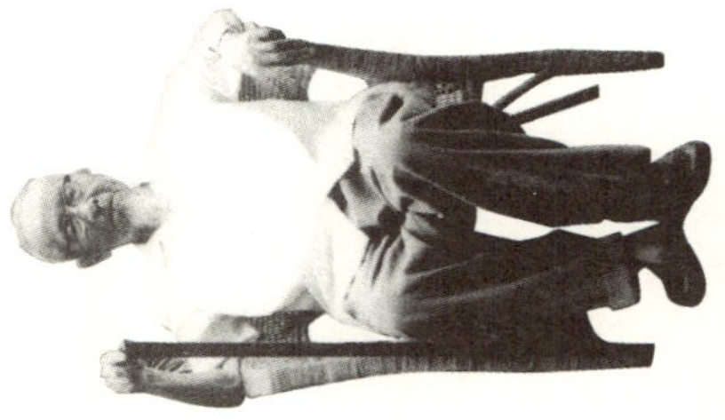

学人小传

姜立夫（1890—1978），学名蒋佐，字立夫，以字行。平阳凤江乡麟头村（今属浙江苍南县）人。现代著名数学家，数学教育家。中国最早的『数学博士』之一，也是我国现代数学最早的播种人之一。

姜立夫把毕生精力献给中国数学教育和数学发展事业，先后创办了南开大学算学系和岭南大学数学系，并筹建中央研究院数学研究所，为1948年中央研究院第一届院士。他从20世纪30年代开始，便致力于研究圆素几何和球素几何，著有《圆素和球素几何的矩阵理论》，被誉为我国几何学界的泰斗。

1989年7月4日，姜立夫诞辰100周年，南开大学和中山大学同时举行盛大的纪念活动。中山大学王季思教授赋诗一首：『当年横渡太平洋，立志求真为国光。一代大师开学派，群英接踵起家邦。光风霁月流芳远，岭表津门延泽长。头白后生瞻拜处，长髯飘拂想慈祥』，对姜立夫一生进行了概括。

姜立夫：一介夫子立数学 岭表津门延泽长

在中山大学的陈寅恪故居前，是一栋被葱郁树木所包围的红砖小楼，乍看之下有点儿年久失修的破旧，走近却可读出墙面厚厚青苔里的沧桑——这貌不惊人的小楼正是已故中国现代数学先驱姜立夫先生的故居。

在常人眼中，数学家总是严肃而孤独的——治学严谨要求他们不苟言笑，艰深的研究注定了他们在求索之路上踽踽独行。或许这也正是他们相比于文学、史学家们较少吸引后人评说的原因，除去其所留之著作，他们往往无迹可寻。

身为其中的一员，姜立夫先生显得更加特立独行：

人生风华正茂短短数十载，他将全部精力投入了国家的数学教育事业，以至于只留下了极少的著作传世，“我愿把一生献给数学”是他最坚定的誓言；与数字打交道，却被称为“姜老夫子”，因为他满腹经纶，一言一语、举手投足之间自有一派文人风骨；作为西风激荡时代第一批“海归”中的一分子，他领潮了中国数学史的风云变幻；跳脱于呆板生硬，姜立夫先生还有着一段才子佳人般的浪漫爱情，被传为佳话。

淡泊名利，谦虚谨慎，是后世于他的评价。在这个急于求成的功利时代，盲目浮躁的现代人需要姜立夫先生这样的人为自己点一盏引路青灯。我们不仅仅要还原一个血肉饱满的数学大师，更重要的是能让您走近一个简单却又伟大的人。

远志：

当年横渡太平洋立志求真为国光

远志，中药名。据称，该中药原名大胆，一秀才参加乡试带此木一举夺魁，厌其名俗，乃更名为远志。

对姜立夫而言，少小离家远赴大洋彼岸，且身怀以数学救国救民之志，其所图颇为远大，故以“远志”名其此人生经历。

公元前212年，古罗马军队入侵叙拉古。近80岁的阿基米德正在全神贯注地研究几何图形，忘记了回答罗马士兵的问话，然后，他被一根长矛戳死。2000年后，18世纪的巴黎姑娘索菲·热尔曼从这个故事中得出了一个结论：“如果一个人如此痴迷于一个足以导致他死亡的几何问题，那么数学无疑是世界上最迷人的科学了。”鉴于这样的理由，后来她也成了一个数学家。

凡数皆有魔力。也正是这种魔力，导致无数好奇心强烈的人耐住寂寞对其进行着不断的研究。虽然如今的采访和资料都无法证实，姜立夫先生是如何从私塾儒学教育的以明理为主的“文科生”转变成一位对数学孜孜不倦的研究者，但可以肯定的是，姜立夫在青少年时期就对数学有着浓厚的兴趣。否则，他也不会在留美之后，就去考取加州大学理学学士学位，进而到哈佛继续深造，攻取数学博士学位。

这种浓厚的兴趣来源于他的姨夫黄庆澄。黄庆澄算得上是晚清一大奇人，他光绪年间中举，在游历日本等国后曾经表示：“今之世界，一通商世界，亦一机轮火器世界。”出于这样的目的，黄庆澄创办了《算学报》，这也是中国第一份数学刊物。姜立夫成为数学家的志向，最早也应归因于此。

但姜立夫先生能够在日后被胡适称为中国现代九大圣人之一，其学术成就受到万人敬仰，却不仅仅是一个“兴趣”就能解释的。从目前掌握的史料来看，姜立夫童年的经历和青年时期的志向，才是他形成伟大人格的基本动因。

姜立夫的童年颇为不幸：6岁丧父，10岁丧母，14岁时，一直对他疼爱有加的祖父姜植熊也撒手人寰。但自小就读于祖父的“姜闾蒙馆”，使得姜立夫在四书五经的熏陶中形成了严格的文化传统观念。这也是为什么后来包括陈省身等在内的他的学生们在回忆录中都称呼他“姜老夫子”的原因——从其在抗战后期创建中央研究院数学研究所时与胡适等人的书信来看，姜立夫的国学根基异常深厚，如今许多文科学生也无法望其项背。

当然，不得不提的还有他的大哥姜少玉。就是这位受过新式教育的大哥，替姜立夫作出了年轻时最重要的一个决定：送他去杭州高等学堂。这所在民国初年声名远播的学校走出了不少风云人物，除了姜立夫，还有文学家郁达夫、诗人徐志摩等。1910年，杭高还没有毕业的姜立夫参加了第二期庚款留美学生考试并被录取，在平阳引起轰动。

根据公开的史料来看，姜立夫“向中国介绍现代数学”的决心最晚就是在这个时候形成的。1916年开始，他就在我国历史上第一本综合性的现代科学刊物——《科学》第2卷第5期上发表《形学歧义》一文，首次介绍了射影几何学。1918年受聘为哈佛大学助教，担任W. F. 奥斯古德教授的助手。随后在1919年获得了哈佛的数学博士学位，这是中国第二个“数学博士”（第一位数学博士是与他同期的胡明复）。

A08
百年双喜 特约
世纪广东学人
姜立夫
一介夫子立数学
岭表津门延泽长
当年横渡太平洋　立志求真为国光
一代大师开学派　群英接踵起家邦
光风霁月跳芳迹　渐待新城初成长
头白后生高拜处　长髯飘拂想慈祥
百年新火 世纪风范　广东中烟工业有限责任公司特别呈献

独活：

一代大师开学派群英接踵起家邦

独活，中药名，其一茎直上，得风不摇曳，无风偏自动，无不展露渗透到骨髓的执拗性子，遂定名为独活。

作为一名数学家，姜立夫自有其坚持的地方，而他在南开大学以一己之力创办一系，也的确属于“独自干活”，堪称“独活”。

古希腊人曾经记载了这样一个故事：一个新来的学生问著名的几何学家欧几里得，学几何有什么用处？欧几里得立刻转身吩咐自己的仆人：“给这孩子一个硬币，因为他想从学习中获得实利。”

数学就是这样一门“没用”的学科。至少到清朝末年，主流的知识分子依然不认为这门以运算为主要手段的学科属于“大道”范畴。格物与明理，几乎所有人都认为后者更加重要，所以，那时的中国数学家所走的道路也无比孤独。在姜立夫从美国回来操办乃兄的丧事时，温州人固执地给姜立夫起了一个跟数学很不搭界的称呼：“洋状元”。也正因为数学人才的稀缺，姜立夫从美国回来后在南开大学创办“一人系”的故事才显得如此动人。

正如他获得的是中国第二个哈佛数学博士头衔一样，姜立夫创办的南开大学算学系，也是中国第二个数学系。在他去美国留学期间的1912年，京师大学堂改名北京大学，首创数学门，1919年改称数学系。这是中国第一个数学系。而他创办的南开算学系，最引人注目的一点就是“既无讲师也无助教”——在开始的几年里，从上到下只有他一个教授，因此，南开大学的算学系被人称为“一人系”。

独木难成林，但姜立夫却有办法让算学系“独活”。自身扎实的数学基础和渊博的知识是他撑起算学系的最主要原因。在最初的半年里，姜立夫一人负责教授初等微积分、立体解析几何、高等微积分、高等代数、复变函数论、高等几何（包括n维几何）、微分几何等七八门课程的全部教学工作，此外还要承担理学院的公共数学课（初等和高等微积分）。这种忙碌的教学一直持续了很久。直到四年后的1924年，他的第一个弟子刘晋年毕业，并且留校任教，他才算多了个帮手。而这种“同门繁衍”的情形直到1925年学校增聘数学史家钱宝琮教授后才得以终结。

众所周知，当一门学科发展到尖端时，其产生的无数分支都足以让任何一名学者研究一世。而数学发展到20世纪，其中产生的学科分类更加繁复，但姜立夫却可以胜任不同课程的教学，而且教学质量都很高，他的学生刘晋年、江泽涵、陈省身、吴大任等人各有所长。

豆蔻：

光风霁月流芳远渐待新娘初成长

豆蔻，中药名，一种多年生长绿草本植物，花蕊中央，有两瓣相并，形似“同心”，因此常被作为爱情的象征。

姜立夫的爱情自然有大师的浪漫之处，以不惑之年赢得少女芳心，这段佳话自然堪以“豆蔻”来形容。

数学是一门孤独的科学，所以当人问起生活在公元4世纪的女数学家希帕蒂娅为什么不结婚时，她的回答也就成了经典——希帕蒂娅说：“我已经嫁给了真理。”

当然，姜立夫并没有终生不娶。事实上，他的婚姻生活与那个时代绝大多数的才子一样，浪漫而美丽。

故事的开端通常是有些凄凉的。姜立夫一生中有两段婚姻。最早的一段还是在他没有出去读书的时候。那时在他的故乡平阳，无论是大户人家还是贫寒家庭，一般都流行从小订婚，成年后结婚。而与姜立夫约为婚姻的，就是邻村一位姓吴的女子。俩人在1909年结婚，但不论婚前还是婚后，姜立夫都是在杭州读书。而当姜立夫准备去美国时，吴氏却不幸染病身亡。

几年后姜立夫回到故乡，成了“洋状元”，求亲的人踏破了门槛。根据温州地方的传说，姜立夫第一次从美国回来时，村里乡亲甚至奔走相告地出来一睹“洋状元”的风采。根据鹿蕲头村村民姜溯红的回忆，当时回乡的姜立夫“身材修长，脸色白

右一为姜立夫

1972年姜立夫与杨振宁（右）合影

皙，穿着一件洗得发白的长衫，脚底穿着布鞋，不坐轿子，自己提着行李，浑身透着一股书生儒雅的风度。而且平阳县长求见都被他拒绝，很有不阿权贵的风骨”。只是，这个被大家争相传颂的奇男子似乎已经成了“梅妻鹤子”的高士——除了一门心思研究自己的数学，就是在家里办学校以及照顾哥哥的一对子女。他把姜氏族产全部充作“学田”，在村里创办了一所小学，并亲笔为小学题写“爱敬”两字。

如果说姜立夫的第一段婚姻属于旧制度下的产物，那么他的第二次婚姻看起来就相当浪漫了。1936年，他在上海结婚了，新娘是胡敦复、胡明复、胡刚复这几位好友的小妹胡芷华，她年纪比姜立夫小得多，因此也有学生对姜立夫笑言，他这么多年其实是在“等待新娘的成长”。

当归：

头白后生瞻拜处长髯飘拂想慈祥

当归，中药名。其名源自一个凄美的故事，“当归不归，娇妻改嫁”。

“当归”的“当”字颇有取舍之意。而从姜立夫一生来看，他从美国回归，从台湾回归，无不面临着取舍。所以，用“当归”二字总结他这两段人生经历，最为恰当。

在过去的100年里，“出洋留学”从来都让人艳羡不已，一项统计数据表明，1978年以来中国公派106万学生留学海外，仅27.5万人回国。

但回望20世纪前半叶，中华民族最早走出去的知识精英，却基本上都回到了祖国的怀抱——众所周知，民国初期在这片土地上掀起无数巨浪的第一批真正意义上的现代知识分子们，其基本构架就是早期留美学童加庚子赔款留学生。

姜立夫就是这批归国精英中的一个。在他的一生之中，总共有两次需要选择“当归”的时刻。第一次是在1919年10月从美国回到中国，第二次则是1948年从台湾回到大陆。

1919年10月，将姜立夫抚养长大的大哥姜子玉在故乡去世，留下一个12岁的儿子姜子骥和一个9岁的女儿姜淑雁。当时姜立夫已经是哈佛大学助教，在非欧几何、射影几何等方面都有了相当的建树。但毕竟长兄如父，学业与恩情相较，姜立夫最终放弃了哈佛优厚的待遇，回到了家乡，承担起养育遗孤、教育幼辈的责任。

当然，让姜立夫选择回国的理由，还有青年时就已经形成并一直支撑着他的那条信念——后来在众多场合，姜立夫都曾经向他的弟子们说过："我是用美国退回的一部分庚子赔款去留学的，那当然不是美国的钱，也不是清政府的钱，那是国人辛勤劳动积累起来的钱，我应当为中国人做一点好事，决心把西洋数学搬回来。因为数学是自然科学的基础，中国需要科学，也需要数学，我愿把一生献给中国数学。"

第二次的"当归"发生在1948年。与第一次从美国回到中国相比，这一次从台湾的"回归"同样也让姜立夫充满了无奈——

姜立夫

因为从台湾回来，他会损失前半生积累的许多宝贵的数学刊物。但迁去台湾却本就不是他的意思。1948年，蒋介石为了做好退路，先把一部分科研机构和科学家带去了台湾，其中就包括了姜立夫所在的中央研究院数学研究所。作为数学所所长的姜立夫负责将图书装箱运出，把全家也搬迁到台湾。

但是，同那个时代的许多知识精英一样，虽然姜立夫所从事的是与政治相对遥远的数学研究，但对于时局他依然有着清醒的认识。根据姜立夫在中山大学的学生杨淦教授提供的资料，在台湾时姜立夫曾经收到在南开大学任教的学生吴大任的一封信，信中言辞恳切，力劝恩师回到大陆，然后姜立夫就动心了。这封信还附着一幅吴大任儿子画的图画，画面上是一艘轮船上有姜的两个孩子，岸上有吴的两个儿子在招手欢迎他们靠岸。

姜立夫先是以汇报工作为名，只身回到尚未解放的广州，随后又向国民党当局称病，滞留在广州，并且申请家人过来照顾。于是姜的全家又从台湾回到大陆。而从那时开始，姜立夫就安心地留在了广州岭南大学。

记 者 手 记

凡是伟大的，必定简单

我是怀着一种近乎膜拜的态度来进行这次采访的。对于新闻记者而言，这一点并不应该。但面对一个伟大的人物，这又是一种最正常也最普通的态度。原因很简单：数学家在这个星球上，不论怎么说都是智商最高的那群人。面对他们，你很难产生任何质疑。

对于任何一个记者而言，采访数学家都是非常困难的事情，因为他们天生就是怀疑论者，是一群对话语逻辑控制得极为严密的人。有种说法是，数学家从来不说没有经过论证的话。在数学圈里，有过这样一个著名的笑话：有人问哥廷根大学的著名数学家埃德蒙·兰道，他的同事埃米·诺特是否真是一位出色的女数学家。兰道的回答是：“我可以证明她是一位伟大的数学家，但对于她是不是女人这一点，我无法证明。”笑话当然见仁见智，但从中所体现出的逻辑缜密性却显而易见。

数学家很难采访。这似乎已经成了行业内公认的现象。一方面你面对的是如此“谨慎”的一群人，另一方面你也很难将采访所得写成流畅的文字。所以这么多年下来，尽管文字并不见得优美，主题也不见得多么震撼人心，但徐迟那篇报告文学《哥德巴赫猜想》依然算得上是一篇经典的杰作。

所以，在开始进行关于姜立夫这样一个人物的采访之前，我的忐忑是显而易见的。刘良深和杨淦这两位老先生曾受教于姜立夫先生，对他们的采访，几乎得不到任何“既定事实之外”的评价性言论。采访的结果，看起来很简单。

好在一位故交当年的采访给了我不小的启迪：如今已经是《读库》主编的张立宪，2005年时曾经应《中国青年报》之邀采访了安德鲁·怀尔斯——著名的破解了费马大定理的美国科学家。张立宪告诉我，采访数学家，必须要理解的一点，就是他们那种全身心投入到自己热爱的事业中的那种疯魔状态。这也是稿件唯一的出发点。而在其他层面看，数学家无疑都很简单。但这也正印证了列夫·托尔斯泰的那句名言：凡是伟大的，必定简单。

（郑照魁　谷逸）

姜立夫像

学者视点

他是数学家，更是数学教育家

作为对中国现代数学影响深远的一位数学家，姜立夫先生在学术上的成就很高。但与其他一些学术大师相比，姜立夫的成就却并不是能用等身的著作、破解的学术难题来衡量的。事实上，检索资料就可以发现，终其一生，姜立夫先生也并没有写出几本学术著作，更没有诸如破解“哥德巴赫猜想”这样的光辉时刻。

但他依然是中国首屈一指、备受后世尊敬的数学家。或者，如果要准确地给他一个头衔的定位的话，我们可以称呼他为数学教育家。因为相比较而言，他在数学本身方面的成就，并不比他在数学教育方面的成就更大。不过，与其他一切学术大师一样，姜立夫在治学方面，也有他极为值得称道的一面。

关键词：个人成就
著作很少，但框架已搭好

亲历者讲述：姜立夫老师在数学教育方面的成就很大，在自己的学术研究上作出了一定的牺牲。其实他在自己的研究上是有个框架，有个大纲和方向的，但始终没来得及进行下去。那个大纲现在还在，他的一些学生也在进行这方面的研究。

姜立夫先生没有留下什么特别的著作，但他教会了很多人。20世纪70年代，陈省身先生第一次从国外回来，就去拜访姜立夫先生，还呈上了一份他自己的著作目录。翻开目录的封面，第一页上就写着：姜立夫老师惠存，学生陈省身敬奉。物理学诺贝尔奖得奖者杨振宁教授，20世纪70年代时来到广州，立刻就到他在西南联大时的老师姜立夫教授家里拜访，还特意合影留念。

讲述者：中山大学数学系教授、姜门弟子刘良深、杨淦（下同）

姜立夫的学术成就主要集中在几何方面。1916年，姜立夫先生在我国历史上第一本综合性的现代科学期刊《科学》第2卷第5期上发表《形学歧义》一文，首次介绍了射影几何学。1918年，在读研究生期间，他受聘为哈佛大学助教，担任W. F. 奥斯古德教授的助手。随后，姜立夫先生在J. L. 库利芝教授指导下完成博士论文《非欧几里得空间直线球面变换法》，内容是用代数和微分几何方法来讨论射影空间的直线和非欧空间的球面之间的对应关系，论文的署名为Chan-ChanTsoo（姜蒋佐）。

由于长期从事中国数学教育与研究事业的开创和领导工作，姜立夫先生长期搁置了自己的学术研究。早在1926年在厦门大学执教时，他就曾对当时在身边做助教的江泽涵说：“前此数年，我把全部精力用来教书、教学生，此后我也要继续研究，教自己了。”但是，在以后漫长的半个世纪中，他始终是教人先于“教己”。只是到了20世纪50年代后期，由于身体原因，姜立夫先生不再担任一线教学工作，才开始以较多精力整理并发展他创建的圆素与球素几何的矩阵理论。1954年，他在中山大学科学讨论会上作了题为《关于圆素几何的新面貌》的报告。他用二阶对称方阵代表平面上的拉盖尔圆（即有向圆和点圆），用二阶埃尔米特方阵代表空间的拉盖尔球（即有向球和点球），再用相应的2×4矩阵作为李（lie）圆（即拉盖尔圆和有向直线以及无穷远点圆）和李球（即拉盖尔球和有向平面以及无穷远点球）的齐次坐标，于是对应于点素平面和点素空间的射影群、仿射群和欧氏群，就有圆素平面和球素空间的辛变换群及其相应的子群。这样，经典圆素与球素几何就获得新的面貌，并有新的发展前景。对于这一课题，在他的遗稿中有一个长远计划：第一阶段：对称方阵与埃尔米特方阵（圆与球，超圆与超球），辛群变换论（麦比乌斯群，拉盖尔群，李群），用方阵代数来研讨辛群几何学；第二阶段：辛群曲线与曲面论等（圆列、圆汇、球列、球汇、球丛），用活动标架法来发展辛群几何学（伪欧氏空间的微分几何）；第三阶段：辛群联络空间（麦比乌斯联络空间，拉盖尔联络空间，李联络空间）。用外微分法来推广黎曼几何学与非黎曼几何学。

这个计划的目标不仅在于改造经典的圆素与球素几何学，使

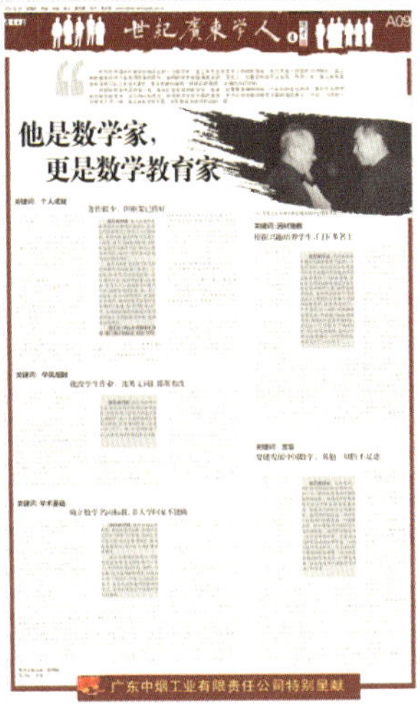
世纪广东学人 A09

他是数学家，更是数学教育家

广东中烟工业有限责任公司特别呈献

之具有新的形式，还在于运用现代方法去发展它，使之与现代几何合流。应该指出，姜立夫先生很早就注意到圆素与球素几何与物理学和近代数学其他分支的密切关系，因而上述研究计划是以实际对象为基础的，不追求过分抽象的推广。这体现了他一贯务实的治学精神。

关键词：学风细致

批改学生作业，连英文词汇都帮着改

亲历者讲述：姜立夫老师对学生的关注是从细微之处做起的。当时岭南大学很多都是全英文的教学，姜立夫老师连我们的英文都改。有时看到作业上全是红字，吓了一跳，以为都做错了呢，后来发现很多都是英文写错。

搞学问，必须严谨，必须一丝不苟。这是几乎所有学问名家都具备的品质。对于数学这样一门严谨的学科，一丝不苟几乎成了每个数学家都得具备的素质。

姜立夫先生的得意弟子吴大任曾回忆说，姜老师在最基本的方面都很注意，例如他在教解析几何和高等几何时，就要求学生都用方格纸做练习，书写要端正整洁，叙述演算要条理清晰，画图的时候，连每条线的粗细都有讲究，铅笔的直线粗了一些，他就会给你指出来。几何图形的要求也很严格，作图力求准确、清晰、富有立体感，他认为这有助于培养学生清晰的空间概念和抽象能力，从而提高学生对数学问题本质的认识。

不光在要求学生方面，姜立夫先生对自身授课的要求也很严格。他的学生林伟教授回忆说，读一年级时听姜立夫先生教授的解析几何课，他的“讲课层次分明，论证严谨，分析周密。他十分注意作图，作图时一般是徒手，图形画得十分准确，只有画投影（即射影）几何中的复杂图形时，才用直尺。常配以鲜明的颜色粉笔，用不同颜色代表不同对象。加上他声音洪亮，抑扬顿挫，十分引人入胜”。

除此之外，姜立夫先生上课从不哑场。哪怕在黑板上书写或者作图的时候，他也不中断解说，连每个数学记号都边写边念。讲课有时有教材，没有教材时，常常只在一两张废日历纸上记下简略的提纲。但他永远是离开教材或提纲讲解，教材、提纲只起备忘作用。据他的学生回忆：“姜先生上课，只带一张写了提纲的日历纸。他讲课非常清楚简洁，板书也整齐，记笔记很方便。他从国外订购了一套几何模型，有时会带上一个模型上课，对学生了解空间及作图有很大帮助。有一次他讲到极有意思的地方，忽然把右脚向左脚一并，同时叫上一声‘All right！’，搞得大家也都兴奋起来。”

1955年姜立夫与周恩来总理在政协全国委员会上

关键词：学术基础

确立数学名词标准，非大学问家不能做

亲历者讲述：数学名词这种事情，看起来很不起眼，好像并不是什么“困难”的事情。但非大学问家不能把这类事情做好，因为这是最基础、对所有人都有帮助的事情。

我后来看陈寅恪传记，写陈老先生曾做过元朝时的什么年代，对应西元什么年代，这样一个表格。这个东西非常难做，你现在如果一查错了，所有人就糊里糊涂了。姜立夫先生这种最基础的研究，其实也是他对中国数学很大的贡献。

作为中国现代数学最早的传播者之一，姜立夫先生最大的贡献除了培养出一大批闻名中外的数学家，不得不提的是由他和他的妻兄胡明复所主持的中国现代数学词汇汇编。

其实当年不仅是数学界面临着这样的情况，几乎整个自然科学界都面临类似情况。蔡元培先生就在《医学名词汇编》序言中写道：“科学愈精深，名词愈繁复。吾国研治科学稍后，势须畅外释籍以为基础；惜译界不相联络，所译名词，人各不同。整齐而划一之，其功至矩。……盖以纷纭庞杂之各科学名词，欲使之同条共贯，引用便利，绝非一手足一朝夕之事……”

数学界的标准中文名词，由于时代的变迁与数学的发展，一些旧译名已显得不够妥当，且原有译名在数量及范围上早已不敷于用。此外，由于“译界不相联络，所译名词，人各不同”（蔡元培，《医学名词汇编》序，1931年），现代数学的准确理解与有效传播面临着极大的困难，因此，在1918年时，以原医学名词审查会为基础，由教育部及各学术团体派代表参加，成立了科学名词审查会，领导与组织科学词汇的审定。1923年7月，科学名词审查会开始审查数学名词，而姜立夫先生和胡明复先生，正是这个小组的负责人。他们为制定词汇草案做了大量艰苦细致的工作，不仅对所收入的7000多个数学名词全部给出中英文对照，而且尽可能同时给出相应的法文、德文和日文。草案选用词汇广泛而不生僻，博取古籍和各国之长而自成体系，其审定原则也颇为精当，“例言”中特别举例说明这些原则：“‘虚’，‘实’，‘复’，‘整’，‘分’，‘常’，‘变’，‘全’，‘偏’等字，类皆有专用之义，他处均避之。”“‘次’，‘级’二字，又‘叙列’，‘级数’，‘连级数’三名词，世多混用，即西文原名亦然。今特分别指定，不予通融。”“‘无限’，‘无穷’，‘无尽’三词用法各异。如此之例尚多，不具举。”

由于他们的国学根底深厚，工作极为审慎、周密，所选用和拟订的词汇大都十分准确。比如，姜立夫先生当时所在的南开大学“算学系”，经过审定之后，“算学”就被改称为“数学”。因为自宋代以来，中国数学界一直是“算学”、“数学”并用，但从含义上来看，“数学”显然比“算学”的所指范围更广。

科学名词审查会和中国科学社对上述数学词汇的审查持续了8年之久，分4次审查完毕。1927年6月，胡明复先生不幸溺水逝世，以后的起草工作就由姜立夫先生完成。为了便于整理和进一步修订，他将全部词汇制成卡片，可惜由于人力不足，补齐法、德、日文词汇的愿望始终未能实现。这部数学词汇虽然只限于纯粹数学方面最基本的内容，却已构成今日整个数学词汇的基础。1938年以后的20余年间，数学词汇曾几度补充修订，姜立夫先生都是重要的参与者。

中国现代数学词汇体系的确立，“其功至巨”，姜立夫先生为之倾注了大量心血，无愧为其主要奠基人之一。

关键词：因材施教

根据兴趣培养学生，门下多名士

亲历者讲述：因材施教是中国古代教育遗留下来的一个良好传统，这也是姜立夫先生早年为什么能培育出这么多著名数学家的一个根本原因。在他身上深深地印有传统学者和教育家的那种气息。我体会最深的是，姜老师在每个学期念完后，还会看你每个学期的功课怎样，然后决定你下一个学期学几门功课。普通物理成绩很差，下面就不能念理论力学，你得先念完高等微积分，读完这一门才能学下面的功课。真正的因材施教。基础分不够，你就要推迟一个学期再念。现在不行了，人太多了。

姜立夫先生被称为中国现代数学的奠基人之一，这个说法毫不过分。因为由他门下产生的数学家如过江之鲫，不可胜数。而且，姜立夫先生并非完全死板地教育学生朝着自己最擅长的几何学方向发展，而是真正在观察他们的兴趣，引导学生们在数学世界里自行探索。

根据他的学生吴大任的回忆，姜立夫先生“就像熟悉地理的向导，引导着学生寻幽探胜，使你有时似在峰回路转之中，忽然又豁然开朗，柳暗花明，不感到攀登的疲劳。听姜先生讲课是一种少有的享受”。在南开大学时期，由于学生较少，姜立夫先生就开始“分类教学”。比如对于高年级的学生，当不使用教材时，每讲完一章，他让学生整理好笔记定期交上。有时学期考试用书面读书报告代替，题目和参考书由他根据情况分别指定。例如高等代数课，对学生中物理系的吴大猷，他就让他写关于二次微分齐式的短文，因为这有利于他学习相对论，也有些课的书面报告，从题目到内容，都由学生自选。

而中国拓扑学的先驱、姜立夫先生另一位得意弟子江泽涵也在自己的回忆中提到了“基础不牢就不能继续学”这一点：“我是1922年跟姜老夫子读书的。后来我教书时的1931年，我问他，他说你是到美国学的拓扑学，以后千万不要在北大教拓扑学，为什么呢？因为那个时候是张作霖他们在北京，北京教师的工资按三级发，学校欠薪十分严重，一级可能只发几成，所以每一个教员要去几个学校兼课，才可以拿到钱来生活。那个时候下课找教员问问题找不着，教员一下课要赶到别的学校去上课。他的意思是说，你们除非把北大数学系改好了，并且找到有兴趣的学生，不然你没法教拓扑学这样高深的课。他的这句话给我的印象非常之深，我记得那个时候有个叶老先生，是物理系的老前辈，到北大来兼课，一提出拿几本书来做参考书，学生就把他轰走了。他就干不了，就到清华去了，他不肯在北大。那时就是这样子。我这么严格地干，学校反对，觉得没这么严格的。有的学生主张罢课，有些学生罢课差不多一个礼拜。后来勉强复课，我才把这一年书教完。后来申又枨先生（姜立夫先生的另一个弟子）回国来了。他又让申又枨到北大来帮忙，要把北大改改，这么一来我们才闯过了这一关。”

关键词：宽容

要能发展中国数学，其他一切皆不足虑

亲历者讲述：他很宽容，他不会计较这些细小的东西。他一心一意地就是要把中国的数学搞起来。他的这种宽容来源于自身早年就形成的责任感。他是庚子赔款出去的留学生，我们都听他说过，数学是一切自然科学的基础，中国那么弱，所以要振兴中国就得从这方面做起。这种责任感在他一生中始终贯穿着。不管是自己做学问还是培养学生，如果从这个角度出发，所发生的任何事情都容易理解。因为他真正是把数学当成是一门事业来做，真正把发展中国数学当作自己的任务。

学问上严谨，但对待数学界的其他同道，姜立夫先生却有着难得的宽容。在中国学术界的所谓“门户之见”，在他的身上几乎没有任何体现。不但提携后辈青年学者，甚至在自己的学生对数学的一些分支产生兴趣时，他也不遗余力地向其推荐更合适的老师。因此，他门下才会涌现出诸如陈省身这样的学者，而像杨振宁这样的学生，也乐于听他的课。

姜立夫先生的宽容主要体现在不囿成见，努力提携后辈学者方面。流传很广的一个故事是，20世纪20年代末，苏步青在日本东北帝国大学读研究生时，曾用英文名发表了几篇论文，姜立夫先生读后知道作者是中国的有为青年学者，便向厦门大学、北京大学、燕京大学和清华大学推荐，其时他们二人并不认识。当苏步青决定去浙江大学时，姜立夫先生也已收到浙江大学聘书，连教材都已备好，但为了让苏步青充分发挥作用，他毅然辞去了浙江大学的聘任。后来两人相遇，苏步青才知道，两人居然是浙江老乡。

除此之外，他还积极推荐中国数学人才“走出去”，这其中姜立夫先生促成华罗庚出访苏联、美国一事也被大家传为美谈：20世纪40年代时，苏联是解析数论的一个研究中心。1944年华罗庚计划赴苏联考察，但时局艰难经费无着。为此，姜立夫先生多次致函中央研究院院长朱家骅和中央研究院总办事处，反复申明华罗庚数学工作的重要性及派其出访的必要性，他在函中指出，“华君天才卓越，成绩斐然”（致朱家骅的信，1944年10月19日），“近年由堆垒数论，一转而入自守函数，再转而入方阵几何，湛思积悟，创获更多，无如战时交通梗阻，国内工具缺乏，深以闭门造车、事倍功半为苦。……鄙意拟请先生特别设法，派遣华君赴苏考察一年，庶使华君研究工作得以顺利进行，本处筹备设施亦得多所取法。是华君个人之幸，亦即国家学术之幸”（致朱家骅的信，1944年11月11日）。其后，因苏联方面长期拖延，姜立夫先生又转而推荐华罗庚改派赴美。在他的积极努力下，华罗庚先生最终于1946年先后赴苏、美访问。

不光推荐中国学者出国交流，姜立夫先生在引进国际学者到中国讲学方面同样不遗余力。在他的推动下，北京大学在20世纪30年代接连聘请德国数学家布拉施克比、施佩纳，美国数学家奥斯古德到校讲学，促使后来陈省身、吴大任、张禾瑞等先后留学德国。

（郑照魁　谷逸）

学人小传

邹鲁（1885—1954），原名邹澄生，字海滨，号澄庐主人，15岁时，因自感天资鲁钝、学业进步迟缓而希望有所警惕，改名为邹鲁，广东大埔人。

1924年，孙中山委任邹鲁为国立广东大学筹备主任，后成为广东大学（中山大学之前身）的创校校长。

1925年，身为国民党中执委兼青年部部长的邹鲁在处理联俄联共、争取大学经费独立等问题上与中央政治委员会、国民政府的关系闹得僵硬至极，终至与林森等人北上北京召开『西山会议』。他也因此被开除出党，免去校长职务。

1932年，邹鲁第二次出任国立中山大学校长，建树极多，包括建设石牌新校、改革教育制度、发展研究事业。翌年在出席世界大学会议期间，邹鲁被海德堡大学授予法学名誉博士学位，其教育家地位亦得到国际教育界认可。

邹鲁著述等身，有《二十九国游记》、《回顾录》、《抗建和平之我见》、《我对教育之今昔意见》、《澄庐诗集》等书，以《中国国民党史稿》为代表作，洋洋200万字的著述使其成为公认的国民党党史研究专家。

邹鲁：树木树人兼树谷 规模远托百年心

他是政客，也是教育家。

在生命中的一大半时间里，邹鲁以革命为职业，历“反清”、“反袁”、“反蒋”、“反日”，一生多持反对立场，迭经风霜洗礼。他是一个富有争议的个性政客。

“除了没有叫人爸爸和向人叩头外，可说一切都做到！”作为中山大学创校校长，邹鲁创建石牌校区之艰辛用力，由此可见一斑。他曾在中大纪念石牌校区落成庆祝典礼上赋诗以寄心声：“蓝缕筚路启山林，寸寸山林尽化金。树木树人兼树谷，规模远托百年心。”现今，中山大学延祚八十余年，巍然成岭南最高学府。他是一个成功的大学校长。

然而，在中国近代史上，关于邹鲁却只有寥寥几笔。校史还没更新，教科书也一任其旧，但历史或许正在转圜之际。2004年中大80周年校庆之际，学校图书馆设立邹鲁校长纪念室，以示隆重纪念。

史家言，历史如一面多棱镜。笔者走近中山大学创校校长邹鲁，希望为读者揭示在多棱镜折射下他的传奇人生。

个性反对派：

自有非常奇骨骼，愈经霜雪愈精神

“自有非常奇骨骼，愈经霜雪愈精神”——早在年轻时，邹鲁的命运或许已被故乡的私塾先生言中。

18岁那年年关将近，私塾照例散馆，邹鲁搬回试馆居下。在书房的墙壁上，邹鲁挂上两幅自己的题字，一幅题墨兰：“谁道有人和露写？托根无地怨东风”；另一幅题梅花：“自有非常奇骨骼，愈经霜雪愈精神”。题字被塾师张竹士看到后评价说：“幸有这种气魄。虽不免颠沛，也还可望有成。否则，难免毕生漂泊无定了。”

5年后，邹鲁踏上反清革命的历程，开始张竹士所预言的颠沛漂泊的一生。

邹鲁是名声在外的“革命急先锋”，容不得任何妥协。辛亥革命、反袁、反复辟、护法运动……他一直是孙中山最忠实的追随者之一。1919年，黎元洪解散“非常国会”，引起各界的愤怒。邹鲁决定北上抗争，有人劝他不要去，邹鲁摔下一句话：“民国是我参加革命创造的，国会是我行使职权的机关，我去了，谁敢哼我一哼！”

正因为邹鲁的革命风骨，孙中山对其信任有加。邹鲁是孙中山三民主义演讲的读校人，也亲眼见证了伟人留下“革命尚未成功，同志仍须努力”的谆谆遗嘱。

20世纪30年代，邹鲁以“反蒋”闻名。在中大的讲台上，时常能够见到校长慷慨激昂地发表演讲，针砭时局腐败，痛斥蒋介石不抗日。

“九一八”事件后，国土日益沦丧，邹鲁心急如焚。在一次纪念大会上，他逼问蒋介石，数年以来，辽宁、吉林、黑龙江、热河等地相继被占，他追问：“蒋介石到底是救国呢，还是卖国，是抗日呢，还是降日？”他进而鼓励中大学生精诚团结，养成抗日的技能，讲求抗日的学问，收复失地。

可惜的是，彼时邹鲁已然成为失意政客，只在西南政府中有一个无权的职位，满腔的热情无处着力。

治校与治学：

“大楼”、“大师”兼备，奠定中大地位

就任国立广东大学创校校长之时，邹鲁或许没有意识到，这份事业将远远超过其在政治上的种种努力，成为百世流芳的伟业。

1924年，南国涌动着革命的躁动，孙中山正积极筹划北伐。为了给革命培养人才，国民党决定成立“一文一武”两所学校，武是蒋介石任校长的黄埔军校，文则是邹鲁执掌的国立广东大学。

邹鲁坚信，大学能够改造社会，因此他满怀期待地去设计心中理想的大学。在为《国立广东大学半周刊》创刊号的发刊词中，邹鲁阐述了其对“大学”二字的理解：

“大学为最高之学府，国之文化，所藉以为转移者也……尽不能纳新于旧，以成适中之文化者，不能合于现在之国情；不能融合东西，已成世界之文化者，不能尽大学之职责，折衷于创造因袭之中，为可久可大之画，斯可已，本大学用是以为志焉。”

实际上，正是在邹鲁掌校期间，中山大学迅速完成了一所现代大学的创建任务。为了新建9800多亩的石牌新校区，邹鲁四处筹钱，“为了捐款，除没有叫人爸爸和向人叩头外，可说一切都已做到”，新校区建成后，达到世界一流水准。

邹鲁时期，中大名教授云集。陈焕镛、梁伯强、丁颖、朱洗、斯行健、乐森、孙云铸、杨遵仪等先后当选中国科学院学部委员（院士），周谷城还成为全国人大常委会副委员长，朱希祖、高剑父等也名重一时。这些人大部分有着留洋的背景，日后也成为各个学科的奠基者之一。

中大图书馆馆长程焕文认为，邹鲁治理中大采取的是校长与教授共治的管理方式。广东大学成立之时，就设立各院系教授会议，处理教学、科研事宜。大学校务会议由校长、各分科学长、预科主任以及全校教授互选若干人组成，评议、计划处理重要的校务问题。

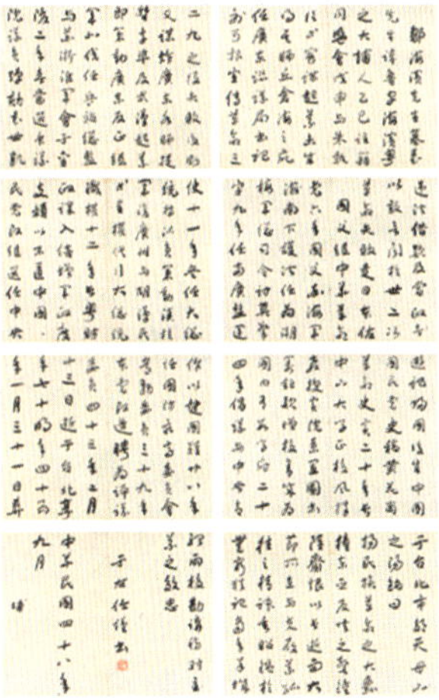

邹鲁墓表

“大楼”、“大师”兼备，中大迅速奠定了其在中国现代教育史上的地位。1935年6月，国立中山大学研究院成立，成为与清华大学、北京大学并肩的全国三所研究型大学之一，校长邹鲁兼任研究院首任院长。

虽然是研究型大学，但邹鲁希望中山大学不要成为纯粹的“象牙塔”。为此，他提出了“生产化”的口号。广东通志馆改隶中大，准备编纂适应时代的省志；两广地质调查所、稻作研究所、乡村服务试验区等纷纷设立，均是直接服务社会的机构。

对于学生，出身旧儒学的邹鲁，时时刻刻注意提醒他们“内外兼修”，注意人格品质的养成。

当时不少大学生以精英自居，很少与社会接触。1934年6月，借着即将放暑假的机会，邹鲁发表演讲劝诫他们说，民族的生命线在农村，大学生应当利用暑假返乡的机会做些事情；一是进行乡村实况调查，如农村作业，山麓森林，水利灌溉，土壤地质等；二是抗日及拒用仇货，揭露日本的暴行。他还鼓励学生到乡村就业，去乡村做领导人，办乡村教育，改良农业。

“我们要问，学问究竟是什么？为什么要去研究？研究的作用如何？”邹鲁当年提出的问题在今天依然值得人们深思，他的答案是：“研究学问必须应用到社会发展上面，始能成为有益于人类生存的学问。”

中西文化观：

文化没有国界，但文化不能不有历史

近代中西文化激荡中国，邹鲁的立场值得玩味和思考。

1904年春，邹鲁感到旧学堂“作无益，害有益”，遂退学创办了传播新学的乐群中学，这是广东大埔县第一所民办中学，他也因而迈出了一代教育家的踯躅脚步。当时他刚20岁。

但一段“中大读经”的历史公案，却似乎与他创办新学的举动相悖。1935年1月，胡适去香港接受香港大学授予他的名誉法学博士学位，邹鲁借机邀请其来讲学。让人难料的是，胡适在香港发表了不少刺耳言论，批评内地教育的失败，以及广东守旧读经。此番言论也让南天王、粤军总司令陈济棠颇为不满，当局还假托邹鲁的名义，在中大贴出布告，表示不欢迎胡适。邹鲁只得托人捎信给胡适，请他“今日快车离省，暂勿演讲，以免发生纠纷”。

但胡适偏偏不理这份委婉的逐客令。他按计划来到广州，潇洒一游，还留下一篇《南游杂忆》表达不满。自此，邹鲁被传成了“读经”的保守派，有人甚至问他：“你是不是想学孔子，删书定礼？”

委屈的邹鲁，数年之后给出了答案：“现在世风日下，眼看着我中华民族赖以立国的基础，将归于毁灭。为此我对于中大学生，竭力灌输三民主义，积极提倡我国固有的旧道德，希望挽救颓风，真能利用现代的科学以救国。”

邹鲁对中西文化的态度，还可以从中西医的论争中窥见一斑。他承认中医不合乎科学，并提出“我们可以拿科学来研究，拿西医的方法来改良”，鼓励中大的医学生负担起改良中医的责任。这种中西医结合的路子在日后越走越宽，逐渐发展成今日主流，人们不得不佩服邹鲁当时的远见卓识。

70年后，中西医论争再起。各方辩得面红耳赤的时候，可否反观历史，一腔纠结或许就能烟消云散。

“文化没有国界，但文化不能不有历史，而文化的历史，即一民族精神之所寄。”邹鲁批评当时的人将中国文化以“封建思想”、“传统主义”判死刑，也反对将一切外来文化拒之门外。因此，“中山先生主张对于中国固有道德要保存，对于欧美科学要赶上，实为至理名言”。

抗日爱国心：

揭露日本人对华有“五张面孔”

邹鲁毕生以一个不折不扣的反对派面目出现，源于他对国家的爱。20世纪30年代，中国处于亡国灭种的生死关头，有人问

邹鲁与宋庆龄等

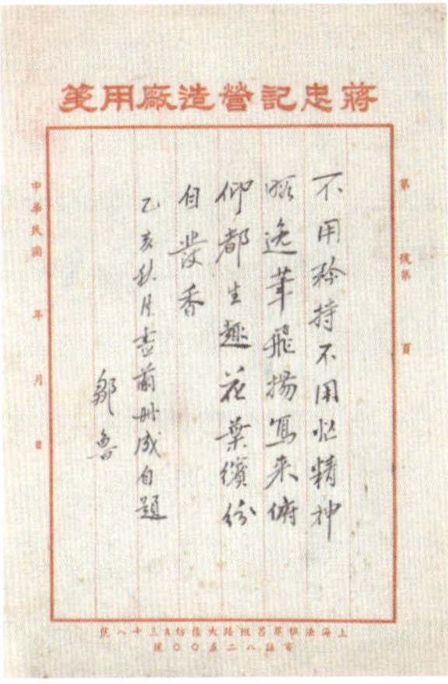

邹鲁手札

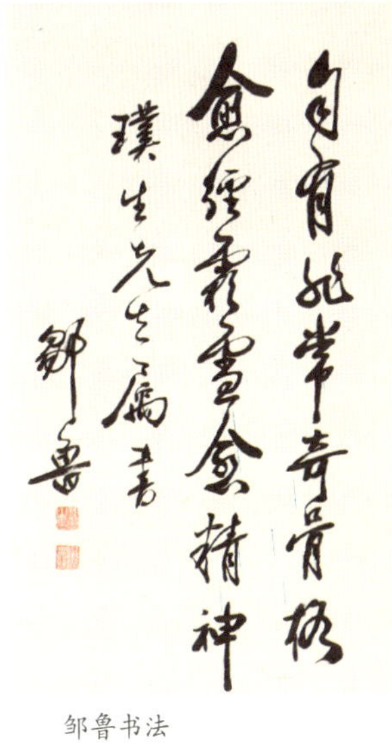

邹鲁书法

邹鲁："中国将亡否？"邹鲁回答："中国不亡，实无天理。"此话一出，语惊四座。邹鲁解释说，大家看看今天的军政长官，不图权力的有几个人？国内的军政长官都有上千万的财产，某个北方军人号称"清廉异常"，为官到现在也有数十万的财产。另外，日本已占我东三省，复侵上海，扰天津，近且进兵热河；我国当局，竟不决心抵抗，只见纸上宣言；国民又如隔岸观火，仍然怠惰，中国还成国家吗？

"中国不亡，实无天理"，映照出邹鲁的爱国情怀——爱之深，责之切。

同为国民党元老和中大校长的戴季陶在其《日本论》中写道："'中国'这个题目，日本人也不晓得放在解剖台上，解剖了几千百次，装在实验管里化验了几千百次。我们中国人却只是一味地排斥反对，再不肯做研究工夫，几乎连日本字都不愿意看，日本话都不愿意听，日本人都不愿意见。"80多年过去了，戴季陶所说的中日两国关于对方的研究不平衡的状况，直到今天仍然没有多大改变。以至于在中国说起日本研究，人们的印象依旧停留在《菊与刀》等几部书上。

邹鲁尽管没有像戴季陶那样有对日研究的著作问世，但他对日本文化的认识和侵略野心的揭露同样鞭辟入里，烛照后世。1936年，日本大将松井来到中大，与邹鲁会晤，意在劝说西南政府放弃抗日。松井问邹鲁对中日问题的意见，邹鲁反问其是否要听真话，真话就是："中国人没有一个不恨日本人，且无例外。"

他接着辞色严厉地对松井说，日本人对华有五张"面孔"："对南京说，'助你统一，你对我亲善'。对西南说，'汝倒蒋，我助汝，华北的事件就是助汝的事实。'对华北说，'你倒蒋，我助汝，且可使西南助汝；汝不倒蒋，我可使南京照于学忠、宋哲元的例，免你的职。'对非国民党人说，'我助汝倒国民党，助汝倒国民政府。'对世界则说，'中国的事，你们不要过问了，南京固然亲日，北方也亲日，西南也亲日了'。"

"抗日"也成为邹鲁鼓舞学生一心向学的口号和力量。当时的中国，抗日浪潮风起云涌，中大学生也大量走上街头。但邹鲁告诫学生，抗日救国的路径，远不是喊口号、抵制日货这么简单；救国不是空言可以办到，尤须注意实践。他在1932—1935年间，连续多次发表演讲，号召"读书救国"、"力学治国"、"救国须从自己本身做起"。他曾说过，"中国的学生好像很漂亮、很聪明、风头很健……殊不知大家趋向出风头，把自己的真实学业荒废去了”；积极的救国，只能依靠科学的昌明，而科学昌明，有赖于读书，“使救国的条件准备得很充实，则抗日救国的愿望，必能早日完成”。邹鲁当年这番话，对今天的键盘愤青、网络爱国者来说，正像一剂清醒的药物。

八年抗战中，邹鲁一直居住在四川乡下，除参加政府决策外，主要精力都用在宣传抗日，著有《抗战与心理》等文章。

在人生的最后10多年时间里，“反对派”邹鲁终于停了下来，一直以国民党元老的身份从事闲职。

1949年4月，他随蒋介石赴台。1954年农历正月初六，蒋介石亲自到府上为邹鲁庆祝70岁生日，于右任亲自题写“开国尊元老，传经翊圣谟”。孰料，2月13日，邹鲁即病逝，葬于天母山。

（中山大学历史系教授黄义祥、生命科学院副院长冯双对本文亦有贡献，特此致谢）

（张胜波　黄少宏）

邹鲁先生铜像

学者视点

陈春声和程焕文谈邹鲁校长

他参与奠定了岭南现代学术之根基

邹鲁是一个具有多重身份的人，但他对20世纪广东学术最大的贡献，在于他两次出掌中大，前后达9年之久，以“研究高深学问，培植专门人才，发展社会文化”作为办学宗旨，努力引进优秀人才，创办研究院，建设新校区，发展学术交流，为中山大学成为当时在国际有影响的大学，做了重要的奠基性工作。现在不少国内大学，都提出了创办中国乃至世界一流大学的办学目标，那么邹鲁的治校理念和经验对于当下的大学有何借鉴意义？邹鲁校长在中大的校史上应该处于一个什么样的位置？为此，笔者专访了中山大学副校长、历史系教授陈春声和中山大学图书馆馆长程焕文教授。

谈治校贡献：

中大既非脱胎旧政权，也非留美预备学校，而是适应革命需要的现代大学

邹鲁对教育的许多主张，仍然值得当前不少高校借鉴，比如，扩招带来的资源紧张和教学质量的下降，建立分校区后的举债建校等

南方日报：作为中山大学的第一任校长，邹鲁在规划大学建设时，他心目中的大学是什么样子？

陈春声：1924年国立广东大学成立时，正值中国历史上新旧交替的转折时期。孙中山任命邹鲁出任第一任校长，在短时间内就建立了一所与旧制度完全不同的新式大学。

与此前成立的许多大学不同，中山大学既不是一所为旧政权提供智力支持的官学结合的机构，也不是一所专门的留洋预备学校，而是一所适应中国当时革命需要的现代大学。在这里，孕育和生长出来了适应现代中国社会的现代知识体系和现代组织方式。

需要提醒注意的是邹鲁执掌中大的时代背景。1920年代，中国学术正处于由传统学术向现代学术迅速转变的时期，如何将源于欧洲的重视逻辑演绎和分类研究的现代学术与注重经验描述的中国传统学术对接起来，建立起中国现代学术体系，这是中国学术界，尤其是正在蓬勃兴起的现代大学，所面临的一个最主要的任务。在这一点上，邹鲁无疑是把握得很好的。大学开办之前，邹鲁就组织了筹备委员会，由当时最知名的政治家、学者参与大学的设计规划，包括胡汉民、廖仲恺、许崇清、马君武、蒋梦麟、李大钊、胡适等。

邹鲁第一次执掌中大的时间比较短，更重要的是第二次来中大。1932年2月至1940年6月，他再度出任中山大学校长，在新修订的《国立中山大学组织大纲》中确立以“研究高深学问，培植专门人才，发展社会文化”作为办学宗旨，努力引进优秀人才，创办研究院，建设新校区，发展学术交流，为中山大学成为当时在国际有影响的大学，做了一些重要的奠基性工作。他配合石牌新校园的建设，完善中山大学的学科结构，成立了一些委员会，让教授有更多参与学校管理的权力等。

虽然当时中大创办之初与黄埔军校并称所谓“一文一武”，都是为了给国民革命输送人才，但也培育了岭南现代学术的根基。

程焕文：他对教育的贡献是大家有目共睹的。邹鲁对教育的许多主张，仍然值得当前不少高校借鉴，比如，扩招带来的资源紧张和教学质量的下降，建立分校区后的举债建校等。他对学生爱国精神的灌输、为国家培养大批人才以及对中国高等教育理念的探索等，都值得研究。在邹鲁带领下，中大成为当时国内三所拥有研究院的国立大学之一，奠定了南方在20世纪中国学术史上的地位。

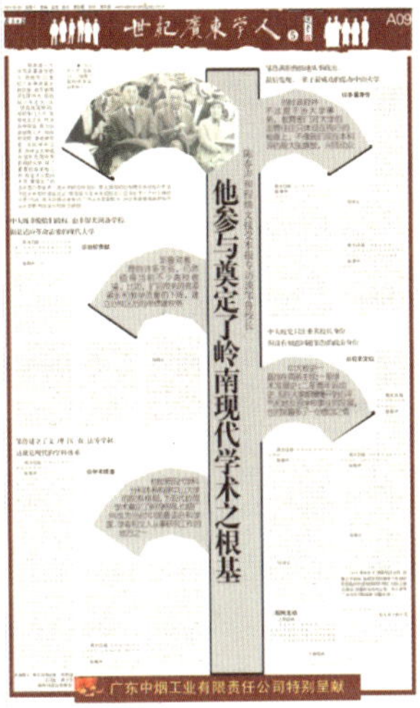
世纪廣東学人 A09

他参与奠定了岭南现代学术之根基

广东中烟工业有限责任公司特别呈献

谈学术根基：

邹鲁建立了文、理、医、农、法等学科，这就是现代的学科体系

他按照现代学科分科体系构建中山大学的院系格局，为现代岭

南学术奠定了新的格局，也使广州成为当时中国最适合科学家、学者和文人从事研究工作的地方之一

南方日报：岭南现代学术的根基具体是指什么？

陈春声：邹鲁对现代大学在中国的发展有一个比较适度的理解，比如建立了文、理、医、农、法等学科，以学院和系、所为载体进行学术研究和人才培育，也就是我们现在所熟知的中文、历史、天文、地理、数学、生物、医学等，这就是现代的学科体系。这样的知识分类方式，在传统中国是不存在的。中国传统的学术分科是按照经、史、子、集划分的。比较而言，现代学术的理念更加注重学术研究的独立性和学者的思想自由，提倡学术研究不从属于政治需要，并以此为出发点，建立起新的大学制度。

1924年8月，邹鲁首先聘任了各科系的主任，其中文科包括中国文学系、英国文学系、哲学系、史学系，法科包括法律系、经济系、政治系，理科包括数学系、物理系、化学系、生物学系、地质学系，农科包括农艺系、农艺化学系以及林学系。他按照现代学科分科体系构建中山大学的院系格局，实际上也就为现代岭南学术奠定了新的格局，也使广州成为当时中国最适合科学家、学者和文人从事研究工作的地方之一。

比如，1932年来到中大执教的朱谦之，他对东方哲学的研究以及中国传统思想对欧洲启蒙运动的影响，一定程度上促成了“中国哲学”研究的兴起；商承祚的文字学研究、詹安泰的古代戏曲研究等，对当代中国历史、文学研究的开创都起到了不可小觑的作用。中大进行了全国第一次民俗调查，对于民俗学的兴起具有开创意义；两广地质调查所的建立，对中国地质科学的创立具有推动作用，在这里也诞生了好几位中国科学院院士；以陈焕镛等为首的植物学研究引领着生物学科的发展；中大医学当时直接引进国际水平的教学研究方式，成为眼科等的研究重镇……这些在学术史上留下痕迹的研究工作，也意味着中国现代学术走出了经史子集的传统研究套路，开始了与世界现代学术接轨的分门别类的研究方式。

南方日报：您还提到组织方式的变化，大学与私塾、书院有什么差别？

陈春声：中大建校初期，就建立起了系科分化和研究所匹配的制度，在文、理、法、医、农等学科内，纷纷建立了一系列研究所，创办了不少专业的学术研究刊物，这些都奠定了一所综合性、研究型大学的基础。

再次，中大始终将大学科研与社会需求紧密结合起来，促使现代大学从书

斋里的学问走出来，与社会发生直接联系，其研究的成果也为社会生产和认识社会提供了丰硕成果。比如语言历史研究所的研究，是为了了解中国历史的深层结构。农学研究，尤其是丁颖领导的水稻种子培育，是为了改善人们的膳食结构。地质调查也是为了探明中国矿藏，等等。由此可见，与中国传统的私塾和书院相比，中山大学作为现代大学的特点非常鲜明。

邹鲁祖居——敬爱堂

谈多重身份：
邹鲁满腔热情地从事政治，最后发现，一辈子最成功的是办中山大学

当时政府并不过度干涉大学事务，教育部门对大学的监管往往只体现在例行的检查上，不像我们现在本科评估般大张旗鼓，兴师动众

南方日报：这个是不同的？

陈春声：也不一定，其实民国初年从事教育的人，许多都是有很强的政治背景的，只是被后人记住的那几个大学校长政治身份淡薄一些而已，或者说，后人在讲到许多大学的学术传统时，有意无意地按照当代人对现代教育家的期望，去塑造那个时代的著名大学校长的形象，有意淡化他们与那个时代政治力量的密切关系。其实在一个动荡不安，正从传统向现代迅速转变的时代，办大学的人如果没有政治背景、政治智慧和政治力量支持的话，是不太可能把大学办好的。你想一想就明白，邹鲁亲手创办的中大石牌新校区占地一万两千多亩，还不包括林场在内，基建费用达六七百万元，这在当时是很大的数字。要征用这么大面积的土地，筹集这么多的资金，如果没有一定的政治力量，是怎样建成的？

对邹鲁而言，当大学校长其实是退而求其次的事情，他其实是满腔热情地想去做官，搞革命，搞政治的，只是一直不是很得志，担任的职务大多是国民党中央执行委员、中执委常务委员、国防委员会常务委员、中央常务委员之类。有意思的是，他最后发现一辈子最成功的是办中山大学这件事，其他的似乎都比较乏善可陈。

邹鲁办中山大学，还有一个有利条件，他是广东本地人，与广东本地的文人和知识界的关系比较好，比如说，他是丘逢甲的学生。

程焕文：虽然当时在国民党内部，部分人对邹鲁大操大办有不同意见，但对于他办学还是赞同的。政府并不过度干涉大学事务，教育部门对大学的监管往往只体现在例行的检查上，不像我们现在本科评估般大张旗鼓，兴师动众。这就给了大学办学更多的自主权。

南方日报：邹鲁治校期间，中大有一些政治色彩比较浓的教育方式，比如把三民主义作为必修课。

陈春声：所谓政治色彩浓，那要看跟哪些大学比。我已经提到，大家在讲许多学校的校史时，常常有意忘记了一些东西。例如，清华大学1928年在罗家伦校长主持下，专门开设有“党义课”，不久就推广到其他大学。抗战时由北京大学、清华大学和南开大学在昆明联合组建的西南联大，所有一年级的本科生，也是必修“三民主义”这门课的，“三民主义”也是所谓“共同必修课”。

谈校史定位：
中大校史只注重其校长身份，但没有刻意回避邹鲁的政治身份

中大校史一直存在两条主线：一是学术发展史；二是青年运动史。现在大家都慢慢开始心平气和地反思学校事业的发展，也对邹鲁多了一份感念之情

南方日报：邹鲁治校成功的关键在哪里？

陈春声：邹鲁做中大校长做得不错，其中肯定有个理由是，他没管那么多具体的学术上的事务。民国时代的中山大学，政治派系林立，学术上也有许多不同的圈子，还时有学潮，治校并不容易。总的来说，邹鲁当校长，还是当得比较超然的。他很大一部分时间和精力，是用在搞基建上，创办石牌新校区。说实在的，如果硬要去弄一本《邹鲁教育思想》出来，恐怕也不太容易。邹鲁的贡献，主要还是利用他的政治声望和社会地位，通过积极社会活动，在岭南这个地方搭建了一个现代大学的框架，奠定了中山大学以后发展的根基。他也利用中山大学在国民党和国民政府心目中的特殊地位，争取了不少资源，也吸引了不少人才。他同时是一个政治活动家、社会活动家和教育家。

程焕文：我认为，当时是校长和教授共同治校的模式。作为校长，邹鲁在与教授协商后对学校事务作出决策；教授的主要精力是放在教学上，当时学校一年才招380个学生。

教授不需要根据上面公布的研究指南来进行学术研究，邹鲁支持他们自由组成团队，根据自身兴趣自由选择研究领域，这使得中大后来不少研究都具有开拓性，比如闻名全国的两广地质调查就是在邹鲁支持下推动开展的。

南方日报：中大的校史对邹鲁如何定位？

陈春声：在中山大学的校史上，邹鲁确实是一个复杂的人物。过去受到中学历史教科书的影响，人们更多地会想起他的“西山会议派”的身份。

南方日报：但邹鲁毕竟是中大的创校校长，这段历史绕不过。

陈春声：中大校史一直存在两条主线：一是学术发展史，这方面花的工夫其实还很不够；二是青年运动史，青年学生搞革命，当然是会反对校长的。现在大家都慢慢开始心平气和地反思学校事业的发展，追思学校历史上重要人物的功业，也对邹鲁这位两次任中山大学校长共达9年之久的前辈，多了一份感念之情。80周年校庆的时候，邹鲁在海外的几十位后人来到中山大学，把邹鲁校长一辈子收藏的文物都捐给中大，学校也在图书馆专门设立了邹鲁校长纪念室。

程焕文：中大校史只注重其校长身份，但没有刻意回避邹鲁的政治身份。当然，之前由于政治等原因没有做很多纪念活动，导致部分老校友不知道邹鲁。直到2004年纪念馆的成立才是一个转折，大家没有回避了，年轻的校友才逐渐认识邹鲁。

（2004年中大80周年校庆之际，邹鲁之子邹永、女邹方将珍藏半个多世纪的邹鲁部分遗物捐献给母校，程焕文据此编成《邹鲁校长治校文集》。本文参考了该书及冯双编著《邹鲁年谱》）

（张胜波）

邹鲁

任命邹鲁为广东大学校长的大元帅令

学人小传

陈序经（1903—1967），字怀民，海南文昌人，教育家、著名学者。1925年毕业于复旦大学，随后留学美国、德国，获美国伊利诺伊大学博士学位。回国后，历任岭南大学、南开大学、西南联合大学教授，西南联合大学法商学院院长，南开大学经济研究所所长，南开大学教务长，岭南大学校长，中山大学副校长，暨南大学校长，南开大学副校长等职。曾任第二、三届全国政协委员。

陈序经毕生从事社会学的教学和研究，尤其重视文化研究，提倡在中国创立『文化学』，以『全盘西化论』名世。他曾深入中国农村调查，对闽、粤、桂的船家疍民和东南亚各国华侨进行过较多的调查研究，对东南亚史、华侨史、匈奴史也较有研究。一生著作等身，主要有《中国文化史略》、《疍民的研究》、《文化学概观》、《南洋与中国》、《社会学的起源》等。

陈序经：全盘西化先锋 岭南第一校长 寂寞文化学人

他的一生中充满了矛盾：

他留学欧美，倡导“全盘西化”，却经常一袭长袍，一个地道的中国传统谦谦君子形象。

他优容雅量，宽厚内敛，却先后在国内掀起三次激烈的文化大论战，半生备受争议与误解。

他“不做官”，拒绝做教育局长、驻外大使，却历任南开大学、西南联大、岭南大学、中山大学、暨南大学的“官职”，无愧为“百年岭南第一校长”。

他不信教、不入党，以学术独立姿态傲对时代，终被“文革”的暴风雨裹挟而去……

作为20世纪中国教育史、文化史的一个标志性人物，陈序经博大精深、历经坎坷的一生是一个绝好的文本，足以让我们领悟20世纪中国文化变迁的轨迹。

后人感慨：无法想象，如果没有陈序经，20世纪广东的学术文化会是怎样的图景？

起码可以肯定的是，如果不是他在风雨飘摇之际“抢救学人”，本书将失去这些光彩夺目的名字：陈寅恪、姜立夫、王力、容庚、陈耀真、毛文书……

一个人，与他的时代。留下的，不仅是只能仰望的背影，还有历百劫而不断的百年学术血脉。

历历往事

西化先锋

1933年12月29日晚上，中山大学礼堂，一场影响中国文化界的演讲在这里举行。演讲者是从美国学成归来的30岁岭南大学助理教授陈序经，题目为《中国文化之出路》。一个惊世骇俗的热词“全盘西化”，引来一场旷日持久的文化论战。

论战从广州蔓延到全国。1935年1月10日由王新命、何炳松、武堉干、孙寒冰、黄文山、陶希圣、章益、陈高傭、萨孟武、樊仲云等十教授，联名在《文化建设》月刊上发表《中国本位的文化建设宣言》，强调要加强“中国本位的文化建设”，对西洋文化要“吸收其所当吸收，而不应以全承受的态度，连渣滓都吸收过来”，旗帜鲜明地反对“全盘西化”主张。

陈序经撰写《评〈中国本位的文化建设宣言〉》回应，指出“十教授对于文化的意义，简直尚未弄明白”，对“文化”的概念混乱不清；“宣言”表面上是“老生常谈的折衷论调”，骨子里则是“复古与守旧”。随后，全国文化思想界对此展开了热烈的讨论，这就是中国现代具有空前规模的一场关于中国文化的出路和文化建设方向的大论战。

陈序经认为，中国文化正在经历一场大选择，在找出路。出路有三条摆在中国人的面前，由此中国文化界也分成三派：其一是主张保持中国固有的文化，其二是提倡调和的办法，其三是主张全盘接受西方文化的西洋派。他认为中国的实际情况不允许中国走第一与第二条道路，“既不允许复返回古代的道路也不允许应用调和折衷的方法”，唯一可行的道路是第三条道路：全盘西化。因为第一与第二条道路的缺点是，前者昧于文化发展的道理，后者昧于文化一致与和谐的真义。前者误以为环境与时代不变，所以圣人立法可以用诸万世。而后者的认识错误在于以为文化的全部好像是一所旧房子，可以拆散它，看看哪块石块可以利用，哪个木料可以保留，其实文化是完整的，是不可以拆卸与分解的。

不仅对于复古派，对于声名显赫的“西化”盟友胡适，陈序经也直言批评。胡适建议把“全盘西化”改为“充分世界化”。陈序经认为，胡适的西化是一种折衷的西化，“不够彻底”。

为了这个“全盘西化”，陈序经在解放后备受误解，付出了沉重的代价。如今，考察这场发生于20世纪学界的争论，不难体察到当年学界精英救亡图存的一片良苦用心。

多年以后，陈序经的长子、华南理工大学教授陈其津认为，陈序经的“全盘西化”的内涵，实际上就是要“现代化”，他提出的“全盘”，就是要区别于当时甚嚣尘上的“复古派”和“折衷派”。当时有一股“久矣吾不复梦见周公”的复古思潮，这是五四运动的逆流。陈序经的“全盘西化论”，主要是针对这股思潮的。他认为，中国要富强，必须效法西洋工业化。工业发达了，物质文化发达了，精神文明必将随之而变化，这是毫无疑义的。

自此一役，谦谦君子陈序经以“好辩”蜚声学界。20世纪三四十年代，在思想文化界发生的中西文化争论、乡村建设问题和关于大学发展规划的三次大争论中，陈序经不仅投身其中，且都成为主将。关于乡村建设的论战，以梁漱溟先生为代表的一派，主张以农为本，从发展农业中求出路。陈序经却针锋相对地提出，“以工业为前提，以都市为起点”。“要极力去发展工业，以吸收农村的过剩人口”。他经常到高阳、宝坻、塘沽、静海、定县等地了解农村情况，以实证其主张。历史最终检验，陈序经的主张是符合中国社会实际的。

关于大学发展规划的争论，是由北京大学校长胡适于1947年提出的发展大学教育的“十年计划”而引起的。胡适建议“在第一个五年，由政府指定北京大学、清华大学、中央大学、浙江大学、武汉大学做到第一等地位”。陈序经为此激烈反对教育资源分配不公，指出这个发展大学教育的“十年计划”，若说“曾得了蒋（介石）主席、张（群）院长以至朱（家骅）部长的赞同，而遂可以谓为公论，这也是一个错误”，他们的态度“只能说是政府的言论，而非社会的公论”。他进而指出：“专仰政府的鼻息，以讲求学术独立，从学术的立场来看，是一件致命伤的事情”。敢于公然向最高当政者挑战，陈序经的勇气、风骨、气节，于此可见。

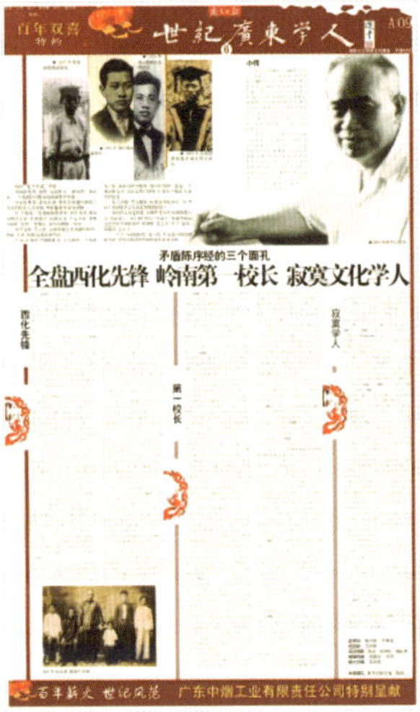
百年双喜 特约
世纪廣東学人
A05
小传
矛盾陈序经的三个面孔
全盘西化先锋 岭南第一校长 寂寞文化学人
西化先锋
第一校长
寂寞学人
百年薪火 世纪风范 广东中烟工业有限责任公司特别呈献

1917年在新加坡育英学校

第一校长

1948年8月，在解放战争的隆隆炮声中，陈序经几经抉择，从南开大学回到康乐园，出任岭南大学的校长。

他当时还无法知道，他将是岭南大学最后一任校长，也是学子眼中的“百年岭南第一校长”。

陈序经的目标很明确，要为家乡广东办一所一流的大学。他为岭南大学延聘教授之功，是中国现代教育史上辉煌的一页。

著名数学家姜立夫原为南开数学系主任，1948年已去台湾，陈序经写信将他请回来；陈寅恪先生是史学泰斗，是国民政府抢救学人运动的主要对象，最终出于对陈序经的信任而留在岭南。

陈序经给岭南留下的人才，可以开出一张长长的名单：语言学家王力、古文字学家容庚、测绘学家陈永龄、土木工程专家陶葆楷、经济学家张纯明、历史学家梁方仲、医学放射学专家谢志光、眼科专家陈耀真毛文书夫妇、教育学家汪德亮、经济学家王正宪，以及王德辉、吴大业、秦光煜、陈国祯、白施恩、许天禄、潘孝瑞、端木正、林为干、郑曾同、蒋相泽、钟一均、廖翔华、杨绣珍等等。这些名字我们今天或熟悉或陌生，但他们都是当时国内学界的俊彦。

当年岭南大学的学生、后来成为中国科学院院士的卢永根，在一篇纪念陈序经的文章中写道：“正当中国人民解放军解放北平后挥师南下的时候，不少名教授和学者对党的政策存在疑虑而纷纷南下，准备经香港转往台湾或外国。就在这个时候，陈校长毫不动摇地坚守岗位，以自身的行动和礼贤下士的风范，把一批来自北方的名教授罗致到岭大，说服他们留下来，使他们成为广州解放后的学科带头人。广东省的多数一级教授就是这样来的。”

陈序经坚持教授治校，他的办学能力突出表现在“识才”与“容才”这两点上。首先，陈序经对于教授学者们不搞宗派，不分是否“海归”，只要有才学者，他都很敬重。其次，陈序经从来不忌才，只要是学校发展需要的学者，他都想邀请来岭大。曾经在西南联大学习、又在岭南大学任教的金属切削理论专家周泽华说，陈序经办岭大，有西南联大的作风，西南联大的作风是学风好，兼容并蓄，只要有学问者，不论什么人都能容。

陈序经提倡“全盘西化论”，而他延请的陈寅恪却并不认同“全盘西化论”。20世纪50年代中山大学流传着两个无法证实的故事：一个是说陈序经和陈寅恪一次同乘小车进城，到了一个地方司机必须倒车绕行，陈寅恪突然开玩笑地说：陈校长，快捷如小车有时要倒倒车才能跑得快，你的“全盘西化”怕也要倒倒车了。陈序经对此只是笑笑。另一个是说陈序经与陈寅恪同席吃饭。陈寅恪早已养成吃牛油、面包、牛奶的习惯，而他知道陈序经习惯用筷子，便笑着说：陈校长的“全盘西化”是假，我的“全盘西化”才是真的。这两个故事未必是真的，但是陈序经与陈寅恪在个性上的差异和对某些问题看法的不同却是真的，然而这并没有阻碍他们成为知己。

曾在岭南大学任教的法学家端木正评述道：“陈校长和知识分子交朋友，最成功的道理就是能尊重人。他从来不到教室去听教授讲课，不去检查教学。他说，每位教授在我决定下聘书的时候，已经是相信他的教学水平，不能等他教了几年书，还去检查他。如果我不信任他，就不请他。”

有趣的是，这位校长虽不愿经商，但为了保证学校的正常运转，他又刻意求财，展示了理财天赋。一个经典的细节是，为了保证岭大教师能在物价飞涨的情况下按时发工资，陈序经利用开学时的学费购入物资储存，需钱用时再卖出去保值、增值。他一直认为校长应该干筹钱的事，让教师安心教学与学术研究。这一理念，正是陈序经坚持“校长要为教授做好服务”的一部分。

以这些学者的实力，以陈序经的精明实干，岭南大学实际上已经成为当时中国最优秀的大学之一。遗憾的是，历史留给陈序经、留给岭南大学的时间太短了。

1952年4月，全国高等院校调整，岭南大学被撤销，其主要院系并入中山大学，其校园康乐园也成了中山大学的校园。自此到1956年，陈序经没有担任任何实质性的行政职务，被安排到中山大学历史系做一名教授。

赋闲四年，1956年对于陈序经来说是个转折点，先是被评为中山大学三位一级教授之一（另两位正是他当时延揽的陈寅恪和姜立夫），后被国务院任命为中山大学副校长，还当选全国政协

1924年在上海复旦大学就读

1928年在美国伊利诺伊大学获博士学位

委员和广东省政协常委。

这一变化，与那段时间知识分子整体处境的改善有关。据说，当时担任广东党政主要负责人的陶铸赴京向周恩来总理汇报工作时，周总理问道："广东有位最善于团结高级知识分子，能聘到一级教授的教育家，你知道是谁吗？"陶铸一时语塞，总理叮嘱说："你要向陈序经请教，向他学习一点知人善任的好作风。"此后，陶铸与陈序经几乎结为莫逆之交。还有一个背景不可忽略：当时东南亚华侨筹建新加坡南洋大学，在全球杰出的华人学者中物色校长人选，陈序经的呼声很高。

1962年底，陶铸执意卸去兼任的暨南大学校长一职，坚请陈序经接任。年近花甲的陈序经便开始了一年多的暨大校长生涯。他亲自登门造访暨大每一位教授，亲自接待返乡来校探访的侨生家长。他对教职员工从不摆校长架子，每每清晨乘小汽车从中山大学住所来校，途中遇有本校人员必定招呼上车，以至校长乘用车被称作"小巴士"。

陈序经办暨南大学有声有色，但上边传来责难："为什么找一个党外人士做正校长？"他与陈寅恪等高级知识分子以及海外人士的密切关系，也被视为与党争夺知识分子。

1964年6月他突然接到调令：转任南开大学副校长。陶铸也爱莫能助，陈序经怀着无奈的心情回到阔别多年的天津。世事难测，转了几圈又回到了原点，旧人已零落，而新人反将旧人当新人。当时南开已有六位副校级干部，他是第七位，只能分管卫生之类，实际无事可做。遇见西南联大老友、历史系教授郑天挺，郑问他现在做些什么，他苦笑一声："练习烹饪技术（自做伙食）。"

寂寞学人

与"全盘西化论"、"岭大校长"相比，陈序经的学术研究较少为世人所知。其实，在繁忙的公务之余，他竟能成就宏大的学问，而且一有涉足，必然精通。

陈序经涉猎的学术领域广阔，着力最深、成就最大的是文化学。他先后为文化学撰写了一部内含20分册的巨著，计200万字。1945年他将此书的手稿寄存于美国的Honnold L图书馆，显然是为了慎重起见，同时也表明他对书稿的特别珍重。如果他没有先见之明，或许此书手稿也难以逃脱"文革"的灾难。

解放后，因为他研究的社会学、政治学以及“文化学”已通通被当作“资产阶级文化”取消了学科，研究历史乃唯一选择。好在他对古匈奴史、东南亚各国史、西南少数民族史等均有兴趣和学术积累。1952—1966年间，陈序经撰写书稿约250万字，计有《东南亚古史研究》8种、《匈奴史稿》、《西双版纳历史释补》及《中西交通史稿》等。

近百万字的《匈奴史稿》是一部填补研究空白之作。匈奴是一个强悍的游牧民族。它不立文字，无自己的史籍记载。陈序经在德国留学期间，凡西方学者对匈奴史研究的成果和西方保存的有关匈奴的史料，都极力搜罗，构建了一部完整的匈奴历史。

东南亚地区与中国交往甚早，关系密切，是华侨最早的大批量移居地。陈序经从浩如烟海的中国史籍中挖掘相关的资料，结合自身对东南亚各地的多次实地考察所得，写出《东南亚古史初论》、《越南史料初辑》、《林邑史初编》、《扶南史初探》、《猛族诸国初考》、《禅泰古史初稿》、《藏缅古国初释》、《马来亚南海古史初述》等共八种，成为东南亚古史研究的开拓者和奠基人。他写的《柬埔寨史》让西哈努克亲王叹为观止。

尤为可贵的是，陈序经的研究始终保持独立自由的精神，不为政治时尚所左右。在“树欲静而风不止”的20世纪五六十年代，取得如此成果，其勤奋与毅力令人唏嘘不已。据其家人介绍，他养成了早睡而凌晨4时起来写作的习惯，多年不辍。

可惜，时代容不下一张安静的书桌。“文革”狂飙突起，陈序经在天津被揪出批判，“反动学术权威”、“美帝文化特务”、“黑线人物”等罪名汹涌而至。随后被抄家，夫妻二人被赶至仅几平方米的一小屋内安身，被责令不断地写交代材料。1967年2月16日终因心脏病突发而离世，年仅64岁。

一代大师，殒命北乡。他从德国、美国等地苦心收集保存的3000多册珍贵书籍旋被学校后勤部门当废纸卖给废品收购站，共得款127.2元。

（陈枫）

1924年与父亲、姐妹们合影

1964年在中山大学

后人追忆

陈序经之子、华南理工大学教授陈其津谈陈序经教育思想对当下的启迪：

不要刻意培养大师　只要破除教育行政化

1967年2月22日，陈序经遗体在天津殡仪馆草草火化。当时，从广州前来奔丧的儿子陈其津一进南开大学，就看到铺天盖地的打倒陈序经的大字报，“文化特务”、“里通外国”等字眼深深灼痛了他的心。他决定，用余生为父亲撰写一部传记，洗脱冤情。

经过多方寻访父亲故旧，收集父亲的自述文章甚至是历次“运动”的检查手稿，1999年，64岁的陈其津终于出版了《我的父亲陈序经》，一偿三十余载心愿。

祖父的远见

南方日报：陈序经先生出身于一个商人家庭，据说您祖父对他的成才起到关键作用？

陈其津：1903年9月1日，父亲在海南文昌清澜瑶岛村出生。父亲9岁时，祖母去世，祖父便承担了抚养、教育孩子的职责。后来，祖父去新加坡做生意，便叫人带了父亲去新加坡，在那里读完小学。

父亲在家乡读过几年私塾，可成绩一直不好。一年多时间，《三字经》只读了四分之一，还背不下来。一次，老师对祖父说：“你这孩子实在太笨，用斧头打开脑子装书进去怕也没有用，将来最好跟你做生意。”

我的祖父虽只是一个念过半年私塾的商人，却非常有远见。他对父亲的培养有着长远的考虑：既要打下坚实的国学基础，又要学好外文，有宽广的世界视野，做一个贯通中西的学问人。

在新加坡读小学后，1919年秋，父亲被祖父送到了广州的岭南大学附中。岭大附中学费之贵，甲于全国，有贵族学校之称。然而祖父对此全不考虑，只是嘱咐父亲三件事：一是照顾身体好好读书，不负逝去母亲的期望；二是切勿想在国内做官；三是切勿想回南洋做生意。

承载着祖父的期望，父亲在岭大附中读书时极其勤奋刻苦。为了念好英文，父亲在宿舍熄灯后，常常到厕所去接着读。

仅仅8年时间，父亲就读完了中学、大学的全部课程，并取得了美国伊利诺伊大学的哲学博士学位。其中中学仅读了2年，大学3年，硕士1年，博士2年。

在美国取得博士学位后，祖父又坚持要父亲再到欧洲去留学数年，要父亲打好做学问的基础。为了筹钱让父亲去欧洲，祖父将自己一个椰子园的股票出售一半，预备让父亲去德国2年，到法国2年，再去英国学习1年。父亲曾跟我们说尽管祖父在培养子女的问题上近乎奢侈，可自己的生活却很节俭。有次祖父和父亲从新加坡回国时，祖父只买了一张二等舱的轮船票给父亲，而他自己则坐帆船。

父亲在德国留学时，勤奋一任其旧。他自己曾说过："我差不多每天都费十多个钟头去研究主权可分论，不但是欧洲公园的瑞士没有时间去领略，连人家每月一次送来的国家戏院的入场券，也抽不出空来陪我妻去听听。"由于过度劳累，不幸于1931年2月得了肺病，吐血不止，在医院住院数月，不久便离开德国回国了。在离开欧洲之前，他已经能够掌握四种外文（英文、德文、法文和拉丁文）。他的思想和视野由此更为深刻和宏阔。

世纪广东学人
不要刻意培养大师
只要破除教育行政化
一个爱国者的"西化"苦心
广东中烟工业有限责任公司特别呈献

1929年与黄素芬在新加坡结婚

精神的归属

南方日报：有个说法，您父亲虽然提倡"全盘西化论"，却喜欢穿长袍、吃中餐，一直是地道的传统知识分子形象。

陈其津：父亲一生都在国内从事教育和学术研究事业，从没离开过大学。20世纪20年代末，当时的广东省政府主席林云陔邀请父亲出任广州教育局局长，被父亲婉谢。1945年，父亲从美国讲学回国，国民政府的宋子文想请他当驻暹罗大使，父亲坚决推辞。

在很多人的印象中，提倡“全盘西化”的父亲一定热衷于西式的生活。可事实上，他的生活却是很乡土、中国式的，始终保持着中国传统知识分子节俭甚至有些保守的生活美德。父亲曾给我们讲他解放前去香港的经历：当他身着长袍上车时，乘务员对如此穿着的人却手持A级车票大为惊奇，连连说：“先生，你上错了车厢吧？”1962年，我的妻子贻婴第一次到家里见公婆，见到我的父亲还穿着旧中式长袍，甚为惊奇。

父亲对祖国的感情也并没有因为“全盘西化”的主张而打折。解放前夕，有海外朋友提供条件让他出国，他没有去。1948年后，因时局变化，有人建议把岭南大学迁去香港，父亲坚决反对。父亲也是热爱家乡的。尽管长期在广州生活，但父亲到1964年还对我们说，他退休后要回家乡海南清澜去住。我至今还记得在家的时候，每天父亲起床最早，炉子熄了便常常由他劈柴生火和煮粥。父亲最喜欢咸鱼送粥吃，这是海南家乡的特有风味。

财富的淡泊

南方日报：据说陈先生的生活非常简朴。

陈其津：父亲最大的优良品质就是不贪财。直到1967年父亲去世，我们家里也没有一台电视机、电唱机、照相机，也没有什么古玩、字画或雕塑之类的东西。家里的客厅、走廊和书房放满了书架和书。父亲不跳舞、不打牌和麻将。有一次过节，岭南大学的侨生在我家聚餐时想开舞会，父亲却只让他们聚餐，坚决不同意开舞会。

也正是因为人们都知道陈序经不贪财，不当官，不做生意，所以当父亲为教育筹款借钱时，人们大都乐于帮忙。著名法学家端木正教授曾回忆父亲说：“我请教过他，他是一个青年的广东教授，怎么到了天津会受到张伯苓校长（南开大学创办人、校长）的重用？陈先生说，张校长有一次说南开经费困难，需要赶紧借一笔钱，很费张罗。陈先生就跟天津几家银行的朋友通电话，钱就借来了。张校长问，你用什么担保？陈先生答，没有担保，靠朋友交情。张校长又惊又喜，说办私立大学要有两桩本事，一要能找钱，二要能找人，现在你都能做到了。”这也是为什么在1948年父亲已任岭南大学校长时，张伯苓先生还想要父亲回南开，接替他任南开大学校长，甚至让他兼做岭大或南开两校校长。

作为校长，尽管父亲常常因为筹款而忙碌，但父亲一生最大的爱好还是做学问，总是努力为做学问的人做好事。父亲办学总是想办法筹钱为教师学者做研究工作提供条件，从不让教师学者们去创收筹钱。他认为只有让学者们安心研究，才能确保学术的品质。在他一生中，只有几年未担任学校行政工作。由于白天有繁忙的行政事务，无暇做学问研究，父亲就常常在早上4点前就起床写作，几十年都是如此。其中，200万字的《文化学论丛》、120万字的《东南亚古史研究》、100万字的《匈奴史稿》以及其他著作，大都是在这样的情况下写成的。

1949年在岭南大学颁授学位证书

1950年与陈寅恪（中）、姜立夫（右）合影

教育的弊端

南方日报： 陈序经先生的教育思想对当下有什么启迪？

陈其津： 我和父亲一辈子基本上都在高校工作，目睹半个世纪以来，我们的教育特别是大学教育走过不少弯路。这两年，大家都在讨论"钱学森之问"——为什么我们培养不出创新人才、大师，如何建设一流大学？我认为，父亲的教育思想至今仍有启发意义。

父亲曾参与两次教育问题的大争论，分别是1932年5月反对"大学停办文法科或减少数量"和1947年9月反对胡适提出的"政府指定五所大学做到第一等地位"。在《论国立大学与私立大学》一文中，父亲写道：

"学术的发展必需能自由发表意见，自由参加讨论，这样作去，才能发明新学理、新事物。所以教育当局对于大学的行政工作，固不应处处加以干涉，而对于研究的工作，更不当加以统制。然而，教育当局在近年以来，对大学的行政与研究工作，以及教学方面的管理，可以说是无微不至，院系的规定，理工的注重，以至课程的编制，无一不使大学的教育成为机械化、公式化，这根本上是违反了大学教育的目的。”

父亲此言，道出了我们教育系统几十年来存在的弊病根源。其实，我们用不着刻意去“培养”什么大师与诺贝尔奖获得者，只要能真正实现学术自由，破除教育行政化，鼓励创新而不是创收，真正释放大批真才实学的学者们的潜能，不愁我们不能在世界学术高峰上与别人比试高低。

广东社科院研究员叶显恩谈陈序经：
一个爱国者的“西化”苦心

近年来，国内关于陈序经的学术研究和纪念活动逐步升温。广东社科院研究员叶显恩认为，陈序经先生在为人上，留下了独立的人格、自由的思想，忠于良知，不曲学阿世，在为学上，不计名利得失，经过格物致知的探索，以学贯中西的远见卓识，开创新学科，并构建自身的学术体系。他淡泊耿介的为人风格，独立自由的学术精神，经过历史潮流的检验，披沙见金，益见其为人为学堪当楷模，因而，他离去愈远，愈为后学者所追思所景仰。

年过七旬的叶显恩回忆说，1962年，他投入中山大学梁方仲教授门下攻读明清经济史专业。“此时陈序经先生已经出任暨南大学校长，仍然居住中山大学马岗顶旧居，与导师梁先生近邻。他们彼此过从甚密，我因而在梁师府上得谒识之缘。知道与陈先生有同乡之谊，更使我增添了诸多亲切感。每当我在校园里遇到陈先生，总是情不自禁地驻足并以崇敬的目光送他远离。”

被误解的“全盘西化论”

南方日报： 陈序经先生一生最为人知也最受误解的，无疑就是“全盘西化论”。如今我们应该怎样评价？

叶显恩： 中西文化争论中，陈先生旗帜鲜明地批判当时泛滥着的复古守旧逆流和折中妥协思潮，提出“全盘西化”的主张。其理论支柱是“文化不可分论”。由此引发了他长期苦心孤诣地创建“文化学”的学科体系。

“西化”一词，最易引起误解和厌恶。这是由于中国长期受到西方殖民主义者的侵略和压迫而引发国人对西方列强产生憎恶的心结。加之陈先生在同论敌辩论中说了一些欠周的激愤之词，因而遭到误解和无端的伤害，就在所难免了。

事经大半个世纪后的今天，当年关于“西化”的一些疑惑和争论，已为中国现代化的实践经验所澄清。这场争论的当事人也都已作古，尘埃落定。因此，可以对这场中西文化的争论作出冷静的理性的评价。

窃以为要真正了解和把握陈先生提出“全盘西化”的用意及其精义，必须站在世界文化史的高度，把这场“中西文化争论”纳入当时中国社会转型与学术转型的背景下审视，并结合陈先生本人的学术主体实践作综合探讨。唯有如此，才有可能理解这场争论之所以在近代中国出现，也才有可能厘清陈先生思想的源流，从而理解他提出的“全盘西化”的真正含义。

从近年来发表的数十篇论著看，也的确多从揭示陈序经先生的价值取向及精神实质着眼，对之作具体的历史的分析，力求作出客观公正的评价。有的学者把这场“全盘西化的争论”置于中国近代学术转型期文化学构建总体中，结合陈先生的学术主体实践作深入分析，既对陈序经的“全盘西化”作了学理的评判，又力求对当事人作同情的了解。这是一个良好的开端。相信今后必将有更多的学者跟踪而上，不断地推进陈序经的研究。

德国汉学家柏克（Klaus Birk）曾经指出：“陈序经对各种西方文化理论也进行了十分深入的研究。然而，他并没有无保留地接收这些理论中的任何一个。陈序经是梁漱溟之后，中国第一个可以将他对中国文化的挑战和对其他立场的批评，建立在自己的、相当系统的文化理论基础上的人。”此说是中肯的。在其忠诚的爱国情怀的驱使下，他创建的中国文化学体系，处于国际学术的前沿，是中国文化学的真正开创者。

1966年，与家人合影，此为陈序经最后一张照片

注意：
1 此証有效期間至一九五五年七月卅一日止。
2 此証倘有遺失須在廣州市登報三天後始予補發。
3 本人如離職時須將此証繳回教務處。

陈序经在岭南大学的工作证

他的“全盘西化论”，是与他的文化学体系密切相连的。只要从文化学的角度对陈序经的学术体系加以通盘梳理，就不难理解陈先生的西化，指的是世界经过长期融汇之后形成的一种新的文化，亦即民主、自由、社会主义等基本要素的西方文化，亦即是一种世界文化的趋势，未来的潮流。他曾明确指出，“现代西洋文化，又可以代表世界文化”。“从历史的眼光去看，这是世界文化的博物馆，从文化内容方面看，这是世界文化的总汇”。（见《文化学概观》第4册）埃及、巴比伦、希腊、罗马、希伯来、中国等文化要素都包括其中。“西化”一词，只不过是一个文化符号，不应理解为绝对确指某一地域的文化。他的“全盘西化论”，是在中国面临民族危机的形势下，提出救亡兴国的应急主张，旨在追求文化进步，超越传统文化，继而超越西洋文化，创造出新的文化。

他如此坚毅执著地呼唤“西化”，是基于当时守旧势力的强大所使然。正当复古倒退浊浪滔天之时，要与旧文化离异，要与旧传统决裂，使中国文化脱胎换骨，接受西方文明，就非以一种破旧立新的彻底态度不可。期望以“西化”理论改造中国，把中国建设成为自由民主的现代国家的用心之切，乃至说出不中听的激愤之词，也只是为了祖国的未来、民族的前景。只要了解陈先生提出西化的用心及其真正的含义，就不难体会出他对民族的高度责任感，是一位忠诚的爱国者。

“我是为教授服务的”

南方日报：陈序经的办学理念至今为人称颂，其中有哪些值得现在借鉴？

叶显恩：陈序经先生常对人说，我是为教授服务的，且说到做到，尽力为他人排解困难。对学校的勤杂工友，也一视同仁，优容宽待。他优容雅量，坦诚宽厚待人，自然令人感到亲切可爱，深得知识分子的景仰和爱戴，赢得“善于团结人”的美誉。所以当1949年国民党“抢运学人”计划实施时，他能说服国学大师陈寅恪等一批第一流的专家留在他主政的岭南大学执教。

作为私立大学校长，陈序经掌管大额款项，但对各种款项，分文不动，以廉洁奉公自律。薪水收入，除供家内日常开销外，便用于学术活动的开支，平日不作积蓄。他勤奋敬业，一贯平生，常以“刻苦耐劳”四字自励励人，他没有因承担繁杂的校务管理而松懈教学著述。

“学成一不参政，二不经商，以学报国”，是其父对他的训示与期望。陈先生对此，一直奉为圭臬。他平生未曾参政或参加过任何党派。1945年他以“不改行”为由，拒绝了宋子文要他出任泰国大使的官衔。20世纪40年代末，他以前往香港公干为借口，拒绝了蒋介石在广州的宴请。凭其学历和家庭背景，他完全有可能跻身政界和实业界。但他恪守庭训，坚定立足于教育事业岗位上，为推进中国的教育事业和学术繁荣，竭尽全力，终生不渝。

陈先生对晚辈新秀，竭诚鼓励，并奖掖扶持。对一些有才华的青年学者，都能说出他们的出生地，重要的学历，受教的导师，乃至专攻的学术课题。聘请来校任教时，每每亲到码头迎接。作为一个学界大师，他自有识珠的慧眼，绝不会依资格轩轾高下，而能从其言行论著中看出其才学和人品，甚至在未成器前已预卜其人未来的学术前程。

1939年，青年学子吴于廑在昆明谒见陈序经。相谈后，陈先生觉得吴于廑是一堪加造就之才，对他青睐有加。先是招收他到 南开经济研究所研读，继而助他赴美留学。20世纪50年代初，吴于廑学成回国，陈先生还在广州代为操办婚事并充当婚礼的证婚人。吴于廑后来成为西洋史研究方面的泰斗，任武汉大学副校长，是我大学时代的业师。吴先生每当提及陈先生，总以恩师称之，景仰之情溢于言表。

（陈枫）

海南文昌陈序经故居

陈序经的儿子陈其津向记者讲述父亲的故事

学人小传

陈垣，字援庵，又字圆庵，1880年生于广东新会棠下镇石头乡（棠下现已划归江门市蓬江区）。中国著名历史学家、教育家、社会活动家。1910年毕业于光华医学专门学校。自幼好学，无师承，靠自学闯出一条广深的治学途径。在宗教史、元史、历史文献学等方面，著作等身，成绩卓著，受到国内外学者的推重。

陈垣从教70多年，任过46年大学校长。他曾任国立北京大学、北平师范大学、燕京大学、辅仁大学的教授、导师。任辅仁大学校长，北京师范大学校长。经历过几次政权更迭，他的人生观更加坚定：『人生须有意义，死须有价值』。

陳垣：当把汉学中心夺回中国

陈垣，这个曾经在史学界如雷贯耳的名字，对于如今的人们来说，已经有些陌生。作为北师大的老校长，学校内有陈垣雕像以及不少以“励耘”命名的建筑和出版物。“励耘书屋”是陈垣书房的名字。不过，现在你去学校问问那些年轻的大学生，他们往往流露出“陈垣是谁”的困惑。

作为一个史学大家，他没有那些广为流传的坊间小段子。有些人知道，毛泽东主席曾在国宴上向人介绍“这是陈垣先生，读书很多，是我们国家的国宝”。不过大多关于他的轶事，都是和他怎么教书、怎么做学问联系在一起的。和这个时期的众多大家不同，陈垣是靠着《书目答问》和《四库全书总目》启蒙，自学成才，没有留学列国的背景。他身上有很强的战斗因子，反抗过清朝、北洋军阀、日伪政权。但是说起他的学问，没有人不叹服。陈寅恪就曾说过，他平生最佩服的是王国维和陈垣，陈垣学问踏实，德才兼优。

陈垣不抽烟、不喝酒、不看戏、不看电影，连茶也不喝。虽然收入不菲，但生活节俭，最大的花销就是买书和字画。1971年他离世的时候留下大笔财富，全部捐给了国家，包括4万多册线装书、清代学人手稿和字画1000多件（其中有董其昌的字画一二十件，随便一件在今天就值几十几百万元）、稿费4万元……

无形的遗产当然更多。除了那些石破天惊的史学专著，陈垣还花费大量精力编撰出不少工具书，泽被后世。他总结出很多读书和研究学问的方法，到现在仍有指导意义。

2010年是陈垣诞辰130周年，在对他或赞叹或“遗憾”时，也许我们应该回到他的年代、他的经历、他的内心。

风骨：

“每当接到日本寄来的研究中国历史的论文时，我就感到像一颗炸弹扔到我书桌上”

抗战时期，陈垣留在北平，坚持在沦陷区办学，同时立即与日本学术界的朋友断绝往来。当时日本报纸提出这样的问题：听说北平秩序已经恢复，我们在那里与支那人关系很密切，合作得很好。但是为什么像陈垣这种人不和我们合作呢？在敌伪时期，汉奸威逼利诱，要他出来担任当时敌伪最高文化团体大东亚文化协会会长，他也拒绝。他的得意门生柴德赓感叹：“这在敌伪时期是很勇敢、很不容易的。”

这个时期（抗战期间），陈垣真正做到了杜门谢客。辅仁是德国教会主办的学校，在太平洋事变爆发、美日宣战之后，成为沦陷区唯一可以不向敌伪当局注册，并为国民政府承认的大学。正是在这几年，因为没有任何社交活动，陈垣的学术研究达到了一个高峰期，写出著名的“宗教三书”，即《明季滇黔佛教考》、《清初僧诤记》和《南宋初河北新道教考》。

除了著书，陈垣利用一切场合宣扬“品行第一”。辅仁大学的返校节上，他给大家讲了一个孔子开运动会的故事。《礼记》有一节是讲孔子主持射箭比赛的事情，让谁把门呢？弟子子路。孔子说，有三种人不能参加，一种是败军之将，一种是为敌人做事情的，一种是认敌为父的。很多汉奸听了以后都灰溜溜地走了。在敌伪统治下，在一个很公开的场合说这样的话，很不容易。

在教学当中，他也会巧妙地灌输爱国思想。他开了一个新的课程叫“史源学”，有一次讲到清朝两个学者讨论一个问题。金灭北宋以后，一时不能灭南宋，在中原地区建立过一个伪齐政权。这两个学者讨论伪齐的头子刘豫死后到底埋在什么地方。分析了两人的观点之后，他突然话题一转，说刘豫到底埋在哪里不重要，有一条材料讲，刘豫的后人都不承认他这个祖先。“所以一个人当了汉奸，连后人都不承认他。”

他在著述中一改以往不喜议论的文风，加入了更多主观色彩，借古喻今，通过这些书斥敌寇汉奸，斥责当局发国难财等。他批评得最多的是那些勾结外族、统治国人的败类，如石敬瑭、赵德钧等，他常以“人之恨之，不比人类”、“千夫所指，无疾而死”等痛斥这些汉奸。沈兼士看了《明季滇黔佛教考》后评价：傲骨撑天地，奇闻泣鬼神。到抗战后期，有些知识分子“顶不住”了，陈垣希望用这些书来激发知识分子要爱国，要坚持民族气节。

而此前，陈垣的人生经历已经足够丰富。他学过西医，28岁时考入美国教会办的博济医学堂，因校方歧视中国员工和学生愤而退学，带领部分学生转入中国人自办的第一所私立西医学校——光华医学专门学校；他办过报纸，在1905年与潘达微、高剑父等人创办的《时事画报》上写时政文章，抨击清政府的统治。

即便选择研究历史，和他的爱国情怀也有很大关系，他曾多次对学生们说，现在中外学者谈汉学，不是说巴黎如何，就是说西京（指日本京都）如何，没有提中国的。我们应当把汉学中心夺到中国，夺回北平。“每当我接到日本寄来的研究中国历史的

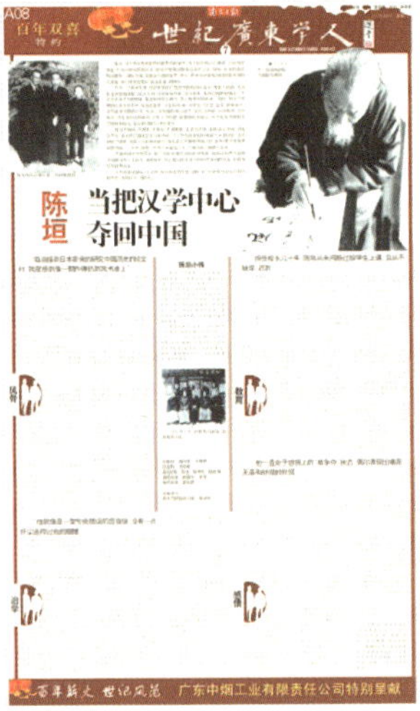
A08 百年双喜 特约
世纪廣東学人
陈垣
当把汉学中心夺回中国
百年薪火 世纪风范 广东中烟工业有限责任公司特别呈献

1933年2月，伯希和与陈垣、陈寅恪等合影

论文时，我就感到像一颗炸弹扔到我的书桌上，激励着我一定要在历史研究上赶过他们。”陈垣长孙、中国社科院历史研究所研究员陈智超评价，所谓“陈垣要强”，是要国家强，不是要个人强。

治学：

“他就像是一架专挑错误的显微镜，没有一点纤尘逃得过他的眼睛”

1913年，也就是民国二年，陈垣当选为众议员。此时，他才33岁。这次从广州移居北平，或许是陈垣一生最重要的一次转折。此后，陈垣成为与王国维、陈寅恪齐名的史学大家。

到北平之后的10年内，他前后3次担任众议员，其间还当了5个月的北洋政府教育次长（教育部副部长），最终“弃政从史”。陈垣晚年回忆说：“眼见国事日非，军阀混战连年，自己思想没有出路，感到生于乱世，无所适从，只觉得参与这样的政治是污浊的事情，于是就想专心致力于教学与著述。”

陈垣的第一本宗教史专著《元也里可温教考》，解决了“也里可温”就是元代对基督教各派总称的问题。之前学界一直对这个常跟“和尚”联系在一起的外来词困惑不已。而陈垣在44岁那年写出的《元西域人华化考》，让自己名扬天下，也让蔡元培称为“石破天惊之作”。

陈垣博览群书，记忆力超群。早年在辅仁大学任教时，其他教员都把他当作活字典。有人比喻说：“他如知道某处地下有伏流，刨开三尺，定然能有鱼跳出来。”即使在新中国成立之后，陈垣仍然扮演着这样的角色。郭沫若出访国外，与人讨论关于楚辞的问题，有的一时搞不清楚，就打国际长途回来问陈垣。一直到90岁那年，陈垣还能把骆宾王的《讨武瞾檄》从头到尾背得一字不差。有的学生回忆说：“在他眼里，前人的错误不知怎么那么多，就像他是一架显微镜，没有一点纤尘逃得过他的眼睛。不，他竟是一架特制的显微镜，专挑错误的……他的嘴相当厉害，对于错误的学者批评得一点也不留情。”

虽然惊叹陈垣的天赋，但身边的人也深知他下过的苦功。陈垣的学生兼助手刘乃和回忆，在陈垣60多岁研究佛教史时，需要参考的一部典籍贮藏在一个潮湿阴暗的地方，多年无人进入，蚊虫很多。他每天都是吃了奎宁就进去用功一天。平常他无论冬夏都是清晨4点起床看书写作，午饭后只在椅子上靠几分钟，接着再写。每晚9点多，最晚10点就睡觉。陈智超透露，有4年时间，因为每天都很早起床编《中西回史日历》，苦心设计简明方便的表格，结果陈垣得了胃病，只能吃面。对于一个广东人来说，这是件挺痛苦的事。陈垣曾在一次与北师大毕业生的谈话中说："我已82岁，越学习越觉得不够，你们28岁还不到，应该学的东西还多得很呢！"

陈垣对《四库全书》持续做了长达10年的研究。陈垣家住在北平城内西南角，贮存文津阁《四库》的京师图书馆在城东北角。当时紫禁城前后的东西街道还是宫廷禁地，没有直达道路，

1965年，陈垣在励耘书屋题写条幅

北师大校园里的陈垣像

必须绕道走，来回路程需要3个多小时，逢阴雨风雪，甚至要4个多小时。他每天清早带着午饭去看《四库全书》，图书馆刚开馆就赶到，下午到馆员下班时才离开。就这样前后断断续续读了10多年，对这部包括3000多种3万多册的大丛书作了详尽的了解。

陈垣与胡适当了5年的邻居，在学术上往来也很密切。不过，因为他专做“窄而精”的史学研究，与胡适的史学路数迥异。他曾对学生蔡尚思说：“像胡适的《中国哲学史大纲》之类的所谓名著，很像报章杂志，盛行一时，不会传之永久。”

教育：

担任校长几十年，陈垣从未间断过给学生上课，且从不缺席、迟到

从1926年出任辅仁大学校长开始，陈垣陪伴着辅仁走过了27年，成为近代著名的大学校长。1952年后又继任北京师范大学校长——在他91年的漫长人生中，大学校长一当就是46年。

担任校长几十年，陈垣从未间断过给学生上课，且从不缺席、迟到。唯一一次缺席是母亲辞世，回乡奔丧。学生回忆起他多称“援庵先生”，而非陈校长，大概是敬重他的学问，而不是他的官职。他对学生要求严格而不严厉，有顽皮的学生在背后称他为“老虎”，但在课堂上，没有人不自发地挺胸直坐、两手分置双腿之上，听得入迷。好些受业者都说过：从来没见过这样会讲授的先生。他讲课，不像当时的一些知名学者那样天马行空，而是循序渐进、踏踏实实、面面俱到。一般老师不太喜欢批改作业，陈垣不仅认真批改，还和学生一起写作业，并贴到教室墙上作比较。

因为是自学成才，陈垣更加重视学习方法。对于自己摸索出的经验，他也乐于跟学生和后辈分享。从他那些著名的学生柴德赓、启功、周祖谟、刘乃和等人的回忆文章中可以看出，陈垣对他们影响最深的，就是他的治学精神和方法。对于现在越来越虚妄的中国学术界，陈垣仍然是一面十分清晰的镜子。

他认为，做研究工作，最重要的是寻求史源，如果研究唐以前的历史，学

生引了《资治通鉴》，他一定要问为什么不引正史，是否只见于《资治通鉴》而正史中没有？或者研究南北朝时期的历史，引用《南史》、《北史》而不检对八书，他一定不通过。他常说，在准备材料阶段要“竭泽而渔”，不漏掉一条材料。他文风严谨到极端的地步。启功回忆，陈垣先生的母亲去世，他发讣闻，没有按旧时惯例写“泣血稽颡”，而是把“血”字去掉，因为他觉得并不诚实。

他常把自己的文章拿给学生看。不过，看了不能白看，要提意见。有些学生不知道，只讲好。陈垣就会说：“下次不给你看了，怎么看了会没有意见呢？”别人提了意见，他一般都会改，他认为，至少说明这个问题讲得不清楚。他还经常教导学生，文章要写，但不要轻易发表。放在抽屉里，多放几年都没关系，学术性文章没有时效性，过后拿出来看看，可以检验你的学问有无进步。再听听别人的意见，这个时候都觉得没什么问题，然后再发表。

虽然写的是学术文章，陈垣却很注重可读性，除了易懂，还要吸引人。比如他取文章题目的时候，“贵于醒目，如能引发人的兴趣更妙”。他在《顺治皇帝出家》一文中写到董妃的事情，很有意思。他笑称：“看戏的时候，戏里有一个旦角是不是人都喜欢看？董妃就是我那篇文章的旦角。”

启功流泪写下《夫子循循然善诱》一文，回忆初入辅仁大学教大一国文时，陈垣先生对他的耳提面命，第一条就是：一个人站在讲台上要有一个样子，和学生的脸是对立的，但感情不可对立。启功说：“老校长教导我的样子，我现在蘸着眼泪也能画出来”。

感情：

他一直处于感情上的“被争夺”状态，偶尔表现出痛苦、无奈和些微的软弱

在情感关系上，陈垣很少表现出他在其他方面的那种主动性

陈垣与长子陈乐素、长孙陈智超

和掌控能力。陈垣有两个母亲，先后有三个妻子，十一个子女。他一直处于感情上的“被争夺”状态，偶尔表现出痛苦、无奈和些微的软弱，以及孤独。不过他没有写日记的习惯，感情不外露，儿孙也不敢问。

陈垣5岁时，因为三伯父没有子嗣，陈垣的父亲把陈垣过继给三伯父。陈垣后来回忆说，虽然与过继母亲李氏生活在一起，她对自己也百般关爱，但毕竟是在生母周氏的怀抱中长大，对她还是很依恋的。每次吃饭，他总是在过继母亲处吃一点，然后又偷偷跑回生母那里去吃饭。生母虽然识字不多，但是经常教他唱儿歌。陈垣见到母亲时还会唱上几句，逗母亲开怀。两房离得很近，很容易就跑过去了，好像是“身在曹营心在汉”。五六岁他就离开家乡到广州求学，除了有限的几次回乡省亲外，很少与母亲见面的机会。他常因不能亲手侍奉母亲而内疚。

聪明博学，又长得一表人才，广州时期的陈垣被称为“靓仔垣”。陈垣的孙媳、陈智超的妻子曾庆瑛说：“他能说会写，经常在报刊上发表文章，擅长演讲。他名气与日俱增，招来了不少开放女性的追求。陈垣有段时间用笔名发表文章，其中一个笔名是艳，友人问他何意，他坦言是他最喜欢的一个女朋友。”

因赴北京从政，陈垣突然跟以前的生活切断了联系。包括“父母之命”的原配妻子邓照圆。虽然这个识字不多的小脚女人对他一片痴心，并把自己的名字改为“照圆”，终究因为彼此思想的巨大隔阂，让这样单方面的映照变得遥远而无望。邓照圆知道他喜欢吃家乡的鲮鱼，后来就让子女买来晒干，寄到北京。二房吴淑媛也没有随他去北京，一次因意外失足落水而亡，年仅28岁。

后来追随陈垣去北京的徐蕙龄，是他在光华医学专门学校的师妹和学生。他们共同生活了近40年。两人后来感情不和，出现矛盾。1932年陈垣给在广州的儿子约之写信：我近日处境，亦极困难。上不得两母欢心，下不得妻子满意，中不得弟妹怡悦。时时抚心自问，只觉读书一世，不晓做人。

1966年5月，陈垣的两个妻子先后去世，相差不到一周。这时，陈垣已经是86岁的老人了。

在“文革”中，陈垣没有受到直接伤害，是因为家人给中南海写过两封信，一封给周总理，一封给康生。曾庆瑛透露：“过去的学校领导、朋友，不是靠边站，就是被批斗、被打倒，大家都自身难保，也就很难顾及于他了。他整天提心吊胆、闷闷不乐。对形势的发展陌生、担忧又不理解，只能保持沉默。”“文革”中他最不能忍受的是工作被迫停止了。一次，和曾庆瑛谈到书籍的出版问题时，他很不高兴地说：“现在什么事情也不能做了，让我等死么？”

1971年那个动荡的夏天，91岁的陈垣在病痛和苦闷中离世，留下他无法保护的学生和家人。这离1951年国家主席毛泽东在国宴上向人介绍“这是陈垣先生，读书很多，是我们国家的国宝”，相差正好20年。

【本报道参考陈智超编《励耘书屋问学记》（增订本），张荣芳、曾庆瑛著《陈垣》，曾庆瑛著《陈垣和家人》。感谢陈垣长孙陈智超先生、孙媳曾庆瑛先生，北京师范大学历史系教授、陈垣研究室主任周少川先生的学术支持。】

（陈祥蕉）

学者视点

陈智超和周少川谈陈垣先生——

大匠示人以规矩　不为乾嘉作殿军

早在20世纪20年代，陈垣就赢得了世界性声誉。当时他与王国维齐名，王国维去世以后，他又与陈寅恪并称“史学二陈”。法国著名汉学家伯希和认为，只有陈垣与王国维才称得上“中国近代之世界学者”。傅斯年说过“静庵先生（指王国维）驰誉海东于前，（陈垣）先生鹰扬河朔于后。”日本汉学权威桑原骘藏在陈垣《元西域人华化考》出版后，很快发表评论，称陈垣是现在中国历史学者中“犹为有价值之学者”。而陈寅恪的学生戴家祥回忆：陈师和我在校散步时，自称平生最佩服的是王静庵（王国维）先生，其次是陈垣。

他自学成才的经历于今已成传奇，他的苦学博学、教育实践对今天有何启示？南方日报为此专访了陈垣长孙、中国社科院历史研究所研究员陈智超先生和北京师范大学教授、博士生导师、陈垣研究室主任周少川先生。

学术成就：
真正把宗教当作历史文化来研究，是从陈垣开始

南方日报：陈垣在国际汉学界为什么能够得到这么高的评价？概括地说，他最大的学术成就是什么？

陈智超：陈垣在史学上有三个方面的成就：元史、宗教史和历史文献学。

中国史学虽然发达，但是严格意义来说没有宗教史。之前佛教史、道教史都有，但都是从“卫道”的目的出发，对其他宗教采取攻击的态度。真正把宗教当作历史、文化现象来研究，是从陈垣开始。他对现在世界三大宗教佛教、基督教、伊斯兰教，还有中国道教等，都有研究。别人没有他这么宽广的视野。另外在他看来，宗教史也是中外文化的交流史。元史方面，不论他对元史的基本资料《元典章》、《元秘史》，还是对元代的整个评价，一直影响到现在。他还把历史文献学的校勘、避讳、年代、目录学等，都提升到一个很高的

高度。过去校勘从汉朝就开始了，但是把前人和自己的校勘经验总结上升到规律性高度，只有他做到了。现在的人都遵循他的基本方法。避讳也是一样。他不仅研究各个朝代避什么讳，还根据避讳反过来鉴别一个文献的年代。这就是比别人高明的地方。所以我们说陈垣，不仅是他的精神可以给后人启发，他的成果也一直可以为后人所利用。

周少川：伯希和对一个学者的评价标准首先是看这个学者有没有对旧学有深厚的根基，全面的把握，而陈垣先生对传统史学有着深度全面的继承；另一方面，20世纪初叶中国史学有很多新的发现，包括地上文献和地下文物的双重发现，如甲骨文、汉简、敦煌史料等发现即为中国史学开辟了新的天地。陈垣先生当时能够在继承旧学的情况下在新史学的前沿阵地与外国学者争雄，因此征服了伯希和。

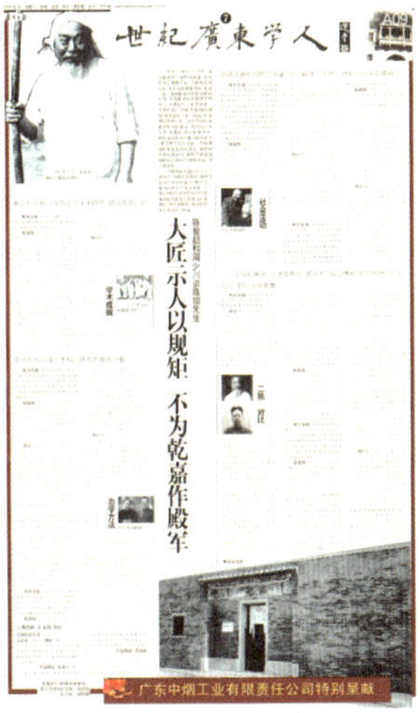
世纪廣東学人

大匠示人以规矩 不为乾嘉作殿军

广东中烟工业有限责任公司特别呈献

1937年与胡适

治学方法：
花大价钱买清人手稿，研究其修改过程

南方日报：陈垣深得清代朴学之三昧，而史家邵循正在悼念陈垣的挽联中评价其“不为乾嘉作殿军”。陈垣在治史时，是如何超越乾嘉学派的？又是如何实现传统史料与新史学的嫁接的？

陈智超：祖父在给我叔叔的信中写的一句话，我认为可以回答这个问题：“余今不业医，然极得医学之益。非只身体少病而已，近20年学问皆用医学方法也。有人谓我懂科学方法，其实我何尝懂科学方法，不过用这些医学方法参用乾嘉诸儒考证方法而已。”

周少川：乾嘉学派的考据手段比较零散，如运用文字、音韵、训诂以及校勘学、目录学、年代学、避讳学等方法，但在乾嘉时并没有形成系统的专学。陈先生用近代的科学方法将零散的考据手段加以总结，形成具有法则和范例，可供后人传习和发展的专学。如校勘学，清朝对校勘的说法有很多，陈垣总结为“校勘四法”，使校勘学有一个比较科学的法则和体系，直到如今仍然沿用不衰。概括地说，陈先生继承乾嘉学派的方法，又使其上升成为专学。

陈先生充分把握传统史料，同时开辟新的史料范围，运用很多新发掘的材料如明清档案和敦煌经卷，甚至一些为人习见而不知利用的材料，如地方志、碑刻、楹联等。陈垣先生的考据，能够通过考证贯通史实，说明不同历史现象内在的联系。如果说以前的史学多是一个问题零散的考证，那么陈先生则将这些考证串联起来以对历史做出全面的解释。陈寅恪评价其“分析与综合二者极具功力”，意指陈垣先生不是简单的考证而是将考证结果加以贯通和综合分析，以解决一些历史问题。

南方日报：和很多学术大师不同的是，陈垣是自学成才，他治学的门径对今天的学子有何启发？他曾十年如一日埋首《四库全书》，这对今天日益浮躁的学界又有何借鉴？

陈智超：当时陈垣的地位已经相当高，他能这么坚持地埋首《四库全书》，难能可贵。但是对于他这个人的性格特点和治学态度来说，又是最正常不过的。对一个学者来说，不应该把知名度看成一个目的。像现在有抄袭、假学历的现象，因为规定一定要博士文凭，一定要在什么刊物上发表多少文章，所以滋生出学术腐败、欺诈等怪现状。傅斯年对进入历史语言研究所的青年人说，好好读3年书，不要急着写文章。现在做得到吗？3年不写文章怎么办？肯定被踢出去了！

周少川：第一，陈垣先生自言：“治学无捷径，唯一的体会就是刻苦和持之以恒。”第二，他提倡“言必有据、实事求是”的治学精神，强调写文章不要哗众取宠，而是建立在坚实的材料基础之上，提出搜集材料要“竭泽而渔”。第三是他要求“不说闲话、力求创新”。看到很多论文空话太多，于是就特别反对这样的文风，提倡“理要讲清楚使人心里服，话要讲明白使人看得懂，闲话不说或少说”。在学风上则力求创新。教子“凡论文必须要有新发现新解释方与人有用”。第四，陈垣强调谦虚谨慎精益求精。他自己曾经花大价钱买清人的手稿。研究其修改的过程，了解前人是怎样做学问的。而且做完文章都喜欢拿给朋友看，胡适、陈寅恪等学者都是他的朋友。他拿文稿给不同水平的人看，认为给水平高的人看受教益，给水平低的人看则有新知。且“文章写成之后要多置时日”，认为如此一来，一者或许有新的材料补充，二者或许有所修正。精益求精。于今难得。

社会活动：

陈垣不是纯学院式学者，但不能跟今天的公共知识分子画等号

南方日报：陈垣解放前任辅仁大学校长，解放后又长期担任北京师范大学校长，一生树人无数，桃林芬芳。作为一个大学校长，他一直坚持上课，从不迟到和请假，破格录用启功这样学历不高的老师……成为中国教育史上一个不可复制的经典形象。同时陈氏一门三代，自陈垣至陈乐素至陈智超，皆为良史。能不能谈一下他在教育方面的独到之处？

陈智超：陈垣先生作为一个大史学家，了解的人较多；作为一个大教育家，大家了解认识得还不够。当过几十年老师的人不少，这个基础上，他有科学的教学理念。他对学生一方面严格要求，一方面以鼓励为主，身体力行。他培养出的很多学生成了各个领域的带头人，比如20世纪五六十冬腊月年代，一些全国知名大学的历史系主任都是他的学生。启功虽然没听过他的课，但耳提面命，受他的影响很大。他在课程上很多创新，有几门课程是

1924年与北大国学门同仁

1960年9月，陈垣在励耘书屋院内劳动

1970年11月8日，陈垣和他的学生启功（左）

他开创，一直延续到现在。值得一提的是，他开了大一国文课。当时在辅仁，不论文理科，一年级学生都要学习这个课，有时是他自己亲自教课，也选拔了一批优秀的中青年老师来教，比如启功和周祖谟等等。现在的大学很重视英文课，但哪一个开了国文课？又有哪一个大学校长亲自教这门课？

周少川：陈垣先生很重视学生能力的培养，在中小学教书时就带学生采集标本，在医学院教课也特别重视解剖课的教学。在教授历史学时，特别重视史源学的学习，专设史源学实习课指导学生。

陈垣先生非常重视教师的教育，认为“没有不好的孩子，只有不好的教育”。他把教育业当作自己的事业来做，非常投入，曾写诗云“芬芳桃李人间盛，慰我平生种树心”。

南方日报：陈垣被毛泽东誉为“我们的国宝”，他的史学贡献有目共睹，但我们也知道，他在早年曾经做过报人，并且和他同时代的不少学者也曾经做过报人，如梁启超等。反观当下，也有不少“公共知识分子”频频在报纸上发言。请问二者有何区别？您如何评价学者和“公共知识分子”？

陈智超：梁热心于政治，他是个天才，精力旺盛，在政治方面确实有所作为，学术上也有很多成就。“新史学”就是1902年他提出来的。陈垣不是纯学院式学者。不过他们跟今天的公共知识分子都不能画等号。普及历史知识很重要，当年有个大学教授叫黎东方，抗战时期讲三国很出名，要卖门票的。后来他去了台湾，前几年才去世。他当时讲历史的稿子出了书。这也是一种形式。不能要求每个学者都是一样的。但若是为出名而哗众取宠甚至歪曲历史，当然不可取。既然讲历史，就不能超过一个底线，迎合听众低级趣味。这个底线就是基本的历史事实。

周少川：陈垣先生从1917年写《元也里可温教考》开始做历史研究。事实上，他同梁启超一样不仅仅是学者，也是社会活动家。解放前他在清理故宫、保存国家文物、典籍等方面为公众做了很多事情。解放后又为建设社会主义新文化作出许多贡献，他既是学者又是社会活动家。儒家有“退则独善其身、达则兼济天下”之说，西方则认为知识分子是社会良心，学者如果能够在做好学问的基础上发扬人文精神，关心社会现实、民生疾苦，这些都是很好的，也是很必要的。

二陈对比：

史观陈寅恪，史法援庵老，南陈的“独立精神”和北陈的“关注现实”都应该被尊重

陈垣文化广场。陈垣雕像正式揭幕，揭幕后众人向陈垣雕像鞠躬致敬

南方日报：陈垣和陈寅恪并称“史学二陈”，请评价一下二人的史学路数和学术贡献。

周少川：史学路数有很多相同的地方，二人都在中国的传统学术方面有非常深厚的底蕴和积累，也都对民族文化有非常深厚的感情。陈寅恪学术上很重要的一个方面就是关于民族文化的。陈垣先生也是如此，他们都有关于宗教史的研究，当然陈垣先生研究得更多。

解放后有“史观陈寅恪，史法援庵老”之说，此说虽不全面，但也有可取之处。陈寅恪对文化史观有独到的看法，而在史学方法上陈垣用校勘学年代学避讳学等的方法十分独到。当然此说也并不绝对，陈垣也有丰富的史学思想（史观），陈寅恪也有很多笺证、笺注的方法，如以诗证史的方法等。

现在有人推崇陈寅恪“独立之精神、自由之思想”，这个当

陈垣故居

然是好的，但是若据此扬南抑北便显得偏颇了。抗战时，二人都在做学问，都坚守民族气节，彼时陈寅恪给陈垣写序曰：“先生讲学著书于东北风尘之际，寅恪入城乞食于西南天地之间，南北相望，幸俱未树新义，以负如来”。陈寅恪（南陈）在解放后专心学问，而陈垣（北陈）更关心社会，关注当时社会文化的建设，如古籍整理，点校《通鉴》、点校二十四史，参与中科院历史所的建立等。作为一个文化老人，陈垣对于全面发扬优秀传统文化，建设社会主义新文化发挥了承上启下的重要作用。

两个学者一个比较关注社会现实，一个更为关注书院式的学问。但他们都不是政治家。北陈并不热衷于政治活动，对极左的思潮也采取批判的观点，在20世纪五六十年代形式主义狂热的时候还是保持了冷静的头脑。因此，对二人最合理的评价还是回到学术层面。南陈的“独立”和北陈的“关注”都应该被尊重。

陈智超：两人在史学上都作出了很杰出的贡献，所以并称“南北二陈”。但路数不太一样，过去有人讲，陈寅恪的东西很难学得到，但陈垣的东西是可以学到的。陈寅恪做学问，有一些是天才的猜测，类似霍金，这是天赋。陈垣则是“大匠示人以规矩”，只要老老实实遵循研究的规范，总可以取得一定的成就。

南方日报：陈垣和陈寅恪在解放后“立身处世，各走极端”，二人也不复有书信往来，陈垣选择脱胎换骨地改造自己，论著寥寥，陈寅恪以盲衰之躯写就《论再生缘》、《柳如是别传》等皇皇巨著。对此您怎么看待？

陈智超：两个人的交往并没有断，过去两人通信很频繁，因为后来陈寅恪眼睛失明，没有直接通信的可能。但两个人还是互相关心的。在最近出版的《陈垣全集》的书信部分中，有很多信是写给冼玉清教授（岭南著名女诗人、学者）的，冼玉清跟二陈关系都很好。1950年，冼给陈垣的信里就讲到某次她跟陈寅恪的唱和，并附上两人的诗词。1953年12月，陈垣给冼的信中写道：“中古史研究所事情当汪君未南行前，曾到舍间商酌，同人意见以为所长一席，寅恪先生最为合适。今闻寅恪先生不就，大家颇为失望，奈何！”而在1955年的信中，陈垣问冼“寅恪先生起居佳否？闻其女公子调粤工作，可以照顾，甚善”，可见对南陈的关心，而南陈也有和冼致北陈的诗。

陈垣在1949年解放后的几十天，思想就发生了巨变。因为他解放前没读过共产党的书，只有自己的直观感受。有人问他，你见到什么新的东西？他说：“不说见到什么新的东西，就说没有见到的。解放后的北平，看不见打人的兵，看不见打洋车夫的警察，街上看不见乞丐，看不见花天酒地的政府官吏，看不见托人情送官礼的事情……这些虽只是表面的现象，但这表面的现象，说明了政府实质上已有了根本的不同……这不只是改朝换代，而是翻天覆地的变化。”陈垣是真的感觉到解放初期这种极其鲜明的对比。当时的解放军和政府的工作人员，跟过去完全不一样。这是晚清出生，经历过北洋军阀、国民党、日本占领等这么多变化的一个老人的亲身体会。1948年底，国民政府3次派飞机到围城中的北平来接他南下，都被拒绝。因为他对国民党已彻底失望。

陈垣

周少川：在新中国建立的时候，陈垣是真心拥护新社会的。他在思想和学问上确实有所改观，力图将书斋里的学问变成为大众服务的学问。但是只能说思想上有所变化而已，“脱胎换骨”却是未必。陈垣先生的论著在解放后较少，这是肯定的，一方面是年纪大了，一方面也是由于关注社会文化和社会现实，一些会议和活动，耗费了一些精力（如主持影印整理《册府元龟》等）。但也并非毫无著述，他还是写了三四十篇论文，其中纯考证的就有26篇。陈先生去世后，香港出了《陈垣先生近二十年史学论集》。总之，他对于史学研究始终没有放弃。

（陈祥蕉　解明静）

学人小传

陈心陶（1904—1977），福建古田人。1925年毕业于福建协和大学生物系，1931年获得美国哈佛大学比较病理学博士学位。回国后任教于岭南大学。

1950年开始，他接受了调查与防治广东『大肚病』（血吸虫病）的任务，深入三水重点疫区，提出了结合我国农村的实际，兴修水利、围垦开荒，从根本上改变钉螺孳生环境，从而控制流行和消灭血吸虫病的对策。广东省由于采用了上述综合治理的措施，成为我国第一批消灭血吸虫病并能巩固下来的省份。毛泽东主席曾三次接见他，亲切地勉励他为人民作巨大贡献。

陈心陶：席地破屋鼠为伴 呕心沥血驱『瘟神』

20世纪60年代，他到北京参加三届人大一次会议，几年不见的周恩来总理远远叫住他，他快步上前，憨厚地说："总理，没想到你还能认出我来。"总理紧紧握着他的手，爽朗笑道："中国有几个寄生虫学家啊？"

受到如此礼遇和赞誉的学者就是陈心陶先生。他是谁？

也许，这是段正在被淡忘的历史。但20世纪50年代中国若没有他，要平添多少饱受血吸虫危害的"无人村"。正是这位学者，挽袖赤足，日深入毒河，夜以鼠为伴，力破"大肚病"之谜。

近年来，"顽固"的血吸虫病死灰复燃。2011年6月，卫生部部长陈竺仍率国家血吸虫病防治检查组赴湖南、湖北开展检查，并签订省部《联合防治血吸虫病行动协议》。陈心陶的"灭虫点子"，直到今天仍有极大参考意义。

让我们把历史的镜头再向前拉伸，两次留洋的陈心陶两度义无反顾地放弃令人艳羡的优厚条件，登上归国海轮，又有多少人对此表示不解。

可他，一生与虫斗，一张血吸虫疫区拼接照在书桌玻璃板下一压就是20年，工作一干就是一辈子。每回匆匆归家又离去，妻子惦念他，却等回一个被血吸虫病夺去健康的丈夫；儿女守望他，却发现父亲归来时脸庞已尽刻沧桑。

本文带你走近陈心陶，他的老师——哈佛大学热带病学教授Donald.L.Augustine称其为一位"知识渊博的谦谦学者"。

三次说不：

铁心归国，视金钱如浮云

在二女儿陈静芝看来，“父亲就是一个学者！”温文尔雅，沉默寡言，不想他也有如此坚毅的一面。

1931年，27岁的陈心陶在哈佛大学完成博士学业，专业为“比较病理学”。他旋即回岭南大学任教，担任生物系主任、理科研究所所长，成为彼时中国最年轻的科学家之一。

“我学这个寄生虫学，就是为了祖国，学成后就得回国服务。”面对美国学校以优越条件挽留，他说了不。

1933年1月21日，喜庆的婚礼一扫料峭春寒。在福州华南女子学院，陈心陶与该校老师郑慧贞喜结连理，当时，郑已留校工作一年余，但自此这位聪慧能干的女子为了丈夫的事业甘当一辈子家庭妇女。

生活不如想象般波澜不惊。1938年丈夫的又一次拒绝让郑慧贞携孩子踏上漂泊之路。

1938年广州沦陷，陈心陶一家随岭南大学迁往香港，他本人也在香港大学兼职。1941年香港沦陷后，薪水发不出，郑慧贞曾撰文回忆：“全家靠变卖贵重物品，换取大米、蔬菜度日，这样捱了大约一个星期。”

伪广东大学看重陈心陶的才学，前往劝说他留下，薪水从优，住房、搬家费全包，却遭陈心陶严词拒绝：“就是杀头，我也不去！”

因此只能举家逃难。陈心陶先乔装难民，只身离港返内地，北上曲江。临行时他嘱咐怀有身孕的妻子，伺机返回广州生产，还说“绝不能当汉奸，当民族罪人！”

郑慧贞带着大女儿静萍、三女儿静荠，挺着大肚子北上，四女儿静希出生不久便遭雨淋夭折，静萍也因落水染上哮喘病，被折磨了一生。

2004年，在丈夫与世长辞27年后，96岁的郑慧贞于美国南卡州幺女静薇家写下这段故事：“一路艰辛，但丈夫不甘当汉奸，就凭这一点，什么困难我都甘于承受。”

1946年，战乱消弭，岭大复办。陈心陶回校担任医学院寄生虫学科主任、教授、医学院代院长。因研究需要，两年后他重返美国，先后到华盛顿柏罗维罗蠕虫研究室、哈佛大学和芝加哥大学考察和工作年余，完成了蠕虫免疫方面——绦虫囊尾蚴的免疫反应实验等重要研究。

1949年秋，新中国成立。在爱国情怀激荡的时代，报效祖国的决心让许多海外有识之士放弃优厚生活条件回到祖国怀抱。

陈心陶是其中一员。他又和18年前一样，毅然谢绝亲友的挽留和美国大学的高薪聘请，赶回祖国。

大弟子徐秉锟曾撰文回忆：途经香港时，香港政府某研究机关高薪聘请他在当地进行蠕虫病研究，条件优厚。有人劝说："开荒牛不好当，大陆这个烂摊子，恐怕共产党也收拾不了！你何苦去呢！"陈心陶坚定表示："金钱于我如浮云"，"娘不嫌儿丑，儿不嫌娘穷，我回国工作谁也动摇不了。我愿做一头开荒牛，与祖国人民一齐开垦祖国这片荒芜的科学园地"。

于是，在新中国成立的第三天，学生们就在广州岭南大学医学院看到他忙碌的身影。

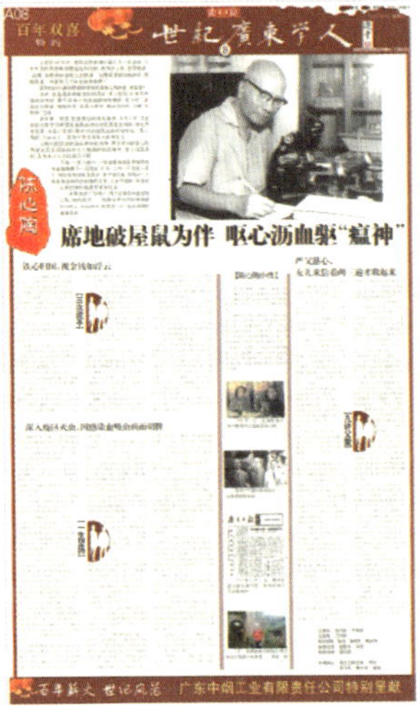
百年双喜 特约
世纪广东学人
陈心陶
席地破屋鼠为伴 呕心沥血驱"瘟神"

1956年1月，毛泽东在北京中南海怀仁堂接见陈心陶

一生坚持：

深入疫区灭虫，因感染血吸虫病而切脾

1956年1月19日，在中南海怀仁堂，招待最高国务会议代表的宴会正在举行。第一席，坐在毛泽东身边的中年学者便是陈心陶，他与主席谈论着血吸虫病防治的进展。

新中国成立后不久，日本血吸虫疾病肆虐长江及长江以南12省市，逾1000万人染"大肚病"，身体极为虚弱。"爹死无人抬，儿死无人埋，狐兔满村走，遍地长蒿菜"是当时疫区的真实写照。

时任中山医学院寄生虫学教研室主任的陈心陶临危受命，去解"大肚病"之谜。此后，研究寄生虫学也成了他毕生的坚持。

女儿陈静芝回忆，父亲常深入疫区，每次回家匆匆忙忙。

陈心陶

他总是嘱咐母亲准备好两个行李袋，装着被铺蚊帐、换洗衣服和洗漱用具，“一旦接到通知，拿起袋子就能出发”。而每次从疫区回家，陈心陶的腿都肿得非常厉害。小儿子陈思轩描述：“妈妈用大拇指按下去，凹印总是久久起不来。”

在疫区三水、四会交界的“六泊草塘”，陈心陶“席地破屋鼠为伴”，白天划小艇深入沼泽中的“毒河”寻病因，终在漫水河岸芦苇下寻得日本血吸虫的中间宿主“钉螺”，破碎钉螺后果然查出日本血吸虫尾蚴，又在病人粪便中找到血吸虫卵——“大肚病”谜团得解。

陈心陶等进行了普查，结果让人惊心：全省11个疫区，有螺面积将近20万亩，病人6万余，疫区感染区达31.1%，波及人口566.9万人，200多村庄甚至因血吸虫病成了“千村薜荔人遗矢，万户萧疏鬼唱歌”的“无人村”。

经现场调查，陈心陶认为消灭血吸虫病的关键在于消灭中间宿主钉螺。但当时，不少人坚持采用国外惯例，以药物灭螺为主，采用高效农药喷洒。陈心陶认为这种方法耗资大，污染严重。

他用了三年时间做钉螺生态学基础研究，终于开创出“水、垦、种、灭、治、管”六字方针。据陈心陶首批研究生之一李桂云回忆，陈心陶用这种方法，在水网地区结合农田基本建设，改造钉螺孳生环境；在丘陵地区则兴修水利，填旧沟埋螺，开新沟灌溉，用草烧螺，用水淹螺，成为了广东消灭血吸虫的科学“利器”。

“文革”浩劫扰乱了研究节奏，陈心陶却并未因此放弃坚持。因解放前曾在江西担任中正医院寄生虫研究所及细菌学教授兼任江西省卫生实验所所长，陈心陶屡遭批斗。

第一次抄家，陈静芝正回家看望父母。突然，一批又一批学生拥进来，翻箱倒柜，之后徜徉而去。走的时候，还张贴了大字报：“勒令牛鬼蛇神陈心陶，不得外出，留在家中。”

“他们走后，父亲沮丧地看着书房，文稿、资料、杂志乱糟糟地散落在地板上。我小心翼翼地捡起，收拾好。此后，待在家中的父亲总是问我，“文革”什么时候结束，何时可以继续做研究。”陈静芝回忆，风暴过后，让父亲最感安慰的是，珍贵的科研材料都很安全，因为“红卫兵不懂那些东西，没损失”！

抄家后不久，陈心陶被下放到三水“五七”干校劳动，这位学者天真地以为只要交代清楚便能脱身回家继续研究，万万没想到自己竟成为了主要攻击对象。

“当时一个爆炸新闻轰动整个干校！中山医又挖出了一颗危险的‘定时炸弹’——被毛主席接见过的陈心陶，原来是国民党的区部书记！”据陈静芝回忆，瞬间，大标语、大字报铺天盖地，接二连三的批斗会让他几乎窒息。

陈静芝抽空去干校看望父亲，父女俩坐在田埂上聊天，“爸爸有时被斗蒙了，以为认了就完事。可我和他说，一定要坚持下去，认了就没完没了了，他们会让你供出介绍人是谁，上下线也要交代，可你又交代不出。”所幸有几位当年共事者，最终证明了陈心陶的清白。

从干校归家后，由于“四人帮”未倒台，着手基础研究谈何容易。陈心陶灵机一动，按时兴“中西医结合”方向，开始做中草药治疗血吸虫课题。

没想到，中草药“白丁”竟从大量病例观察和总结研究中，发现“排钱草”对晚期血吸虫病人在去除积水、减少肝脾肿大方面的显著疗效，“文革”后的首篇论文也应运而生。

“四人帮”被粉碎的那一天，陈心陶对陈静芝感叹：“好咯！终于可以开始做研究了！”

20世纪70年代，陈心陶再入六泊草塘。在《六泊草塘血吸虫病疫区的发现和治理》一文中，他如此描述：“我们最初进入草塘时走过的小路已经变成宽阔的公路，路两旁尽是绿油油的田地。田间红旗招展，人们在细雕大地，夺取丰收。”

1985年12月9日，广东在全国率先宣布全省范围内消灭血吸虫病。在省人民政府礼堂举行的庆功会，独独少了被宣布立下头功的陈心陶，他已于8年前病逝。

揭开层层保护膜，陈静芝掏出一张珍贵的照片——改造前的三水、四会交界“六泊草塘”黑白拼接照，“这是爸爸用他的从美国带回来的旧相机拍的，他把这张照片压在书桌玻璃板下20年”。

“送瘟神，思故人”，1990年底，三水人民为纪念陈心陶，在重

1933年1月，陈心陶与福州华南女子学院教师郑惠贞结为秦晋之好

陈心陶深入“血防”第一线

老骥伏枥，壮心不已

点疫区的旧址（即今天的南山镇九龙山）建造了“陈心陶纪念碑”。

从建碑至今，陈静芝每年都到此，登上99级石级到纪念碑前，缅怀父亲。

几许父爱：

严父慈心，女儿来信看两三遍才收起来

在中山大学东南区241号，一幢两层楼房尽显岁月沧桑。陈心陶与家人在此生活了十余年。当年这里是中山大学东南区11号，如今已成为中大信息技术学院软件研究所办公室。2010年7月3日，陈静芝故地重游。绿树为烈日下的故居撑起一抹阴凉。

有一段时间，房前小道一旁展出了本报制作的《世纪广东学人》展板，机缘巧合，不久前从加拿大归来的陈静芝看到父亲的照片，便放上一朵雏菊以寄哀思。一个偶然，记者看到这朵尚未凋谢的雏菊，正猜测是哪位有心人时，陈静芝便主动联系上了本报。

故居前，陈静芝激动地还原着当年图景。“一楼是饭厅，楼上是房间，还有阁楼，我们五兄弟姐妹都住在这里，每到吃饭时间妈妈就会敲钟，姐妹兄弟会从各自房间走下来。”陈心陶与妻子对坐，最年幼的陈思轩和陈静薇分别坐在父亲两边。陈静芝回忆，父亲非常注重餐桌礼仪，“吃饭绝不许说话”。

孩子做错事，陈心陶鲜有发怒，仅用行动表示威严，陈静芝将此比作“无声手枪”。一次，姐妹趁父母不在，邀请朋友过来打扑克，不想陈心陶提前回家，看到虽心中不悦却只字未言，次日清晨他便离家，留下了买菜钱。深夜归来，陈静芝怯怯问父亲去哪儿了，陈心陶说去从化和朋友下跳棋，还赢了跳棋大师一回。就这样，姐妹们不敢再犯了。

陈静芝幸运，五兄弟姐妹中仅她享受过陈心陶亲授英语的待遇。考上大学后，一股“俄语热风”席卷校园。因担心陈静芝荒废英语，陈心陶亲自挑选小说，让女儿每晚睡前阅读。“他选了*Gone With the Wind*，我觉得很难，也很困，可他还让我一点点念给他听。”

父亲的关注让陈静芝感到幸福而忐忑。幸福在于，辅导时间是父亲在百忙中抽出的；忐忑在于，每次睡前阅读成了不小的负担，“只要念错，爸爸都会纠正我”。

20多年后（1979年），陈静芝移居香港。身为医生的她必须通过执业执照考试方可行医。扎实的英语基础让她对全英考试驾轻就熟。“那时候特别感激爸爸”。

当然，严父也有幽默的一面。据陈思轩回忆，父亲讲过一个亲身经历的笑话：当年岭南大学校园内有个“泰山饭店”，一天老板心血来潮在店门口挂了个“免费送饭”的牌子招揽顾客。他和同事进去点菜后举筷就吃，各自一口气吃了7碗饭，翌日再登门，又是7碗，第三天，门口那块牌子就没了踪影。

有时，他也会来点惊喜。爱好体育运动的陈静芝曾代表广东省赴京参加全国自行车比赛。“我住前门饭店。一天，服务生突然通知我有一名老先生来访。”原来，中国医学代表团代表陈心陶在出访朝鲜前也下榻前门饭店，顺道看望女儿，“我怎么都没想到是爸爸，兴奋地冲过去抱着他！他还问我训练是不是很辛苦，让我注意身体。”偶尔，他还会有“可爱”的创意。陈家姐妹收到过父亲从千里之外的美国捎回的礼物，是三条围裙。“他说希望我们多帮妈妈做家务，我们高兴地穿着活蹦乱跳！毕竟，爸爸很少给我们带礼物。”

学术上无比坚持的陈心陶对子女教育倒很开明。陈思轩称，父亲尊重子女天性，姐姐静荞和妹妹静薇虽读书成绩不出类拔萃，但艺术天分极佳，长大后都成为了钢琴家。大姐、二姐（静萍、静芝）均是医生，而他本人学的是理工科。

晚年，陈心陶对孩子表现出极致的体贴和慈爱。1970年，陈思轩接受贫下中农再教育时被狗咬，陈心陶得知，去信嘱咐儿子打疫苗，详述剂量，关切备至。

1971年，他给在农场劳动的陈静薇写了一封信：“身体好，劳动也会更好……你谈的劳动情况，都是我们爱听的，我们都是从头到尾看了两三遍才把信收起来……”

1977年10月29日下午3时整，陈心陶因病去世。陈静芝说，父亲去世第二天，母亲就从床上摔了下来，“妈妈说看到爸爸在天上拉她，可没拉住”。

（曹斯　黄少宏　曾智）

目睹血吸虫病重疫区六泊草塘换新天，陈心陶为基本完成毛主席的嘱托露出了笑容

塔什干国际医学会议期间，陈心陶、毛守白教授与苏联教授合影

陈心陶教授的女儿从加拿大回来中大故居重游

学生李桂云深情回忆恩师陈心陶

他填补了中国寄生虫研究的空白

陈先生是个怎样的老师？

他动之以情，晓之以理，“软磨硬泡”让学生过来和他一起“斗虫”，到了课堂上又不重形式。

学生李桂云如此评价：“不活泼，却没有一句多余的话。”听者战战兢兢，必全神贯注。

做研究，陈先生毫不含糊，“唯学之道，精益求精”是他对研究生的勉励，也是其自身写照。著名的“陈钟吸虫命名之争”便是明证，在这起掀起上世纪60年代寄生虫界大讨论的学术纷争中，陈先生据理力争，又不失翩翩风度。

不过，严肃的陈先生也有和学生午间畅谈之时，笑声响彻实验室；他还曾慷慨“借出”住所，让爱徒举办婚礼。

南方日报记者对话陈心陶在新中国成立后招收的首批研究生之一、中山医学院退休教授李桂云女士，还原外冷内热的陈先生。

一生遗憾：
重病时反锁实验室工作

南方日报：编写《中国动物志》中的《吸虫志》是陈先生接到的最后一个任务，据说，这个任务还是周总理下达的？

李桂云：这有一段故事。中美建交初期，中国赠大熊猫作礼，按接收方要求我方必须提供大熊猫的物种、生物学特性等系列详细科学资料。遗憾的是中国当时并没有完整的《中国动物志》，有关部门只能拿《印度动物志》中一些相似的资料充数。周总理觉得很心痛：连“国宝”都没有相关科学资料，是中国人之耻！中国很需要物种科学全书。于是总理亲自指示中科院牵头，研究、编辑、出版中国的《动物志》、《植物志》和《孢子植物志》。陈教授众望所归成为《中国动物志》编委会副主任和《中国动物志》中《吸虫志》的主编，万万不想，这竟成了他的终身遗憾。

粉碎“四人”帮后，陈教授本想全情投入研究和工作，却被缠绕多年的恶性淋巴瘤“撂倒”。1977年5月，他住进医院。医生善意地对他隐瞒病情，但通过观察治疗方法和用药，他自知时日无多，多次独自到经治医生也是我的丈夫庞国元那儿恳请说：“无论如何再给我5年时间，我要做完我的工作。”在他首次病危得救后，他又含泪请求医生再给他两年时间，进行最后拼搏。同时，他又请求教研室柯小麟老师每天偷偷捎上几页《吸虫志》书稿让他审定。有段时间他还可以离院，就以周日回家洗澡为借口，一早换上便服，艰难登上四楼教研组办公室，将自己反锁在里面奋力工作。

南方日报：最后他等到这本书出版了吗？

李桂云：我们都知道陈教授放心不下《吸虫志》。他临终前几天，口腔及舌部溃疡，无法言语，握笔又颤抖，无奈艰难地嘱咐前来看望他的我们，称短时间内不能恢复工作了，请我们帮忙完成。听他儿子陈思轩说，在陈教授生命的最后一夜，他全身高烧，渐不清醒，又突然微张嘴巴，吐出一串：“拿笔来……我……要……写……”对家人和后事，没有交代一句。

可偏偏当时印刷非常困难，虽然我们拼命赶工，却直到1977

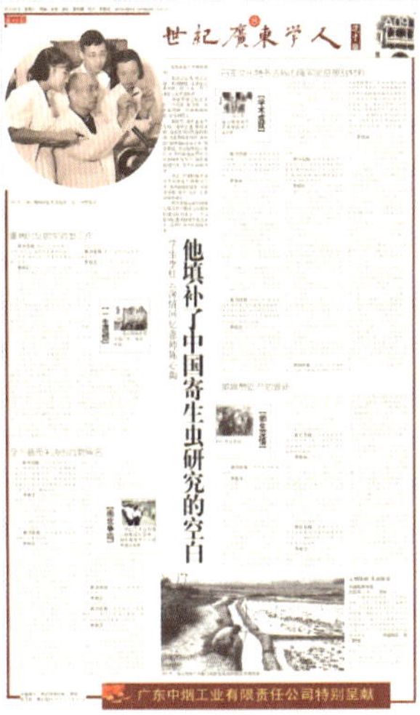
世纪广东学人
他填补了中国寄生虫研究的空白
广东中烟工业有限责任公司特别呈献

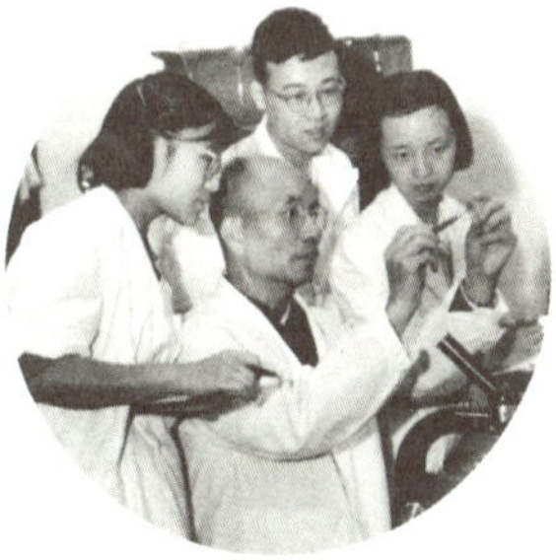

1955年，陈心陶和学生在实验室，左一为李桂云

三水治虫前（上图）与治虫后（下图）良田万顷相比

年10月29日下午3点才从外地赶回广州，带着陈教授编写的部分文稿印本到病房，还有油墨香，但陈教授已经永远闭上了双眼，留下了150多篇科学论文和《医学寄生虫学》、《中国动物图说（扁形动物）》、《中国动物志扁形动物吸虫纲复殖目（一）》等专著，其中《中国动物志扁形动物吸虫纲复殖目（一）》一书在他逝世10年后，获得了1987年国家自然科学三等奖。

南北争鸣：
至今悬而未决的同物异名

南方日报：20世纪60年代，陈心陶教授和北方的钟惠澜教授被称为“南陈北钟”。同为寄生虫方面的著名专家，陈先生和钟教授在并殖吸虫学科研究的侧重点有没有不一样的地方？

李桂云：陈心陶教授和钟惠澜教授都是我国寄生虫学及热带病学界的权威人士，是我们敬仰的前辈。陈教授侧重在生物学上，钟教授侧重在临床学上，两人对并殖吸虫新种的研究都倾情以赴，不遗余力。

南方日报：陈先生是怎么发现斯氏并殖吸虫的？

李桂云：1940年以后，陈教授在广州怡乐村从老鼠身上发现另外一种并殖吸虫，它的中间宿主体内的幼虫与威氏不一样，但这种虫到底会不会导致人也得病呢？这就需要做很多工作。因此，陈教授带领研究人员在并殖科吸虫方面做了大量的调查研究及实验生态性研究。到1959年，陈教授等发现广东果子狸体内有一种虫造成果子狸的肺部病变，在形态结构方面都不同于威氏并殖吸虫和怡乐村并殖吸虫，可以在狗、猴子、果子狸等大动物体内寄生。通过大量收集研究材料论证，陈教授等发现它是并殖科吸虫中的一个新种。后来，陈教授在受邀参加苏联的学术会议上宣读了此研究成果，并正式以苏联著名蠕虫学家斯克里亚宾K.N之名，根据生物命名法则将虫命名为斯氏并殖吸虫。该论文原定在会后的《学术论文汇编》中发表，后因中苏关系交恶，该《学术论文汇编》终止发表。陈教授只好在中山大学学报及中山医学报公布了这一成果。从20世纪60年代起，生物学、寄生虫学界都普遍承认这一成果。

此后四川一位教授发现病人体内有一种病虫只在体内不同地方移动，就是不往肺里钻。他们原以为病人身上的肿块是肿瘤，后来找到病人所吃的溪蟹，再经过实验动物研究才发现原来就是斯氏并殖的幼虫。在此期间，钟教授在四川巡回看病时亦发现了此类虫种，经过多方研究，钟教授将其命名为“四川并殖”。

南方日报：对此，陈先生个人怎么看？

李桂云：陈教授仍坚持自己的观点和发现。

南方日报：陈先生是个很低调的人，为什么在这个事情上他会如此坚决地捍卫自己的观点？

李桂云：他在学术上，对自己经过严谨调查研究得出的观点，会“寸土必争，据理力争”。但对是谁最早发现的这些问题上，陈教授还让我们别太放在心上。至今这个事情还搁在那里。不过，生物学界同物异名的情况很多，我们也没必要刻意区分，由后代人通过新的技术手段再去甄别，去定夺就可以了。

陈心陶向外宾细说广东“血防”措施科学依据

学术成就：
日军文化特务去陈心陶实验室搜刮材料

南方日报：陈先生闻名是因为破解了广东地区血吸虫所致“大肚病”之谜，但事实上他的研究领域非常广泛，能否给我们

1964年，陈心陶出席开罗亚非医学大会时合影

介绍一下？

李桂云：陈教授对并殖吸虫和恙虫都有深入研究。早在20世纪30年代，陈教授就开始做华南地区蠕虫区系调查以及并殖吸虫、异形吸虫的实验生态研究，填补了我国寄生虫学研究上的空白，为华南地区的寄生虫相和人畜共患疾病的研究打下基础。

早在20世纪40年代，陈教授就发表了有关并殖吸虫的我国最早权威性专著《怡乐村并殖吸虫》，用极其丰富的数据雄辩地说明一个新发现的虫种的可靠性，从那以后，单一种的观点在科学界逐步被摒弃，也促使许多新种陆续被发现。

到1965年，陈教授编写的医学寄生虫学教材《医学寄生虫学》再版，成为寄生虫学经典教科书之一，现在我们还在用。那次他拿了4000元稿费，全部交作党费了。

南方日报：1948年，陈先生到美国深造，读的是蠕虫免疫学，学了很多诊断、治疗的前沿知识。但回国后他为什么没有选择这些作为自己的研究方向？

李桂云：他在美国学的知识，我国在"文革"以后才有条件开展这些学科。其实刚回来时，陈教授也想做这些前沿项目，但因为看到国家一穷二白，百业待兴，要设备没设备，要仪器没仪器，连实验的药物都买不到，更别说经费了。

另一方面，他看到当时人民群众深受寄生虫严重危害，尤其是接到调查"大肚子"病任务后，看到农村的惨状，他就确定了将血吸虫和蚊子疟疾作为主要研究方向，因为这跟老百姓的身体健康有直接关系。

不仅他自己，我们作为学生，陈教授也一再对我们强调寄生虫学多么重要，如果大家都不愿搞寄生虫，一旦细菌战来了，病媒部分谁来解决？我和寄生虫学专家柯小麟老师都在老师的劝说下，改行做寄生虫学研究。后来，柯老师当上了广东省寄生虫学会理事长。

南方日报：在陈先生逝世十周年时，夫人郑慧贞把他生前的藏书、著作都送给了中山医科大学，您当时在场，据说都是寄生虫学界相当珍贵的材料。

李桂云：当时，师母赠送陈教授珍藏的书籍、著作共有4699册、卡片实验照片20315多张，后来成为中大生物系研究生培养的重要材料。这些都是科学遗产，都是宝贝。我曾专门写文章告诫后来者，无论向哪个分支领域进军，不要以任何借口让陈心陶留下的宝贵资料丢失。

陈教授治学相当严谨。他有很多实验卡片，将实验情况、中心内容、结果、未解的问题都记录在上面，堆了好几箱。我们跟着陈教授，都有做资料卡片的习惯。在实验室，每个测量都必须有详细准确的记录，当听到我们回答问题时说“好像、可能”的字眼，他就会批评我们。

听黄启铎教授说，陈心陶回国后发现的怡乐村并殖吸虫一事震惊学术界。20世纪30年代末，日本帝国主义侵犯广州，他们知道陈教授的实验室在广州，就派文化特务跑到实验室去搜刮实验资料。后来日本人借用这些实验卡片，抢先发表了相关学术成果。这直接影响了陈教授寄生虫专著的出版。

在陈教授去世后，国内外不少人都来中大要找他的实验卡片和材料，国内外研究机构还专程或来函寻找广州管圆线虫论文复印件。

南方日报：说到广州管圆线虫，让我们联想到2006年的北京福寿螺事件。中山大学中山医学院博士生导师、病原生物学专家詹希美教授曾在接受采访时表示，陈先生早在20世纪20年代就发现了这一寄生虫新种，如果不是他当年在老鼠身上发现了这个虫子，要确诊它比SARS还难。但陈先生的文章却是等到1933年才发表的，为什么拖了这么久？

李桂云：陈教授关注得很早，经过细致的研究，在1933年发表了关于该虫在鼠类的发病情况。后来世界各地和国内都报道了在人体发病的群体病例，但广州没有。直到半个世纪过去后，在1978年，广州才发现第一例疑似病例，并在1979年发表在《新医药通讯》上。可惜那时候陈教授已经去世了。

后来，人们发现这种虫除侵犯神经系统外，还可侵入眼，造成一系列眼疾，甚至可能失明，病例也引起了广泛的重视，相关研究课题还被列入国家重大科技攻关项目。

我们都知道，无十足把握陈教授绝对不发表。比如怡乐村并殖吸虫研究，早在20世纪20年代他就在国外做了，后来为证明怡

1957年，中山大学住宅自拍全家福

乐村并殖吸虫囊蚴期具有双重囊壁，他做了200多次切片才下结论，到20世纪30年代回国后才正式发表。

他总是告诉我们，完稿之后不要头脑发热急着发出去。他认为科学要经得起反复考证推敲，才能下结论，才能发表，而且结论不能有缺陷。不然宁可压在抽屉下面一阵子，也不急于成事。

现在学术界存在一股歪风邪气，有很多都让我们不敢想象，如抄袭行为，可能现在的部分人太急功近利了。在当时我们都没有想过要出名，不存在有第一作者、第二作者的争论。我就觉得给陈教授做个助手已是受益匪浅，能跟老师做工作机会难得，发表时写不写名字都没关系。可是回头一想，现在评职称什么都需要论文，逼很多学者要走这条路，也是很无奈的。但我们始终认为，科学的东西，是最不能虚假的。

师生情深：

鹅票赞助产后爱徒

南方日报：陈先生讲课生动吗？

李桂云：在课堂上陈教授严谨认真，从不允许学生在课堂上嬉笑打闹，课堂气氛略显严肃，不过说的话没有一句是多余的。因为他老不随意开口说话，开始我们因无法揣摩老师的想法，总是战战兢兢。

在科研工作方面，他的严谨工作态度有时会让我们特别怕他。有一回，我因为没完成一个任务，内疚得哭了；我的同学沈蔚霞当时已经在无锡工作，陈教授想关心一下她的工作再问问她毕业论文有没有整理发表，就让我写信过去。我忙不过来，而且以为就是一般的关心，就没急着写。他第一次问我时我说没写，他让我赶紧写，第二次他又问我，我还说没有，他就说，你不用写了，我自己写。我当时吓坏了，眼泪一个劲儿往外蹦。后来，我就再也不敢拖沓了，他叫我做什么事我都按时完成。

南方日报：但看到很多学生写的回忆片段，这个严师又非常幽默。在您印象中，他有幽默的时候吗？

李桂云：感觉上，陈教授很少和女同学开玩笑，我们都觉得他很严肃。不过到晚年，他对我们也有微妙变化。编《吸虫志》的时候，他让我发信给各地专家，邀请他们参与编写。为表示尊重，他都称那些专家为“某某兄”，落款“心陶”。20世纪70年代我们到北京开会，那个时候陈教授年纪也大了，身体也很不好了，看到很多专家在场，我私下问他这是不是“某某兄”“某某兄”，他竟然噗嗤一笑。

佛山市三水区立有陈心陶教授纪念碑，每年都有不少人前来表达哀思

南方日报：在那个年代，很多老教授与学生的感情都亲如家人，教授就好比父母。陈先生是不是这样？

李桂云：我至今保存着一张陈教授与学生的合影。这是1962年在陈教授康乐园家门口拍的，适逢劳动节，已是生物学实验室助教的蔡尚达在陈教授、钟世藩教授、江静波教授、徐秉锟教授的见证下完婚。婚礼都是陈教授他们帮忙举办的，陈教授还充当蔡尚达老师夫妇的主婚及证婚人。最近蔡尚达师母将照片交给我的时候，还对这件事非常感慨，陈教授待学生就像父亲对孩子一样。

我在1961年怀了第一胎，正值国家自然灾害，就连饭都吃不饱。我一个月的粮食定量23斤，还要节省2斤支援灾区，副食品很少，整天饥肠辘辘。当时，我先生还在外省工作，遇到困难时真的感到很无助，幸亏有教研室的同事关心我。在分娩后10多天，工会小组长柯小麟老师兴高采烈地提来一只活鹅，他说，“这是国家分配给陈教授的鹅票，陈教授让我转交给你……”我当时觉得备受感动及温暖，因为鹅票是国家对高级知识分子的特殊供应，当时陈教授年纪大身体也不好，却把票给了我。

他的内心充满了对人细腻的关爱。陈教授懂得年轻人生性好动，一次，他带着正跟他在粤东农村工矿疫区调查丝虫病的年轻人爬银瓶山，一路爬，一路欢声笑语。

（曹斯　黄少宏）

学人小传

朱谦之，字情牵，1899年出生在福州一个世代以喉医为业的家庭。1921年肄业于北京大学，1929年游学日本，1932年回国任教于广州中山大学，此后20年间先后任历史系主任、哲学系主任、文学院院长、研究院文科研究所主任、历史学部主任。1952年院系调整调任北大哲学系教授。1972年黯然离世，享年73岁。

朱谦之：为中大人文精神奠基

他是毛泽东眼中的无政府主义者，是吴稚晖眼中的“印度学者而有西洋思想”，是陈独秀眼中“颇力学，可惜头脑里为中国、印度的昏乱思想占领的人”、“完全失却英雄气概，颓唐消沉，高吟风花雪月的知识分子”。他曾经的年少轻狂让陈独秀嗤笑、鲁迅讽刺、胡适怜惜，却也让梁漱溟欣赏、郭沫若佩服。这样的人生前就赢得“百科全书式学者”的称号，去世时留下著作等身。

让我们走近这位学贯中西、博通今古的学人——朱谦之。

他的研究领域，涉及哲学、历史、宗教、文学、音乐、戏剧、政治、经济、考古和中外文化交流等诸多领域，他死后为我们留下40余部专著、百余篇论文。许多研究成果至今只有跟从者，尚无超越者。

作为学者，朱谦之在人生的各个阶段都有着不可跳跃的精彩：五四年少，他是曾令北大图书馆馆长李大钊担心把藏书看完的勤奋学生；是毛泽东于《西行漫记》中欣然提及的无政府主义者；抗战烽火，他是有着中山大学历史系主任、哲学系主任、文学院院长、研究院文科研究所主任、历史学部主任等诸多头衔的拓荒者和守护者，被誉为中山大学人文精神的奠基者。

学人朱谦之，对人情世故一窍不通，纯粹到只有真诚。也许就是为人上的真诚，让他在学问上能不断否定自己，总是行进在时代潮流处。如他在“七十自述”中所言：“自我批评须及早，煌煌真理有依归”。

他淡然，淡然到从来不被人炒作；他凛然，凛然到也不需要被炒作。因为他本身就有让我们不断回首的深度和仰望的高度。今天，让我们走近朱谦之。一般人对他十分陌生，但是在整个学术界和读书界里却是经常被人提到，是什么精神能让我们唤起对这位老人的崇敬，是什么事迹能让我们如此心动——只因他默默地在知识领域耕耘，长成了参天大树，铸造出知识分子的灵魂。

历历往事

少年英雄：

“个人英雄主义”的朱谦之，像当初的邹容一样慷慨赴狱，竟然感化了一名看守

有作为之人，必在年少时就有不俗的表现。鲁迅曾经做过医生，后来改为从文。朱谦之出生在医生世家，但是他却向往经世救国。年少时就撰写了《中国上古史》，表达了自己的远大志向。

1917年新文化运动在北大方兴未艾。当时胡适、陈独秀之类的老师在联手倡导新文学运动，傅斯年之类的学生在忙着办各种诸如《新潮》一类的校园报刊。后来的事实证明，在这样的时代中走出的是一个又一个的天才与精英。

正是在这样一个小小的年份和大大的时代中，一个18岁的福州少年以福建考试第一名的成绩，走进了北大——他就是朱谦之。

酷爱读书的朱谦之，刚到北大就让北大图书馆馆长李大钊担心了，“北大图书馆的书，被朱谦之看过三分之二，再过一个月，将被他看完，他若再来借书，拿什么应付呢？”当然，这恐怕也只能算作是李大钊对朱谦之勤奋求学的一种揶揄。

当时的北大传统是崇拜民主理念，追求自由精神。1920年，因受刚刚访华的杜威的影响、反对填鸭式教育而提出“罢考”的朱谦之以青年人的朝气，实实在在坚持到了最后——没有参加毕业考试，从而肄业北大。代校长蒋梦麟在给朱谦之罢考的答复中，称呼用了“谦之先生”，落款用了平辈一般的“梦麟”。我们也由此可见当时北大治学风气之开明，学生谦之之傲气。

“五四”是一个百家争鸣的时代，各种舶来品在中国大地纷陈出笼。朱谦之是当时四大思想家之一，他崇拜的是无政府主义。1920年，朱谦之与好友毕瑞生一起上街发传单，不料毕瑞生被捕，朱谦之所作的《中国无政府革命计划书》也从毕瑞生身上搜出。朱谦之随即像当初的邹容一样慷慨赴狱，决计与毕瑞生同生共死。

朱谦之的无政府主义主张，曾经吸引了毛泽东。延安时代，毛泽东坐在窑洞里向斯诺娓娓道来自己的心路历程时，特地提到在北京大学的图书馆里，曾经与朱谦之讨论过无政府主义思潮。

朱谦之在牢狱待了百余日，后来在外界强力营救下获释。这一百多天，朱谦之读的是《成斋易传》、《仁学》、《孙文学说》、《革命英雄小传》、《邱樊唱和集》、《劫后英雄略》等书，同时还秘密宣传革命理想，竟然感化了一名看守。

也正是这名看守把朱谦之绝食待死的消息传递出去，使得外面的学界同仁展开营救，终获自由。我们可以看出五四时代的新青年依旧脱不了浓重的传统气息。青年才俊也会表现出满身的英雄气，他可以为了理想去赴汤蹈火，当然也会为了宗教而去寻找出路，但是他最后没有选择出家，而是回到了书斋。

A08

百年双喜 特约

世紀廣東学人

朱谦之：

为中大人文精神奠基

个人英雄主义 ……一名看守

百科全书式学者

为了实践革命 一介书生童南下广州出任黄埔军校政治教官

“中年粤北讲台开 战地春风桃李栽”

天地有情人共老 白头还看几春花

百年薪火 世纪风范　广东中烟工业有限责任公司特别呈献

教育报国：

“中年粤北讲台开，战地春风桃李栽”

1932年，以日本求学归来的朱谦之，第三次来到了他的第二故乡广州，并且一待就是20年。20年间，他历任中山大学文学院院长、历史系主任、哲学系主任、研究院文科研究所主任、历史学部主任等数职。

在中大的日子，朱谦之不但有平淡绵长的教书育人，还有死生契阔的颠沛流离。

选择了为人师的朱谦之，就把自己的终身托付给了学生，同时也把自己的聪明才智贡献给挚爱的学术事业。朱谦之教书，最爱的是有才的学生。凡是学习上努力、在学术上有培养前途的苗子，他都要记在本上，为的是能够培育更多有用的人。

旷日持久的八年抗战。朱谦之与夫人何绛云不单单有身体上的劳累、精神上的疲惫，还有诸多生死尽在一瞬间的惊险。朱谦之经历了人间的炼狱，“在无论如何轰炸的情形之下，只要学校上课，我是一定在的。1938年五六月间广州大轰炸，我所住的前后左右，房屋倒塌不少，杀伤人的数目，更惨不忍睹”。

广州沦陷后，朱谦之开始了流离生活。他们那一代学人坚守

朱谦之与何绛云

自己的信念，猛烈的轰炸和机枪扫射，刺耳的警报，并不重要，心中始终想到的是首先复课，只有与学生相伴，才能让自己的心得到安宁。

他自述1940年，中大迁校粤北坪石，1943年，湘北战起，长沙失守，中大迁校，几乎无日不在空袭下讨生活……研究所召开所务会议，是在枪声不绝下进行的，产生的决议是延聘两学部名誉导师各十名。

“我爱学术研究之最高学府的中大，我尤爱最为中大学术研究之最高机关文科研究所，只要我自己生存一日，便须负责维持此研究机关生存一日，我无论如何，不避艰难，决不说‘我不干了’”。这就是中国知识分子的敬业精神！

我们不可想象，中山大学的文科院系，要是没有了当初临危受命、身兼四职的朱谦之，现在会是怎样的一幅景象。这才真正是“中年粤北讲台开，战地春风桃李栽。坪石岭前歌剧闹，桂林洞里警钟哀。诲人不倦吾滋愧，抗敌图存志不灰。封豕长蛇终殄灭，夜深犹盼捷书来”。

1952年，全国院系调整，朱谦之回到了他曾经初露锋芒的北大。几十年书斋的磨砺，他已经不再有过去那种冲动，成熟稳重的学术底蕴，让已经蜚声学界的朱谦之又迎来了欢欣鼓舞的人生。早已研究马克思主义的朱谦之，开始在课堂讲授这门政治理论，当然在轰轰烈烈的政治运动中，他也受到了与同时代人同样的洗礼，试图脱胎换骨。

著名学者王亚南曾称誉他：“朱先生时代感非常强烈，而且搜集之富，钻研之精，涉猎之广，读其书，知其生平者，均交口称道。”

当然，按照王亚南的说法，作为百科全书式的学者，还会有如下不足：对研究领域的广度的追求影响到了研究深度，容易“肤受浅尝”；又由于“肤受浅尝”，“就往往会不知不觉地把许多不易调和的概念，貌为比附地从观念上关联起来，是自己陷在自己强行设定的形式主义与观念主义的谜团里”。

书生革命：

为了实践革命，一介书生竟南下广州出任黄埔军校政治教官

周国平有一句调皮话：女人学哲学，对于女人和哲学都是一种不幸。那么书生本色的朱谦之去谈政治是否也是叠加的不幸呢？

一般说来，成为百科全书式学者的人物有如下特点：时代感非常强烈，以

至过渡时期各种惹人注意的社会事物都能成为他“探奇览胜”的研究目标；涉猎领域非常广泛，仿佛对于一切社会事物和问题都有自己的一套见解；立场非常开明，对自己的见解能够保持足够的警惕，并有能力扬弃它们。

在这一点上，朱谦之和梁启超都是比较善变的人。最初的那个北大“虚无主义者”朱谦之，对当时的陈独秀、李大钊和布尔什维克也都有自己的看法。他认为陈独秀的劳农政府是“真老子所谓‘为者败之，执者失之’……是用列宁政府的金钱来收买工人，做他野心革命的牺牲”。“我于是觉得这种办法非常危险，对于政治革命未免失望起来”。

后来，他却研究了革命的理论，试图解读时代潮流的真相。他写的《革命哲学》如是说：

革命是变和动的表现，而这个变动，却是向上进行，是追求那个无穷无尽的“目的”，就是追求那个无穷无尽的真实，这便是进化。所以革命和进化，根本只是一个，革命的时候，就是进化的时候，进化的时候，便是革命的时候，即因进化就是生生不已自强不息的动，而在动的时候，同时必伴有不可思议的破坏力，以排山倒海的力量，去冲破一切网罗，这便是“革命”。可见革命自身就是生活进行，就是进化。

1932年，虚无主义者朱谦之，为了实践革命，一介书生竟到广州出任黄埔军校政治教官。

到了1945年的《三民主义非国家主义》和《三民主义解释史》，朱谦之从虚无主义挣脱得更加精细，精细到了中间偏左的革命道路。至于到了1957年的《反右派斗争的历史意义》和1959年的《无政府主义批判》里，中间偏左的朱谦之进一步或者说加速走到了马克思主义阵营。属于朱谦之本人或者他那一类人的五四时代终究是过去了。

不知此时的他，如果再回首当初那个意气书生，是恍若隔世还是淡然一笑。当然最真实的答案恐怕是：两者都有。因为无论是现今的我们还是那时的朱谦之自己，都认为这两个朱谦之都是那样的真实和真诚！

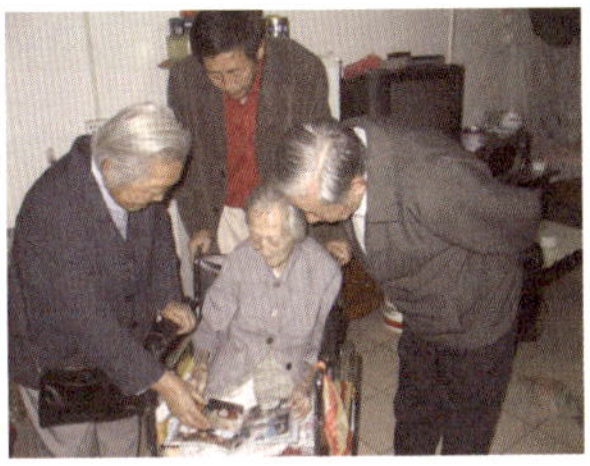

朱谦之高足兼同事黄心川夫妇、黄夏年与朱夫人何绛云在一起

柏拉图爱情：

天地有情人共老，白头还看几春花

1923年，出狱两年的朱谦之恋爱了！对象是学音乐，且比他更为书生气和柏拉图气的杨没累。之所以说杨没累更为柏拉图，是因为她设计的恋爱前景有的只是唯美浪漫，乃至不食人间烟火。

朱谦之对爱情是认真的，也是投稿式的。他没有因为杨没累是北京大学第一个女生而图虚荣，他对杨没累的表白非常到位，就像他做学问一样，精心培育。

他写信给杨没累："人生的最终目的，只有爱情。我有爱情，便足以自豪……如果有个同情同调之人，共相唱和，誓结长伴于山林之间，吟风弄月，傍花随柳，那就是我一生的愿望。""为着我俩的'爱'的长生，自始至终避免那恋爱的坟墓——性欲的交媾！"他们隐居在杭州葛岭山下，那里也曾经是"梅妻鹤子"的北宋隐士林逋居住的世外桃源。"长伴于山林之间，吟风弄月，傍花随柳"，朱谦之不需要媒妁之言，也不要那张婚姻的契约，只要两人认真相待，情深意长，浪漫又唯美，这是两人婚后生活的共同追求。

幸福的爱情伴随着1928年杨没累的病逝而去，对朱谦之来说，真的心碎了。为了纪念受妻曾经爱好的音乐、文学、艺术，他撰写了《中国音乐文学史》，此书成为中国音乐文学研究的扛鼎之作。

朱谦之的新的感情生活是在7年后才到来。他和何绛云的爱情故事，更多显示出的是一种真实和坚贞。

何绛云，深受新学的影响，进入中大中文系，选修了仰慕已久的朱先生的课。1935年两人幸福结婚。婚后的何绛云让朱谦之的著作兴趣增加了一倍。在朱谦之看来，恋爱是著述之母，著述却把恋爱纯化了，只有爱的体验才能表现生命，创造生命的副产物。

尽管当时过着颠沛流离的生活，两人依然相识、相知、相守，走过了人生的40年。何绛云扮演着贤妻的角色，为了支持爱夫的学术生涯，她甘愿放弃了工作，一生围着朱谦之的生活而转。

得到的报答是朱谦之丰硕的学术井喷，朱谦之离世时为爱妻留下了3万元人民币。而何绛云现在则是中山大学最老的校友。

对于自己一生的感情生活，朱谦之在《中年杂咏九首》中有这样的诗句。

对于杨没累，他写道：中年哀艳可怜渠，造物劳人两地书。后死那堪歌折柳，前生应是闷葫芦。西湖隐逸徒为尔，北海风情尽子虚。幸有文存遗卷在，荷心尺牍每愁予（指的是与杨没累的书信集《荷心》）；而对于现已102岁高龄的何绛云，他曾留下这样的诗句：中年且喜玉无形，鱼水生涯乐有家。滴碎心肠为夫婿，唱酬肺腑见才华（指的是《绛云吟草》）。滇南粤北同艰苦，青岛辽东倍思嗟。天地有情人共老，白头还看几春花。

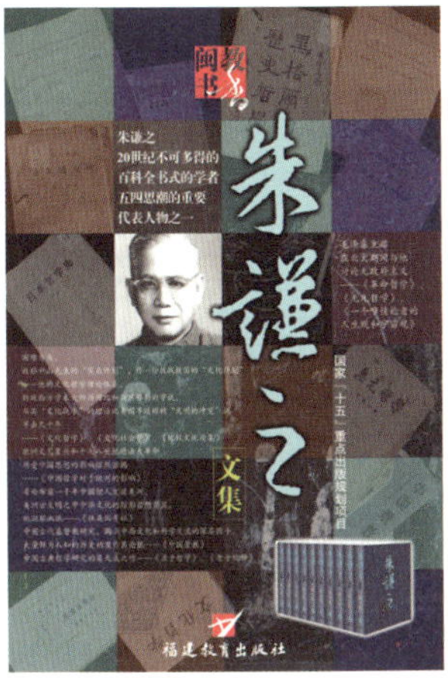

《朱谦之文集》宣传海报

延伸阅读

朱谦之著作等身，专著42部，译著2部，论文百篇，在学术界被称为“百科全书式的学者”，研究视野非常广阔，涉及历史、哲学、文学、音乐、戏剧、考古、政治学、经济学、宗教、文化和中外文化交流等领域，且都有开拓性的成果，不少论著以其精深独到而成为20世纪中国的学术经典。

试以几书为例：《革命哲学》、《无元哲学》、《一个唯情论者的宇宙观及人生观》是现代史上“五四”思潮的代表作和基本资料。《老子校释》因搜集版本之丰而被在莫斯科召开的世界汉学家会议推誉为最佳研究著作。《中国哲学对于欧洲之影响》、《日本的朱子学》、《日本古学及阳明学》是中外文化、思想交流研究的代表作，在中外学术界产生广泛影响。《中国古代乐律对于希腊之影响》、《中国音乐文学史》是音乐文学史研究的开山之作。《扶桑国考》和《歌伦布前一千年中国僧人发现美洲考》最早提出了南美大陆与中国有联系，引起了国际学术界的广泛争论。《中国景教》以其最新、最丰、最深而成为中国基督教史研究的里程碑。

（本文参考《朱谦之文集》、张国义《朱谦之学术研究》、海青《从朱谦之的自杀看其自我哲学的演进》。中国社科院世界宗教研究所研究员兼《世界宗教》杂志社社长黄夏年教授，对本文的写作提出了极为宝贵的建议！）

（赵洪杰　田飞）

学者视点

黎红雷和黄夏年谈朱谦之——

他把行李扔给土匪　只把书稿护在胸前

“中华民族复兴唯一希望，据我观察，只有南方，南方文化虽未成熟，然实为未来中国兴亡存续的一大关键，如南方无望，则中国亦无望，我们生存的努力，都等于无意义了。”1932年，朱谦之南下广州，正式受聘为中山大学教授兼史学系主任。自此，他兢兢业业，将他“愿贡献一生来从事南方文化运动”的誓言付诸现实，不仅成就了自己的学术巅峰，也为中大的人文精神奠定了坚实的基础。

南方日报记者专访了现任中山大学哲学系主任、《朱谦之文集》（中山大学出版社）主编黎红雷教授和中国社科院世界宗教研究所研究员兼《世界宗教》杂志社社长、《朱谦之文集》（福建教育出版社）主编黄夏年教授，为我们解析当年倡导“南方文化运动”第一人的朱谦之。

学术影响力：有一位学者买不到朱谦之的著作，抄下原稿仔细拜读

南方日报：朱谦之先生被称为“百科全书式”的人物，我们了解到，他的学术影响力在学界被高度认可，很多方面至今无人超越。

黎红雷：特别是《中国哲学对于欧洲之影响》这本书，是朱先生用毕生心血写成的，前后搜集资料和写作达三四十年之久。学术界都公认这是他的扛鼎之作。

朱谦之先生在中大期间写了大量的书，对中外关系史的研究作出了特殊的贡献，除了上述的《中国哲学对于欧洲之影响》，代表作还有《扶桑国考》和《哥伦布前一千年中国僧人发现美洲考》等文。

《哥伦布前一千年中国僧人发现美洲考》一文在国内外学术界曾引起强烈地震，直到今天，凡是涉及这个问题的研究，都会提到这篇文章。而《中国与

希腊两大乐系之交流》，这基本是个“绝学”，在现当代几乎已经没有人去专门研究它了。

朱谦之先生在中大的20年，思想比较成熟，而且学术环境自由，著作最多，思想也最开放、自由。在这种自由的学术氛围下，朱先生潜心研究，“海阔天空任鸟飞”，涉及多个领域，包括哲学、历史、宗教、文学、音乐、戏剧、政治、经济、考古和中外交通文化关系等各个领域，著作等身，许多方面均有独到见解，新意不绝，建树颇丰，因而被誉为“百科全书式”的学者。

黄夏年：朱谦之先生的学问至今有很多方面还无人超越，现在也仍然是前沿性的学问，例如他撰写的《中国哲学对于欧洲之影响》，到现在为止，已经出版了好几个版本。此书的特点是谈中国人的传统思想对欧洲哲学的影响，举例法国的伏尔泰的思想就受到了中国儒家思想的影响，像这些学问，没有深厚的功底是写不出来的，所以此书一直是中外思想史的名著。

他撰写的《文化哲学》一书，从世界上现存的几个文化形态入手，详细地分析了各种文化在不同地区的特点，指出西方的文化是哲学，中国文化是伦理，印度文化是宗教，这也是中国思想文化界对此进行讨论的最早见识者之一。

他撰写的《日本古学及阳明学》与《日本的朱子学》，从中国儒家的学说对日本的影响谈起，这些研究成果让日本学者感到震惊，因为当时日本学者也没有像他谈得这样深入。他撰写的《日本哲学史》，是第一本用马克思主义观点来写的日本哲学思想发展史，同样也在日本哲学界产生过震动，虽然有些人可能不认可他的观点，但是要承认他在这方面的开拓之功。

他撰写的《中国古代乐律对于希腊之影响》，是每个研究中外音乐历史学者必读的经典之作。曾有一位学者对我说，当时这本书买不到，他是抄下这本书来仔细拜读的。

他的《中国音乐文学史》，从诗学的角度来鉴赏中国古代的音乐，这也是独辟蹊径，开新学之风，此书同样到现在仍然具有领先地位。

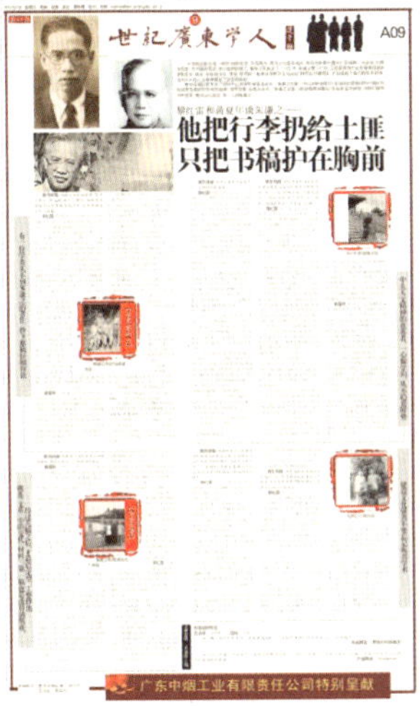
世纪广东学人 A09
他把行李扔给土匪
只把书稿护在胸前
广东中烟工业有限责任公司特别呈献

朱谦之

他撰写的《中国景教》，详细考证了基督教在唐代传入中国的历史。此书正式出版以后，改变了国内研究中国基督教的风气，使景教的研究成为热门，后来者不断涌现，而这本书是写于1968年，足以说明他的超前眼光。

就连翻译，他也独具慧眼。他所译的《中国禅学思想史》与《朝鲜禅教史》（日文版是《禅思想史》），是为了撰写禅宗史所做的资料性工作，译于1965年。虽然是在他逝世近20年后才出版的，但是到此书出版时，国内也无人全部译出，又可以证明他对世界学术研究领域的领悟。

学人尊严：
中大人文精神的奠基者，一心做学问，从不趋炎附势

南方日报：为什么称朱先生为中大人文精神的奠基者？

黎红雷：我觉得朱先生是一个很好的人文学科的组织者。他和王亚南先生是多年的朋友，但是一天到晚在争论。王亚南先生回忆说，每次争吵以后，朱先生都会说“你说的很对”，同时又补上一句“但我说的也很对”。我想这不能理解为没有原则的和稀泥，而是体现了和而不同、兼容并包的学术态度。这正是学术研究的正常状况，我可以反对你的观点，你也可以反对我的观点，互相批，但我尊重你表达自己观点的权利，也尊重你观点的学术价值。朱先生具有这样的一种精神，所以我说他是中大人文精神的奠基者。

中大的人文精神，现在我们总结为陈寅恪先生的“独立之精神，自由之思想”。但陈先生是新中国成立后的1952年高校院系调整时，才从岭南大学转到中山大学来的；所以从尊重历史的角度来说，中大人文精神的根基应该是在解放前，由朱先生这一批学者奠定的。

朱先生任史学系主任时，就自费创办了学术刊物《现代史学》。这份刊物后来成为中大著名的学术刊物之一，在中国史学界影响很大。此外，他厘定了教学科目，并延聘名师，使史学系师资力量在中大文学院里首屈一指。

朱先生在担任文学院院长期间，还主持创办了《中山学报》；在担任文科研究所主任期间，提高师资标准，聘请国内名家任教；在担任哲学系主任期间，身体力行地倡导中国哲学、西方哲学与马克思主义哲学的融会贯通……这些，都从不同方面为中山大学人文学科的发展奠定了良好的基础。

文史哲三个人文学科，他就当了其中两个学科的系主任，同时还兼文学院的院长，所以我说他是中山大学人文学科的奠基者，一点也不过分。而且学术自由，独立思想的精神，他真正在身体力行，奠定了中大的传统，在这个意义上，也可以说是中大人文精神的奠基者。

南方日报：张岱年老先生在纪念朱谦之先生诞辰100周年的时候说他："为人正直，作风正派，不随波逐流，不随俗浮沉，正气凛然，令人敬佩！"请您具体谈一下其为人品格。

黎红雷：朱先生一生多变，从无政府主义到马列主义，但他唯一不变的就是他早期讲的唯情主义。情是指人情，我理解为人性的升华。他对国家，对人民，对社会，对人类都充满一种发自内心的情感，他不变的是内心对人类的大爱情感。

正是因为胸怀这种情感，所以他站得高，看得远，不会与现实政治同流合污。朱先生一生中同许多名人有过交往，其中既有后来成为国民党和共产党的领导人，也有社会名流，还有著名学者，以及后来倒了霉运的人。

1948年蒋介石到广州，接见中山大学教授，朱先生就是不去，他有他自己的想法。他跟毛泽东的关系也一样。他在北大图书馆读书的时候，跟毛泽东有过交往。当时他是学生，毛泽东是图书馆的管理员，地位相差比较大，但是朱先生不管在思想上，还是生活上都是给过毛泽东帮助的。按照一般人的庸俗关系学，新中国成立后毛泽东当上了国家的领袖，他完全可以凭借这种特殊关系得到一些好处，但是朱先生从来不提与毛泽东的这些往事，反倒是在斯诺的《西行漫记》里毛泽东自己提到，人们才知道他们有这么一段关系。

范仲淹在《岳阳楼记》中说过："不以物喜，不以己悲"；明代人洪应明有一副对联："荣辱不惊，看庭前花开花落；去留无意，随天外云卷云舒"。这些，朱先生都真正做到了。这就是他的为人。

另外他对学生，对老师也相当好。他当文学院院长的时候，

1964年在沈阳北陵

与黄心川等合影

特别是后来当了中大研究生院的史学部主任的时候，他极力向当局呼吁，提高老师的待遇，引进大量优秀的老师。

对于学生，他关怀备至，学生有特长才能的，就记录在册，希望人尽其才，还自己掏钱给学生办刊物。他和学生的关系非常融洽，常常走访学生，关心他们的生活。学生请教他时，他也有问必答，耐心教导。

所以，在他学术休假的时候，学生都依依不舍，绣了一幅“诲人不倦”的锦旗送给他。学生自发给老师送锦旗的，现在很少看到。这说明他当时对学生确实充满着一种大爱的情怀。我觉得这点特别值得我们学习。

黄夏年：他为人正直，胸襟坦白，待人诚恳是朱先生做人的最大特点。

“文化大革命”中，朱先生写了份材料，说他参加过国民党，是特字号党员，任过书记之类的职务。当时宣传队和专案组也吃了一惊，特字号党员，闻所未闻，自然要立案，成了一件大事，派人去广州查档外调核实。

后来弄明白了，朱先生时任中大文学院院长，校长邹鲁是国民党中央委员，一次把校内院系主任和知名教授找来，会上要大家集体签名入党，并委任为院系分部的书记之类职务。朱先生跑脱不了，签了名就算成了国民党员，而且按国民党的说法，只要是中央委员以上的人介绍入党，就是特字号党员。

朱先生虽然挂名国民党，但他对政治不关心，又从未召开过任何会议和参加过活动。后来专案组找朱先生谈话，认为此事可以不提，不必签字做结论。但朱先生却坦荡地说，这是历史上有过的一件事，我从未做过坏事和亏心事，没什么可怕的，我愿对事实负责，还是签了字。

治学态度：

就连“文革”中的交代“材料”，第一稿也是改得满纸花，经过几稿之后，才最后定型，工整抄出

南方日报：朱先生以百科学术式的学者著称，请您具体谈一下他的治学态度？

黄夏年：早在上大学年代，北大就传出佳话，据说北大图书馆主任李大钊曾对人说：“北大图书馆的书，被朱谦之看过三分之二了，再过一个月，将被他看完，他若再来借书，拿什么应付呢？”

为了读书，他甚至曾被误锁在图书馆里。在日本留学期间，他也是每天有空就一定往图书馆跑，从早到晚都在忙于看书、抄书。他是东京书市的常客，生活再苦，也要用重金把好书买下。

有时因仅有一套外衣送洗无法外出，就在宿舍闭门读书。朱先生的工作态度十分认真，早上4点闻鸡而起，埋头写作，到8点钟时才吃早饭，然后又开始工作，晚饭后始辍笔。他下笔极快，一两万字的文章经常一气呵成。

有人说他用笔千言，如江河倾下，素不注意词章修饰，这是一种误解。试看他所写的《老子校释》序言，其辞藻之华丽，章句之对仗，用典之殷切，虽词章学家犹不能过也。

他的治学态度极为严谨，善于用脑和手，每读一书，必不停地用朱笔圈点和摘录，重点段落和空白处上往往都有眉批，记有心得与评议。在着手做课题研究时，必先列出阅读和参考的书目。凡是他的著作，后面附录的参考书均为当时他所能见到的，即使不是穷尽，也是八九不离十。

我曾经读到他生前读过的一些书，以及整理他的著作，见到先生用红笔在空白处填满了批注，有时因字太小或太草，辨认非常不易。先生为了搜集写作的有关资料，可谓不遗余力，例如在“中国哲学与法国革命”一章中就有190处引文和注释，可见搜集之多和用力之勤。

至今我手中珍藏的先生搜集的关于中国人到美洲的世界各地的资料剪报，厚厚一大本，有各种文字，出处清楚，批语遍布各处。他用于写作《中国景教》时作的书目笔记厚厚一本。就连他在“文革”时期向组织交代的“材料”，第一稿也是改得满纸花，经过几稿之后，才最后定型，工整抄出。

黎红雷：朱谦之先生敬业心极强，将写作思考视为生命，学术是他的根本生命。他每天都有自己的读书和工作计划，事不毕，不成眠，有时白天思考问题，半夜梦醒，立刻起床伏案执笔。一旦写完一本著作，高兴忘怀。

抗日战争期间，他在乡下写书，每逢碰到出外躲避敌人飞机

朱谦之夫妇与亲戚合影

时，他不带别的，只把自己的书稿带上，为此他专门做了一个背带，用来放书稿之用。有一次他回中大分校，路上碰到土匪，他扔下行李给他们，只把书稿护在胸前。

我敬佩的是，他在中大这20年，实际上是中国最动荡的年代，他竟然在这么动荡的年代，在头上有日本飞机在轰炸的情况下，还能写出这么多东西，这体现了那个时代的学者做人做学问、爱国爱民以及救国救民的伟大情怀。

南方文化运动：
建设文化强省不要忘记振兴学术

南方日报：他最初在北大也被毛泽东称为无政府主义者，也是根本上反对现在的任何制度，但是他后来也有了一些转向，到最后选择马列主义。您怎么看待他政治上的这种态度转变？

黎红雷：我个人觉得，朱先生的思想脉络还是很清晰的，基本是对国家、民族的一种大爱，他救国救民的思想始终是不变的。

最初为什么要选择无政府主义，可能他看到了当时腐朽的制度对国家民族的灾难，所以批判这些，这是对的。但是确实无政府主义在建设方面是欠缺的，所以从20年代开始到黄埔军校，他就逐渐将三民主义作为一种补充，后来又逐渐转向马克思主义。他用无政府主义作为批判旧制度的武器，将三民主义和马克思主义作为建设新社会的武器。

但是这只是他思想上的思路，他不是政治家，他也没有选择什么政治行为。他个人是很诚实的，转变是很清晰的，哪一步转，什么时候转，为什么转，都清清楚楚，有所交代。尽管他思想多变，但仍不失为一个真诚的学者的态度。

孟子说孔子是“圣之时者”，就是指孔子是跟着时代前进的圣人。时代变我也在变。中国文化五千年没有中断，我认为就是因为中国文化能够适应这个世界。儒家精神的核心就是理性地适应这个世界，变不可怕，重要的是合不合理。朱先生一生确实在变，但他都是一种理性的转折。

南方日报：朱先生提出过南方文化运动，而广东省现在也在建设文化强省，朱先生的学术思想和建设文化强省应该如何相结合？

黎红雷：朱先生是“南方文化运动”的首创者。1932年8月，朱先生正式受聘为中山大学教授兼史学系主任，他就任后的第一次演讲，就提到了“南方文化”这一概念。演讲稿后来整理发表，题为《南方文化运动》。他提出：“中华民族复兴的唯一希望，据我观察，只有南方，只在南方！”

他将南方文化的特色概括为三点，即科学的文化、产业的文化、革命的文化，也就是现在所说的科学文明、工业文明。

他认为南方文化代表了中华民族文化当代前进的方向，并表示“愿贡献一生来从事南方文化运动”。他也并不是完全排斥北方文化，是觉得“北方文化实在太老了，老得好比一座死城”。

广东地处祖国南方，近百年来都是西学东渐的中转之地。南方文化的根是中华文化，但也受到欧风美雨的熏陶，西方文化在这里跟东方文化充分结合，再推向内陆。近代，包括洪秀全、孙中山、康有为等，都是先在这里学习西方文化、效仿西方文化，并将之糅合成中国特色的东西，再向内陆推进。朱先生当时就看到了广东的地缘文化特色，这是他的先见之明。

现在我们提建设文化强省，千万不要忘记了振兴学术。过去人家都说广东是文化的沙漠、学术的沙漠，我认为不能这么说，广东的文化是源远流长的，又有时代特色。特别是近代以来，它是中西文化的结合部，中国的历史是离不开广东的，因为中国融入世界的历史是从广东开始的。在建设文化强省中要好好抓住这一点。

（赵洪杰　蔡嘉丽）

朱谦之和亲戚在北大燕园

学人小传

黄节（1873—1935），原名晦闻，字玉昆，号纯熙，广东顺德人。著名诗人、学者。出生于清末动荡年代的他，一生一路跌宕进退于学术、革命之间。

黄节：湮没的岭南诗宗

他用他的真心来写诗

他的一生也就成了一首诗

1935年1月24日，名重一时的广东学人黄节病逝于北京，刚过花甲之年。2月，黄节哀悼会以“国师”的规格在南京召开，追悼会由蔡元培、陈树人等发起，行政院长汪精卫亲临主祭，章太炎、胡适、李济深撰写挽联，南京国民政府明令褒扬，将逝者生平言行著述，宣付国史馆立传。

他曾经叱咤风云：在南方时，和章太炎等创立国学保国会，参加南社，用诗歌鼓吹革命，之后又和孙中山先生合作，任广东省教育厅厅长、任孙中山大元帅府秘书长。

他曾经改变了万千人的命运，创办广州南武学堂，在他创办的《政艺通报》、《国粹学报》中用最激烈的言辞、最鲜明的立场号召排满，许多年轻人就是拿着黄节的文章，背诵着黄节的句子，汇成了现代革命洪流。

他是历史峰尖浪口的一抹文采涣然的亮色，《誓师北伐文》就是他倚马挥就。胡适用“南洲高士徐孺子，爱国诗人陆放翁”来概括其一生。可是他对个人功名利禄却极度淡漠。国民政府成立之后，他即辞官执教，后半生一直执教于北京大学。

如此充满张力的人性和人生，在中国近现代史上都是不多见的。

黄节的品性，低调而又多面。他是诗人，《蒹葭楼集》之下，几多爱国豪迈，名士风华；他是学者，《黄史》背后，是对中国五千年唯有“君史”，却无“民史”的斥挞；他是革命者，剪辫、灭清，反对续订美对华民工不平等协议；他又是保守派，长衫、纳妾，远离“新文化运动”风波浪潮。黄节，一个被周作人以“愤世嫉俗”相评的晚清知识分子，一个儒雅、敦厚、内敛外表下慷慨激昂的真性情，应该被我们铭记。

但仿佛正是他的内敛成就了百年后的“被遗忘”。一个角落中的形象，和他当年从各界眼中看到的敬仰，竟有如次脱节的悲凉。今日，不知违其愿否，我们选择钩沉。

爱国豪迈：

“共惜忠君违爱国，哪堪华夏帝诸夷”

1902年，黄节与邓实一起创办了《政艺通报》，成为中国最早的“讨论时政、研究社会病状、探讨救国图存方案”的综合性刊物

黄节的出生地，是有所谓“孔子居杏坛，贤人七十，弟子三千”之称的顺德杏坛镇。不幸的是，十月成孤，家道败落，迫使母子只得靠变卖家当相依度日。母亲亲授“四书”，以岳飞报国、陆秀夫抗元的故事鼓励儿子，盼望黄节早日成才。

“八岁我爱书，夜窗灯如晦。我读辄不忘，母命再促睡。”闭户问道，潜心西学，睁眼看世界；北上漫游，广泛交友，体历民生。这样的治学道路，也许与同时代的新派学者并无二致。然而，作为导火索的北闱应试失利，则将使其成为众多学者思想流变中的特例。

1902年5月，黄节赴开封参加乡试，临行前以诗留别学友，谓“时艰敢谓科名贱，学养今无母命遵”，意思是自己前去应考，只是为了不负母亲弥留之际的嘱托。时值八国联军攻陷北京，而考题恰关国事策论，这使黄节突然有种不吐不快之感。“选将练兵，上下一心，同仇敌忾，抵御外侮。”洋洋洒洒，大气磅礴，让同考官袁玉锡读罢，叹为奇才，联络十八房同考官合力推荐解元。然而不幸亦可谓之“万幸”的是，主考官陆润庠误以为众人联名舞弊，将其驳回。当然，黄节力陈痼弊之中流露出对清朝治政的责难，恐怕才是其落第的根本原因。

对于对科举根本不抱希望的黄节来说，这次考试的落第，只是一种“证实”。也许这时，儿时从母亲口中听到的爱国救亡故事，头脑中根深蒂固的“哪堪华夏帝诸夷”的夷夏观念，以及游历途中亲见的民生疾苦，才一齐翻滚开来，印证了推翻腐朽清朝的紧迫。这一年的年底，黄节在《政艺通报》先后发表《读〈普法战争史〉》、《国粹保存主义》，开始了他决绝的反清之路。

维多利亚时代的评论家、历史学家托马斯·卡莱尔曾引用伯克的话预言说：“国会有三大产业，但报纸这第四产业比前三种更加重要。”这似乎与黄节的选择不谋而合。

早在1902年2月，黄节就与同学邓实一起创办了《政艺通报》，成为中国最早的“讨论时政、研究社会病状、探讨救国图存方案”的综合性刊物。黄节相继与章炳麟、邓实、马叙伦、刘师培等人创立“国学保存会”，刊印《风雨楼丛书》及《古学会刊》，创办《国粹学报》、主笔《天民日报》。

另外值得一提的，当属1905年黄节有感于声势浩大的群众性反美爱国运动而创办《拒约报》，揭露美国华工受迫害实情，倡导反帝爱国。

1847年前后，中国劳工被大批“招请”到美国从事矿山、铁路的开发工作，受尽剥削。后来美国通过《限制华工法案》和《斯考特法案》，并于1894年与清政府签订协约，竟然禁止华工自由移美和居住。十年期满后的1904年，全国工商界集体发起抵制，要求废除不平等协约。临时创办的《拒约报》，配合各地反协约浪潮，打破清廷和美领事馆的围追堵截，密切关注并深度报道反对禁约、抵制美货运动，堪称先锋号角。

黄节由书斋走向革命，选择求诸报端。辛亥革命之后，黄节先后草拟《改元剪辫文告》、《誓师北伐文》，进一步为革命造势，乐观地期盼着推翻皇权的中国能迎来民权的新页。

名士风流：

“常赋石榴词，又寄丁香字”

白居易《琵琶行》千年之后，一位有着相同遭遇的艺妓，似穿越般邂逅另一位忧闷诗人黄节

然而辛亥革命的失败，复辟帝制的闹剧，让黄节逐渐对革命失去了信心，由革命重回象牙塔。这或可从他这一时期名士风流的私生活中蠡测其一。

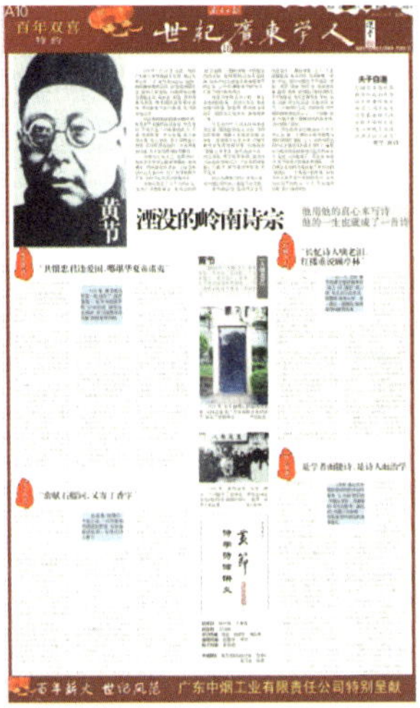
A10 百年双喜 特约 世纪廣東学人

黄节

湮没的岭南诗宗

百年薪火 世纪风范 广东中烟工业有限责任公司特别呈献

与陈独秀牢狱之中公行男女之事不同，黄节的感情生活“守旧”，但也风流，让人想起潘安、杜牧。他有三房妻妾，却又常常流连于舞榭歌楼。其诗“榴花渐白，何止过梅黄？”悔过的是自己英姿不再，岁月蹉跎。可叹诗人之情，至真也乎！

白居易《琵琶行》中“同是天涯沦落人，相逢何必曾相识”之叹，因歌女的妙丽颜容和凄惨身世之对比，格外别致动人。千年之后，一位有着相同遭遇的艺妓，似穿越般邂逅另一位忧闷诗人。

“秋娘妙曲响遏云，敛气入弦泪如栟。”这位善秦声、也姓杜的姑娘，被黄节比作“秋娘”。她被商人赎身纳妾又遭其妻驱逐的凄遇，“盛丰容，诸姬减艳”的妆容，让诗人顿生爱怜。黄节移居北京之后，“常赋石榴词，又寄丁香字”。半年之后，终于不堪异地相思之苦，“渡江河东君，就我上都驷”。三年后，黄节作《岁暮吟》，结句“奈何三日遽辍歌，使我无诣岁云卒”，暗示诗人不敢期望年轻的姑娘归属自己迟暮之身，即将结束这段感情。

诗人总是任性而多情。欢愉之际，岂知留守家乡的正室产下的10个儿女中，只存活了三人！

黄节的名士风范还表现在，作为老资格的同盟会成员，黄节始终没有流连政坛。黄节一生不缺“聘书”，1920年，章炳麟推荐他给阎锡山当教育部长，他坚辞不就；1922年，北洋政府总理王宠惠邀请他出任国务院秘书长，他拒不上任；1923年，孙中山在广州委任他为大元帅府秘书长，他回到广州后见到军纪混乱，政令难行，于是辞职回到北京；1932年，汪精卫电邀他参加“国难会议”，他拒绝出席。黄节唯一一次出任政府官员，是1928年为李济深的诚意所感动，回粤出任广东教育厅厅长兼通志馆馆长。他上任后，立即召开了全省的教育行政会议，提出“救身之道”，“一方宜重视德育教育，一方宜发展职业教育”，广东的“学风遂变，由嚣哗归于敦肃”。

黄节重视发展女子教育，在任广东省教育厅厅长期间，他创立省立第一女子中学，招收初高中女生千余人。然而这一行为，却遭到大多数人的质疑，好事者想当然地认定黄节搞男女分校，“厉行复古”，径直冠以“遗老”之称，远在北京的周作人大发感叹“中国旧式读书人的头脑始终不能超出封建思想之外，这是一切的病根”。其实，黄节从西方教育了解到，男孩子是竞争文化，而女孩子则是合作文化，故而男女分班便于发挥各自优势和因材施教。其实早在1901年，黄节创办广州“南武两等小学堂”，就开始招收“南武公学社”同仁子女12人就读，那可是广东历史上第一间男女同校的学堂。

性情中人：

“长忆诗人噙老泪，红楼重说顾亭林”

“九一八”之后，黄节在课堂里讲顾亭林《海上》诗，诵至“第二联‘名王白马江东去，故国降旛海上来’，他一面念一面慨叹，陪着顾亭林痛哭流涕

老北大注定要为黄节留名，因为1917年至1925年，1929年至1935年，黄节在这里度过15年的人生，直至去世。

红楼的名师，各有其怪杰谑相。蔡元培先生“兼容并包”的大政方针下，新派旧流，各显神通。黄节在北大讲课的印象，大概可以概括为“旧”。然而又不像辜鸿铭背后拖了一根细小焦黄的辫子，还在课堂上带一童仆为他装烟倒茶。

黄节有“旧”的求学背景，也有“新”的自觉探知，所以他的“旧”中庸而实在。他一贯着长袍，上课郑重其事，连微笑也不曾有；讲诗，用笺注法，都写在讲义上，然后并印成书，《汉魏乐府风笺》便是；做旧诗，集旧书，精于书法，连带还藏砚；课上讲解诗歌，课下与学生来往唱和，这一来一往甚至让高足李韶清变成了自己的女婿，真是皆大欢喜。

黄节一向教学认真严谨。弟子萧涤非回忆，黄节开过一门选修课，只有两个人选修，有时候一人请假，课堂上就只剩下萧氏一人，黄节照讲不误，依然声如洪钟，隔壁教室也能听见。

1924年，梁启超在清华讲毛诗和楚辞，黄节则在北大开汉魏六朝诗。两校同学互通有无，却发现两位老师所讲并不一致。黄节得知，要来讲义仔细查看，发觉梁氏所讲谬误不少，于是写信商榷，不料数月之后，如石沉大海。黄节“深叹前辈往复论学之

1935年，黄节去世，北京、南京、广州都开了追悼会，南京追悼会在当时的华侨招待所举行，政界、学界人物云集

谊，不可复见”，于是又以致函，直批其“轻率从事”、“援引失实”、“自欺误人”。梁启超这下着了慌，忙托自己的弟子林宰平表达自己确有失误：“晦闻对毛诗，及汉魏六朝研究极有心得，论证十分详确，他指出我讲义的错误是经过反复斟酌的，说得很多，我要感谢他的盛意！”

然而黄节绝非“刻板”的冷老头儿。1934年秋起，黄节有感于国破山河，在北京大学由授毛诗改讲顾亭林诗。张中行先生在《负暄琐话》中，记述了“九一八”之后黄节在课堂里讲顾亭林《海上》诗的情景。诵至“第二联‘名王白马江东去，故国降旛海上来’，他一面念一面慨叹，陪着顾亭林痛哭流涕。我们自然都领会，他口中是说明朝，心中是想现在”。

2008年，黄节唯一健在的亲炙弟子王越教授接受采访，回忆起恩师当年难掩的真情，王老当场即兴赋诗“长忆诗人噙老泪，红楼重说顾亭林”。

诗人学者：

是学者而能诗，是诗人而治学

《诗学》是近代中国诗学研究的开创性著作，它与林传甲的《中国文学史》、王国维的《宋元戏剧考》、鲁迅的《中国小说史略》一样具有学科建设的奠基意义

黄节的最终定位，自当回归为“一代诗宗”。黄节与梁鼎芬、罗瘿公、曾习经一起，曾并称“岭南近代四家”，作为南社的两大巨擘之一，时人对他的诗更是推崇备至，有“章（炳麟）文黄诗”之说。黄节的诗既有唐诗的文采风华，又有宋词的骨格峭健，刚柔并美，因而有“唐面宋骨”之誉。陈三立推崇他“格澹而奇，趣新而妙，造意铸语，冥辟群界，自成孤诣”（《蒹葭楼诗序》）。

黄节是学者而能诗，是诗人而治学，硕果累累。无论在广州，还是北上京师，黄节都力主诗学创作与诗歌研究并重，其著作计有《诗学》、《诗律》、《诗旨纂辞》、《诗旨变雅》、《汉魏乐府风笺》、《魏文帝魏武帝诗注》、《曹子建诗注》、《阮步兵咏怀诗注》、《鲍参军诗注集说》、《谢康乐诗注》、《谢宣城诗注》、《顾亭林诗说》等。

其中《诗学》当数黄节最重要的学术著作。

细究起来，《诗学》的成书其实早在1910年黄节执教于两广优级师范之时，当时书名叫《诗学源流》，后在北大任教期间，进行了校正修改，形成今日《诗学》其貌。所以，《诗学》堪称中国最早的诗学史。

北京大学著名学者吴小如高度评价黄节《诗学》，认为“其学术价值足与鲁迅《汉文学史纲要》、刘师培《中古文学史讲义》媲美”。更有学者认为，《诗学》是近代中国诗学研究的开创性著作，它与林传甲的《中国文学史》、王国维的《宋元戏剧考》、鲁迅的《中国小说史略》一样具有学科建设的奠基意义。

有趣的是，晚年的他，竟传有“一诗成谶”的轶闻！

1931年，晚年黄节似有“神启”般写下一副这样的对联：海棠如醉，又是黄昏，更能消几番风雨；辽鹤归来，都无人管，最可惜一片江山！

这是一副集句联——“海棠如醉”摘自陆游的《水龙吟》，“又是黄昏”来自柳永的《诉衷情》，“更能消几番风雨”采自辛弃疾的《摸鱼儿》；“辽鹤归来”撷自周邦彦的《点绛唇》，“都无人管”选自辛弃疾的《祝英台近》，“最可惜一片江山”出自姜夔的《八归》。

须作诠释的只有两个词。一个是“海棠”：它形似旧中国的地图；另一个是“辽鹤”：古有圣贤原籍辽东，在中原得道成仙化鹤归乡，此喻物是人非。

联幅所署日期为“中秋节前十日”，即公历9月16日，这一天，正是关东军在沈阳北郊集结之时。79年后，“九一八”警钟常在，谁料这联子背后的担忧，在当年居然成真。

黄节晚年家中依旧拮据，又债款在身，境况惨淡。1934年12月，黄节偶感身体不适，病情反复，但因为无钱及时医治，一直卧病强撑。1935年1月，年仅62岁的黄节与世长辞。

（王雨吟　陈思）

1928年，位于越秀山的镇海楼重修。此时正就任广东省教育厅长的黄节，撰写了重修碑文

学者视点

当代学者杨铸和陈希谈黄节

他首倡“国学” 力求将其引向现代

黄节的一生是多元的，他曾经办过报纸，激扬文字，为革命奔走呼号；做过教育厅长，厉行教育改革；他是诗人，几多诗性风流；又是学者，潜心梳理诗学源流。他曾经积极入世也曾急流勇退遁入书斋，他生前曾经轰轰烈烈如今却遭遇出奇的冷。黄节的一生又是备受质疑的，他首倡“国学”，希望“研究国学，保存国粹”，因而被目为守旧派，论者往往忽视了其汲汲于将中国传统文化引入现代的努力。他为何遭受冷遇，提倡国学是否就意味着守旧，他的文化观之于当下是否还有点启示意义？就上述问题，南方日报记者采访了北京大学中文系教授杨铸和中山大学中文系教授陈希。

谈“黄节冷”：
黄节缺乏现代的那种“新闻卖点”

黄节不是一个热衷于出风头的人，不一定要飞黄腾达或者引人注目

南方日报：和“陈寅恪热”相形陌路的是“黄节冷”，首先想请教您“黄节冷”的这个现象。从黄节学术、革命、生活情况的研究来讲，目前记录黄节生平细节，形成传记的著作，只有陈希《岭南诗宗——黄节》一书，而学术期刊网以“黄节”为题目搜索的研究论文数迄今也不过十余篇。您认为当代学术界的“黄节冷”是什么原因造成的？是因为他的“低调”，抑或其他方面的原因？

杨铸：说黄节冷，实际也看怎么说。黄节确实缺乏现代的那种所谓“新闻卖点”。他是比较常态的学者，然而现在新闻比较关注那种花哨的东西。比如说后来与黄节同在北大教书的黄侃，他的引人注意，大概主要在于比较“疯”和比较“怪”。至于黄节，基本上没什么，顶多也就是娶过几房太太，这在那

个年代，是不足为怪的。

冷或热可以是别人的判断，但有时候也是自己的选择。有的人是求热的，比较喜欢闹腾；不过也有的人不求热，也就无所谓冷。他按照自己的选择过日子，不一定要飞黄腾达或者引人注目。黄节就是这样，他不是一个热衷于出风头的人。所以按照他的这种性格，现在属于这样的关注度，大概也算正常。

陈希：黄节“以诗鸣海内”，是重要的诗人、学者，当初继王国维、梁启超、赵元任、陈寅恪之后，被清华大学聘请为导师，学术上创下多个“第一”，但至今已鲜为人知。我认为主要原因是黄节在北大特立独行，不属主流，又病逝较早，遗留资料匮乏，而且他真正的入室弟子不多，最为看重的弟子李沧萍1950年代就过世，而得意门生萧涤非埋头学术，敬重老师，不事张扬。在中国这样一个非常讲究师门、注重学派的学术圈，老师的名声很大程度上是要靠学生哄抬起来的，老师培养学生、学生光大师门，相辅相成。黄节后继乏人，也就无从形成“热门”。不过，耿介正直的黄节不在乎也根本看不起这些虚名俗利。

南方日报：可是像陈寅恪先生，也是个挺不合时宜的人，他也写古体诗，但他的遗著不断再版，关注度持续升温，那么是不是他身上有一些现代的东西是为我们所认可的，价值观和现代是可以兼容的，而黄节则注定随着历史浪潮远去，有这样的区别吗？

杨铸：陈寅恪的书，一般人能读的，可能除了《柳如是别传》，也没多少了。当然，他的史学研究，和当下的史学研究，从学术上来说确实有比较直接的联系。陈寅恪的热，更主要的是公众看重他“独立之人格”，也即在特定的时代他所持的一种相对游离的态度。其实很多人在讲陈寅恪的时候，真正关注的并不是陈寅恪怎么样，而是潜在地表达了对某些东西的不满。也就是说，当下陈寅恪实际是作为某种意识的象征存在的，跟他本人的情况或当时的状况是否符合则是另一回事。肯定陈寅恪和批评郭沫若，意思都是一样的。

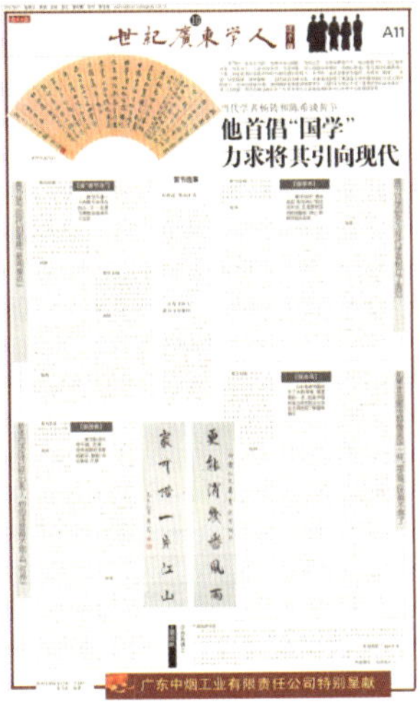
世纪廣東学人

A11

他首倡“国学”
力求将其引向现代

广东中烟工业有限责任公司特别呈献

谈诗歌：
新体白话诗已经出来了，他的诗显得不那么“时尚”

黄节的诗写得不错，尤其一些诗尾联对景象的展开，颇有“言近意远”之感

南方日报： 以您对中国传统诗学的理解，您认为黄节在诗学研究和诗歌创作方面的成就如何？

杨铸： 诗学研究方面，黄节的贡献是很重要的。一个是他撰写了《诗学》，这是一部梗概式的诗歌史。另外是他为不少的诗集做过笺注。

当年和现在不一样，现在动辄几十万字，但是《诗学》也就四五万字。《诗学》是提纲挈领讲述中国古代诗歌历史的一部著作，但是只讲到明，没有清。这不知道是由于他持有激烈的反清立场，还是因为清代离得比较近，梳理比较困难所致。他使用的“诗学”概念，是符合中国传统理解的。现在如果说“诗学”，可能主要指诗论，但是中国古代传统意义上讲“诗学”，则含义更宽泛，既包括诗论，也包括诗作。黄节的《诗学》，就是按照时代来阐述诗歌创作的基本情况，简要，但能抓住要点，这既要求广度，更要求深度，黄节做得相当不错。而且，《诗学》比较注意诗体的发展脉络。不过，黄节关注的视野不包含词、曲，只是传统意义上的诗。他讲诗，重视“义”和“辞”，“义”要追溯到《诗经》，而“辞”，每一代则有每一代的更新，他把这种变与不变，传承与发展，贯穿成书。

《诗学》本身较见功力的地方，在于对每一个时代的把握都很到位。据闻吴小如论《诗学》，谓“其学术价值与鲁迅《汉文学史纲要》、刘师培《中古文学史讲义》媲美”，这个说法大致可以成立。《诗学》的基本脉络和主要见解，大部分为现代的各种文学史所采纳。比如讲唐诗，首先划分为四个时期，然后讲代表诗人，这和现在基本一样。这种框架的搭建，具有开创性。古人言诗多取诗话形式，即使有诗歌史性质，也是片段的。比如刘熙载《艺概》中的“诗概”，虽然是在追述历代诗歌，但没有学理性的概括和梳理。

总体说来，黄节的诗写得不错，七律较多，尤其一些诗尾联对景象的展开，颇有“言近意远”之感。从诗作的风格来看，黄节的诗偏于深沉厚重。一般文人轻飘飘的那种应酬的诗，在他集子里很少见，即便是送别、唱和之作，也显得感慨深邃，比较凝重。如果他的诗放在旧体诗比较通行的年代，以其个

黄节所书扇面

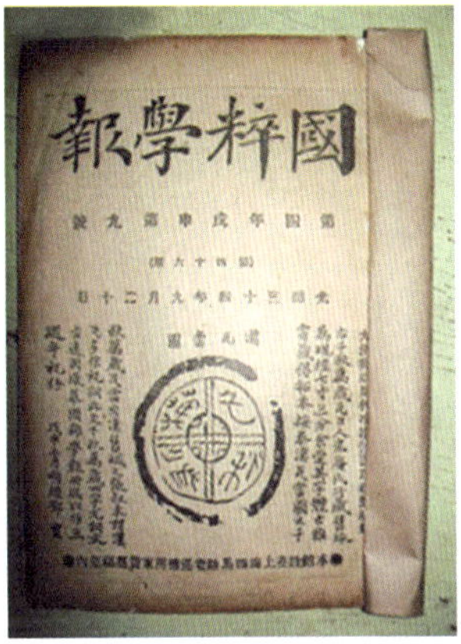

1905年1月，黄节与邓实等在上海创办国学保存学会机关刊物《国粹学报》

性的面貌和艺术的水准，应该能有一定的地位。只不过上个世纪二三十年代的时候，新体的白话诗都已经出来了，所以他的诗似乎显得不那么“时尚”。

陈希：黄节赋予其著作“诗学”两字的概念，并不等同于现代或西方所谓的广义的文艺学，而是偏于狭义的诗歌之学，作诗、治诗之论。《诗学》论述从先秦到明，简述历代诗歌发展脉络及创作情况，实际上是一部诗史。《诗学》不仅叙述历代诗作和作诗之变化，而且自成体系，点线面相结合，有西方学术体系的踪影。这就比同时代梁启超的《饮冰室诗话》、陈衍的《石遗室诗话》等断想式、点评式的结构更为严谨。

谈学术：
黄节诗学研究为现代学者树立了典范

黄节批评“第求典实，无与诗心”的注诗方法，正是要把实在的考据和“诗心”的解悟结合起来

南方日报：黄节曾经在北大执教多年，您觉得他给北大留下了什么？他有哪些建树是值得后辈学者借鉴的？

杨铸：黄节学术方面的书，大部分是在北大、清华授课时的讲义，这当然是他给北大留下的最有价值的遗产。这些书已经在

陆续重印出版，只是还没有出全。

黄节诗学研究的态度和方法，很多方面都为现代学者树立了值得效法的典范。他戒除浮躁，潜心于一些具体而又比较枯燥的学术问题，从不敷衍了事。比如他注谢康乐诗，历时数年，反复斟酌，曾“三易稿”，有时与友人商讨，“往往一事，经三四反，始复论定”。他研究古籍，重视版本问题。分辨版本优劣，是诗学研究的基本功。张中行《负暄琐话》中就转录过黄节的两则着重涉及版本辨别的题记。特别值得提及的是，黄节笺注古人诗作，严格区分了旧注与创注，凡前人有价值的旧注，皆明确标出，与己意区隔开来，这从学术规范的角度说是比较谨严的。

黄节为诗经、汉魏乐府诗，以及曹操、曹丕、曹植、阮籍、谢灵运、鲍照等人的诗集做过笺注。黄节的注释有考证，但又不仅是考证，而能自觉将考证与理解合为一体。用他自己在《阮步兵咏怀诗注自叙》中说的，就是“有所考见者与有所解悟者，当补正之”。因为黄节自己是诗人，所以特别明白诗歌的注释不光是考证，还需要解悟。在《鲍参军诗注集说序》中，黄节批评了那种“第求典实，无与诗心”的注诗方法。其实清人做考据很大部分是要刻意回避“诗心”，黄节则正是要把实在的考据和“诗心”的解悟结合起来。沿着这条路走，恰恰是研究诗歌的一条正途。

黄节还讲授过顾炎武的诗，但没有注完就去世了。他不仅是个学者，还是活生生的人，甚至可以说是性情中人。虽然他晚年有意与政治保持距离，但并不表示他的内心都是非常冷漠的。他讲顾炎武的诗，就是借顾炎武来抒发国家危亡的悲愤，来激发学生的救国激情。他不是一个纯粹的考据学者。

陈希：也许在不同人眼里，他的为人有风雅之分，为学有渊博之别，但跻身晚清民初学贯中西、博古通今的知识分子前列，应无訾议。但我们对这位才情盖世，文史精通，在诸多领域取得创造性成就、作出杰出贡献的先贤缺乏深入了解和充分研究。这是座尚未开拓，品位很高，前景诱人的学术富矿。譬如，1909年两广优级师范本科讲义《文学史概》，1925年北京大学讲义铅印本《诗律》、《诗旨纂辞》，1930年铅印本清华大学讲义《诗序非卫宏所作说》、《诗旨变雅》铅印本，1931年铅印本《陆象山之学》、《屈翁山先生年谱》（未成稿），还有黄节与邓实共同校录的《瘳忘编》等几乎没有人论及。一片丰饶的荒原，期待开垦者耕耘。

谈启示：
如果走到哪里都像美国一样，那会乏味得不得了

几十年来中国出不了大的学者，最重要的一点，就是中国和自己原有的文化传统之间出现了断裂和错位

南方日报：黄节的人生，以辛亥革命为界，有一个从入世到出世的转变，您如何看待他的出世和入世观？您认为他对中国革命的道路有何独特的思考？目前在知识分子界，有一个名词叫做“公共知识分子”，他们的话语权非常重要，但是其中也有不少人在此名义下谋求实体利益。您觉得在这样的对比中，黄节对我们有什么借鉴作用？

杨铸：黄节晚年是比较严谨的学者，而辛亥革命前，可能比较接近西方定义的知识分子。西方人谈知识分子，并非单纯指读过书的人，而是强调要保持精神的独立与追求，要能用精神与知识来与现实强权进行抗争。黄节前期考虑社会层面比较多，目标明确，就是反清，在教育、宣传方面确实做了很多事。但是，在反清的目标实现后，当时不少人都有些茫然。黄节本人则在辛亥革命后没有过多参与具体的政治运作，更没有去尝试分享既得利益。当时的情势十分复杂，即便是孙中山，境遇也相当微妙。可能比较有理想、操守的人，都自觉难以在那种污浊混乱的环境中施展抱负。黄节进入大学教书，应该说是比较适合的一种选择吧。

革命后的黄节，以教书和做学问为主，可能不是显得很激进，甚至较多展示了骨子里比较传统的一面。不过，他实际做了一项非常有意义的工作，就是力求把中国的传统文化传承下去，引向现代。

现在一些大学纷纷成立国学院，其实“国学”的概念就是当年黄节、邓实等人提倡的。他们直接针对的是清王朝，是要通过讲国学，反对清朝的异族统治。黄节理解的“国粹”和“国学”，一方面是指本国所特有的而且适宜的东西，另一方面也

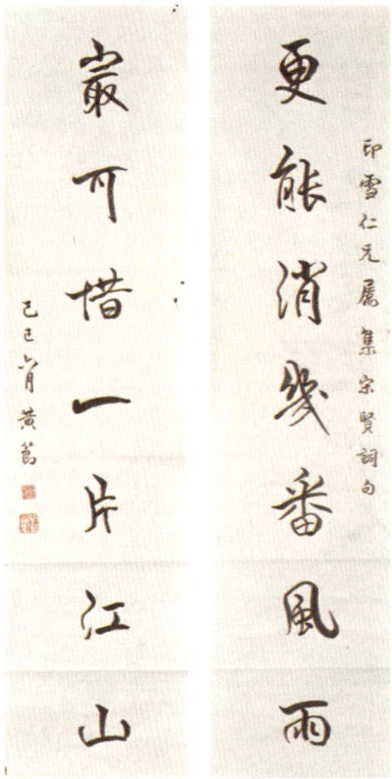

黄节手书对联

包括外来但适宜本国发展的东西。这就有比较大的余地了。所以他不是纯粹封闭，完全排外的。

在黄节所处的那个年代，实际面临的，是中国向何处去的问题。1900年的八国联军侵华，从塘沽一路打到北京，集中暴露了中国的积贫积弱。我对学生讲过，中国的20世纪，就是学习外国的世纪，但是这是坚船利炮所逼迫的。这个世界上到底应该流行一个什么样的法则，是进化论，还是高于进化论？要知道文化上的强势吞并劣势是绝对要不得的。

好多人说，几十年中国出不了大的学者、大的思想家，这个原因是多方面的，但是最重要的一点，就是中国和自己原有的文化传统之间出现了一个断裂和错位。20世纪我们在学习西方，在当时是必需的，是迫不得已的，确实也有成效。中国现在不断崛起，可是中国的文化如何建构，如何在世界中占据一席之地？我们当然不能抹掉20世纪学习西方的历史，毕竟眼睛已经睁开，闭不上了。但是，要在文化上有所建树，必须有自己的传统。几千年的历史传承，正是中国所特有的无形资产。

整个世界的文化，应该多元共存，如果走到哪里都像美国一样，那会乏味得不得了。西方学者有时好像总在讲“影响的焦虑”，强调个性和自我的精神洞见，希望摆脱前人的阴影。他们会特别激烈地反传统，但是这个反传统，恰恰证实着传统的存在。中国面对20世纪发生的文化断裂和移位，需要寻找一种方式，与原有并且延续了几千年的无可替代的文化传统建立一种新的联系。既有开放的国际视野，同时又不失掉自己的文化传统，只有这样，中国在世界文化格局中才能真正拥有自己的位置。

黄节曾经执著地架设一座桥梁，将中国传统文化引向现代，囿于时代的局限而无法成功，在今天却遇到了新的机遇。这一层面的意义，是我们在回顾黄节时，绝对不应忽视的。

逸闻趣事

对胡适“视而不见”

在北大的讲台上，黄节和黄侃同属旧派名流。二黄不仅在衣着上有喜穿长袍、头戴黑绒瓜皮帽的共同嗜好，而且都看不惯胡适、陈独秀等新派人物的做法主张。一次黄侃责难胡适：“你声声要推广白话文，未必出于真心。”胡适不解其意，黄侃正色道：“如果你身体力行的话，名字就不该叫‘胡适’，而该称‘往哪里去’才对。”但不同于黄侃的“正面迎击”，黄节对胡适的态度是“视而不见”，迎面走过，昂首阔步，当然，有时在自己的课上把胡适新诗当作反面教材批判一番，也并非莫须有。

“汪精卫何人？我诗不要他印”

黄节一生紧缩度日，其《闭门》诗有云“愁把老妻函卒读，破家谁为讼贫冤”，可见一斑。其实，黄节并不缺“来财”的机会，两江总督端方曾以巨额资金赞助国学保存会，希望封堵“排满”言论，遭到拒绝；1934年，时任行政院长的汪精卫汇付2000大洋，希望资助黄节编辑出版书稿，黄节表示：“世界多一部书与少一部书，究有何别！”后来弟子黄稚荃回忆老师的话说“汪精卫何人？我诗不要他印”。想来今人出书之焦切，与古者之谨慎，堪比天壤。

（王雨吟　陈思）

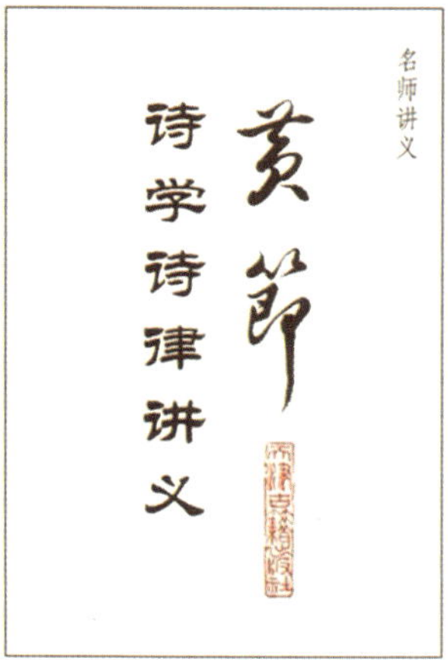

《诗学诗律讲义》书影

学人小传

罗香林（1906—1978），字元一，号乙堂，广东兴宁人。著名历史学家、客家研究开拓者。他的《中国族谱研究》一书，使族谱学成为继甲骨学、敦煌学、简牍学之后的又一史学研究新领域；其《客家研究导论》、《客家源流考》等开创性著作，为客家研究奠定了基础。

羅香林：客家君子赤子心

他生于乱世，却幸遇严父慈师，立志以史学为终身职志，遂成一代史学大家。

他执著探寻族群源流，使客家重回汉民族的家庭，为数千万客家人寻回了身份与荣耀。

他广搜史料，独创族谱学，力图从泛黄书卷中探寻民族的灵魂。

他在战火硝烟中保护珍贵文献，于三尺讲堂上为国培育良才，虽奔波劳苦，亦自得其乐。

他一生虚怀若谷，从不失君子之风，与妻子相濡以沫的感情，更使人唏嘘感叹。

他是著名历史学家、客家研究开拓者罗香林。

以史学为终身职志

罗香林初入清华学的是经济，几个月后转入历史系，立志以史学为终身职志，此生之愿，在于“中华文化的发扬，民族道德的流传”

“读书贵为国家谋学术独立，不有创获，胡以立世，吾儿其自奋发！”父亲这番话，是罗香林一生的座右铭。

罗香林生于清末乱世，自小颠沛流离，却成一代史学大家。除了因其天资聪慧、坚忍勤勉，更因为他在动荡岁月里，幸遇严父与慈师。

1906年，罗香林生于广东兴宁。父亲罗师杨，是当地的名师宿儒，桃李如林，更长于诗词史学，著有《希山丛书》八卷。

“家书盈室，不敢废弃。”提起少年读书时光，罗香林曾如此形容。

幼承家学之外，父亲馈赠他的最大财富，则是一颗赤子之心。罗师杨曾在中法、中日战争之后，“愤专制之积弊，痛外辱日侵，乃究心事务”。1903年起，他即开办新学，宣扬民主思想。辛亥革命后，又先后担任兴宁县长及广东省会议员等职。1925年，国民革命军首次东征挺进兴宁，罗师杨短短数日，筹集到两万大洋军饷，受到第一军政治部主任周恩来的大力夸赞。

父亲一生为民劳苦，也将爱国之情深植于幼子心中。1926年，罗香林考入清华大学，最初学的是经济学，几个月后，爱文嗜史的他自作主张，转入历史系，并写信告知父亲：立志以史学为终身职志，此生之愿，在于“中华文化的发扬，民族道德的流传”。

后来他自号乙堂，正是因四库中乙部即为“史部”的缘故。

进入大学后，罗香林先后师从王国维、梁启超、朱希祖、陈寅恪、顾颉刚、洪业等人。求学于大家门下，纵横于浩渺书海，让罗香林如沐春风。他这样回忆在清华园读书的日子：“顾饫闻诸师绪论，如饮玉液琼浆。亦遂好之弥笃，而习以撰著忘忧。”

得遇良师，不仅让罗香林学业愈精，更让他耳濡目染，理解了一代学者的风骨与情怀。陈寅恪一生傲骨凌霜，对学生却勤勉周至，如春风化雨。多年间，罗香林和陈寅恪亦师亦友。1931年，罗师杨去世，罗香林回家治丧。陈寅恪寄来亲笔挽联：“惜公抱经世才而未竟其用，有子治专门学能不负所期。”这对悲痛中的罗香林来说，既是安慰，也是莫大鼓励。

后来，有出版社邀陈寅恪撰写《唐太宗传》，他也将机会留给了弟子。在给出版社的回信里，陈寅恪如此称赞：“罗君十年来，著作颇多，斐然可观，自不用旧日教师从旁饶舌，以妨其独立自由之意志也。”

A20
百年双喜 特约
世纪广东学人
罗香林
客家君子赤子心
1 以史学为终身职志
2 为客家寻回荣耀
3 为民族存希望育优才
4 情怀名节 君子仁风
百年新大 世纪风范 广东中烟工业有限责任公司特别呈献

为客家寻回荣耀

罗香林首创“民系说”。他认为，由于自然环境、外族关系、内部演化，常会导致一个民族分化为不同民系。而客家，正是汉民族的一支民系

有这样一个族群，出自中原，却常遇乱世，不得不筚路蓝缕，千里南迁。他们抵达粤赣闽三地交界处，结茅梗山，重建家园。

这个族群，即为客家。数千万客家人在异乡安家落户，历经千年，形成了独特稳定的民系，也保持着中原汉族传统的优良品性：崇文重教、容物覃人、特立卓行……

然而，客家人与本地人，却常年纷争不断。19世纪五六十年代，广东开平、恩平、新宁（今台山）等地曾爆发旷日持久的土客大械斗，持续12年，死伤达数十万……不仅如此，客家人常被本地人视为异类，备受歧视。1905年，广东顺德人黄杰所编教科书《广东乡土地理教科书》，就称客家人“非粤种，亦非汉”，将其排除于汉族之外。

幼年的罗香林，就曾险些丧命于土客之争。

那年他刚七岁，与哥哥罗玉林放学归家，不料遇见客家人与本地人互相砍杀。哥哥匆忙挽着他，跃身跳入路旁一处废弃的坟

墓。两个少年瑟缩了三个小时，等到天黑双方罢斗，才钻出墓室逃回家中。

两兄弟庆幸死里逃生之余，不由心生愤慨：人生而平等，为何客家人却屡受欺辱？哥哥对罗香林说：“弟记之，他日读书，必为客家明利弊，辨得失，昭告于同群，不然则有负此次冢中不死矣！”

这句话深埋在罗香林心中。多年后，他求学清华，遂踏上了客家历史文化的研究之路。他所追寻的，叫做尊严；他所为敌的，叫做偏见。

作为学者，罗香林也反对忽视真理：“民族文野之决讼，在于广搜事实，暴露有众，以求公决，而不在直接交涉，徒伤感情。”他明白：不作可信研究，难以平息纷争。

1933年，罗香林发表《客家研究导论》。全书25万字，运用大量谱牒、史书等资料，详细论述了客家“为中原衣冠旧族”、“为避战乱迁居南方”、“历经五次大迁移”等观点。随后，他又相继撰写《客家源流考》、《客家史料汇编》、《客家迁徙及分布地图》，对客家的源流、分布、语言、特性作了全面阐释。

在一系列客家著作中，罗香林首创了“民系说”。他认为，自然环境、外族关系、内部演化，常会导致一个民族分化为不同民系。而客家，正是汉民族的一支民系。

如今，客家学已成显学，罗香林则被公认为奠基者。他的主要观点，至今仍被后世沿用。

“以今天的眼光来看，罗香林的理论还有不少地方需修正补充，但他正本清源，使客家人能够理直气壮地重回中华汉民族的大家庭，对于化解土客纷争、加强同胞团结，起到了不可磨灭的作用。可以说，他为数千万客家人，寻回了遗失千年的根，找回了本属于他们的身份与荣耀。”华南理工大学客家文化研究所所长谭元亨如此评价。

然而，罗香林的研究也不无遗憾或缺陷。

谭元亨认为：出于为客家“正名分”的需要，罗香林从血统源流上去证明客家本是中原汉族，这样难免会陷入“血统论”之中；同时，族谱是一种复杂的民间文献，而罗香林的论述，有时过分依赖客家族谱，而忽略了其他材料，造成了一些错误遗漏。

“其实罗先生自己，也早已洞悉到自己研究的不足，所以他的《客家研究导论》强调的是‘导论’二字。”香港大学中文学院博士、罗香林的弟子马楚坚说，“罗先生希望，他的研究是客家学的起点，而不是终点。”

1963年赴美，摄于麻省理工学院

为民族存希望育良才

1937年8月，日寇疯狂轰炸广州。罗香林与同事紧急挑选馆藏善本和贵重图籍5万余册，辗转保存，尽心呵护，使其幸免于战火

1936年，罗香林担任广州市立中山图书馆馆长。他知道，图书馆自古就是“清淡之地”，但只要“尽其职役，未始无补于民族国家之文明也”。

上任后，罗香林一方面组织购入大批文献，一方面向社会广征珍贵图书。随后，罗香林又组织编印图书目录、汇编专业史料、校注珍本文籍、筹建广东文献陈列室，并与馆中同仁创办《广州学报》季刊与《书林》半月刊，为丰富馆藏、整理文献、交流学术和传播文化作出了巨大努力。

1937年8月，日寇疯狂轰炸广州。罗香林与同事紧急挑选了馆藏善本和贵重图籍5万余册，将其疏散至广州市郊。此时，罗香林的妻子已身怀六甲，他将妻子送回老家避难，自己仍返回广州，继续抢救珍贵古籍。

在给妻子的信中，他如此描述在炮火中的生活：“烟尘充塞，对面不能见人，余适倒卧寝房，得不及难，塌屋下压毙数人，已掘出尸体，血肉模糊，头足不具……”

翌年10月，日寇在广东大亚湾登陆，罗香林将图书由水路送往广西桂平，但这里也不安全，屡遭敌机扫射轰炸。罗香林连夜将图书迁至石龙镇安放。

如今，这批幸免于战火的图书，珍藏在华南师范大学的文献馆里。然而很少人会记得，有这样一个学者，曾为其栉风沐雨、一往无悔。

1932年起，罗香林先后担任中山大学、暨南大学等校教授；1949年，他迁居香港，接连执教于广大书院、新亚书院、香港大学；1968年，退休后的他，接任珠海书院中国文史研究所所长。近半世纪的时光里，他投身教育，孜孜不倦，“精神心血，即全灌注于此”。

他的学生李光尧回忆：“教学认真、待人厚道如香林师者，我很少见到。他在课堂上总是口讲手写，教材之丰富，如长江大水、滔滔不绝，不厌其烦……”

罗香林上课，必拖堂半小时，朋友怕他忘记，常到门外敲门提醒，但他仍不以为意，继续滔滔不绝。讲到兴高采烈时，他常不禁发出一声声称赞：“好啊！”“真好啊！”“真好呀！”他的“三好精神”，常让学生欣然而笑。

遇到授课所需书籍史料，罗香林也必事先觅备，自家中携来上课，经常“满筐往返而不以为苦”。一次讲授古代写卷，他甚至翻箱倒柜，从旧箧中觅出一册珍藏已久的五代写卷，携至课室，与同学共赏。

罗香林辅导学生，也颇具特色。每个同学前几次上交的论文，他都仔细阅读，文中所引问话，都将原书找来慢慢校对。数次考核，确定你已具备一定学术能力，就任你自由选择与研究。对此，有人评价：“正如鞠育婴儿，出生之时，置之怀抱……学步之际，循循引导；直至婴孩独立行走，则在暗隅监视着，一旦婴孩步履不稳，则匆匆赶来扶持。”

虚怀若谷　君子有情

朋友的生日可以不去，朋友的殡仪，不能不去的，并且要到得准时。如此不欺无知死者的，世上又真有几个

罗香林一生颠沛流离，却从不失君子之风：温润如玉，坚贞如磐。

朋友李璜介绍，那时的香港文人相轻，成为风习。而罗先生则埋头苦干，从不与人斗气。即使编一本学报，也把别人的文章放在前面，极少以自己的文章做开篇，可谓“谦光自抑，其辉自扬”。

从罗香林写字，就可见其为人。他一生著书写信，文必字斟句酌，而字也一定端正秀丽。即使在各种会议例行签名时，别人都是信笔疾书、一挥而就，唯他一人缓缓执笔、细细签署，正楷字体，铁书银钩，顿显“贞贞君子之风”。

他的学生方颖娴回忆：“有一次，罗先生匆匆忙忙地离开中文系，我问他为何如此匆忙，他说要到殡仪馆吊祭一位朋友，并且说：‘朋友的生日可以不去，朋友的殡仪，不能不去的，并且要到得准时。’”话虽平常，却让方颖娴深受触动：“世上锦上添花、攀龙附凤的人多的是，能够不欺无知死者的，又真有几个。”

1943年，中国史学会在渝发起人合影（二排左二为罗香林）

罗香林在香港，常有内地的人请求帮助，他从不拒绝。他家里有个小本，记满各种经济援助，具体数目罗香林从不清楚，要由妻子查阅方才知晓。他的侄子罗桂诗一直记得，1959年开始的中国三年饥荒时期，舅舅每个月都会寄来100港币。那时，他的工资并不宽裕。

罗香林一生对人和善淳挚，对妻子更是坚贞不渝。两人相知相守，共度了近半世纪的风雨。

1935年，罗香林与朱倓结为夫妻。朱倓是历史学家朱希祖的女儿，不仅对明史颇有研究，更曾在民国时出任文化部门要职，建立广州首个妇女联合会，是当时颇有名气的“女中英杰”。

那个浮沉乱世里，夫妇二人穿越过战火硝烟，煎熬过清贫岁月，流离过江苏、广东、广西、云南，更曾在哀鸿遍野的逃难途中痛失爱女……历经患难，当年的客家少年成了志节坚贞的爱国学者，昔日的清秀女子也成为坚忍贤淑的慈爱母亲，始终不变的，是那一份相濡以沫。

罗香林赴港任教后，工作繁忙。朱倓于是放弃了研究讲学的工作，一心一意做贤内助，照顾孩子，打理家中一切，让丈夫没有后顾之忧。一直到老，两人皆相敬如宾、恩爱异常。朋友林初耀曾回忆：“一早他携夫人由尖沙咀火车站乘火车至粉岭，坐在窗前，两人欣赏沿途的美丽自然风景，也许是他最好的娱乐。”

1977年6月，朱倓突然中风，两脚不能行走，右手不能举，整日只能躺在床上。妻子的起居饮食，便全由罗香林一人承担。他晚上照顾妻子睡眠，半夜为其翻身擦汗，白天则返校上课，下了班又匆匆赶回家，照料妻子饮食。

那时，朋友听他说得最多的话就是："我先回去看看太太吃饭。"他的学生马楚坚至今记忆犹新：有一天，他劝老师请个看护，自己多休息。罗香林笑了笑，摇摇头说："以前她帮我很多，现在我欠她很多。自己照顾，心里安稳些。我一个人，也要照顾好她……"

后来，罗香林患病住院，无法再照顾妻子。每次儿女前去探望，他总是细细询问朱倓的情况。有一次和女儿罗瑜说着话，平日坚韧沉稳的他，竟也流下了眼泪。

在医院治疗的日子，除了妻子，罗香林挂念的，还有他一手创建的中国文史研究所。每次同事去探望，他总说："你先回去，所中需要你坐守。"后来，他知道自己的病很难立刻痊愈，于是写签呈请假，并坚持亲自返校请校长批准。

他的朋友袁飞翰回忆："这是他最后一次返研究所，走路已很慢了。我送他去搭车时，看见他背影缓缓地移动，不似平时有谈有笑，挥手告别，使我心中戚然……"

1978年，罗香林因肝癌去世。他最后所留给世界的，便是这样一个缓慢、坚持的背影。那背影如此寂寞，却也如此沉静。

（本文参考《罗香林教授纪念论文集》、《罗香林论学书札》、《乙堂文存》、《追忆陈寅恪》、《罗香林研究》。暨南大学数学系退休教授、罗香林之侄罗桂诗对本文的写作提供了宝贵帮助！）

（雷辉　范承刚）

马楚坚和谭元亨谈罗香林

他为数千万客家人寻回遗失千年的根

谈贡献：

找寻民族真正的灵魂

南方日报：罗香林被称为“客家学”、“族谱学”的拓荒者、奠基者、一代史学大家，能否具体介绍一下他的理论观点与学术贡献？

谭元亨：在罗香林之前，就有过关于客家的学术讨论。19世纪初，惠州丰湖书院的徐旭曾在我国首篇论述客家之文《丰湖杂记》中提出：“今日之客人，其先乃宋之中原衣冠旧族，忠义之后也。”此文被后人看作“客家人宣言”。

然而这样的探讨，还是十分零星和片面。一直到了罗香林写出《客家研究导论》、《客家源流考》等著作，客家的研究才真正开花结果。

首先，罗香林首创了“民系”这一概念。他提出，客家就是汉民族里一个系统分明的支派。

其次，关于客家源流问题，他提出了“三支五期说”。三支即永嘉之乱后，汉人南迁，形成三大支派，迁徙于洞庭湖流域、鄱阳湖流域及赣江而至今日赣南及闽边诸地，以及今日浙江及福建的北部等地。五期即东晋至隋唐为第一期；唐末黄巢起义促成第二期；宋室南渡，元人入侵，闽赣粤交界的客民流入粤东、粤北为第三期；清初粤赣客家随“湖广填四川”移民浪潮入川，惠、韶、嘉及赣州诸属之客民向粤省广肇诸属迁移，嘉应各属客家向台湾迁移，此为第四期；咸丰六年（1856年）至同治六年（1867年）之土客大械斗，客家南入高、雷、钦、廉诸州，远至海南岛崖县、定安等地，为第五期。

最后，他还从宗教信仰、婚俗习惯、语言文字、房屋建筑等方面论述了客家的文化传统。他认为，客家民系有着刻苦耐劳、崇文重教、敢作敢为、简朴质直等特征。

以今天的眼光来看，罗香林的理论还有不少地方需修正、补充，但他正本清源，使客家人能够理直气壮地重回中华汉民族的大家庭，对于化解土客纷争、加强同胞团结，起到了不可磨灭的作用。可以说，他为数千万客家人寻回了遗失千年的根，找回了本属于他们的身份与荣耀。

马楚坚：罗先生在学术上的另一创获，是族谱学的建立。

罗先生最早了解与运用族谱，还是在研究客家的过程中。自古以来，客家人就有“宁卖祖宗田，不变祖宗言”的传统，对祖宗的历史、遗训极其重视，族谱的撰写就成了客家人的大事。因此，客家族谱中留下了千百年来大迁徙的历史踪迹，也成了罗先生追寻史实的证据。

在清华求学之时，罗先生就兼修社会人类学，并常年广搜族谱，考证客家的源流、迁徙和融合。多年来，他收集的族谱有87部、家谱28部，与谱牒有关的资料30部，谱牒研究论著20部，宗乡同乡刊物40册。

1966年，罗香林发表《中国族谱研究》，后于1971年出版。在该书绪论中，罗香林这样强调族谱的作用：“族谱为中国史籍一类，与中国民族及文化之维系，关系甚巨……深觉中国所谓正史之志，其载述往往仅能及于朝政之实施与制度之创立、地方之建制、财政之丰歉、人物之得失，如是而已。而与各族之迁徙与各族之合流同化则乃不能不与各地之族谱乘求之。”在他看来，中国的史书中多有帝王，却难见百姓的悲喜。族谱是中国人的另一部历史，属于他们自己的历史。从那些藏于民间泛黄的书卷中，我们或可找寻到这个民族真正的灵魂。

这本书是中国族谱学的奠基之作，它详细阐释了族谱学的撰述对象、意义与方向，开辟了继甲骨学、敦煌学、简牍学之后的又一史学新领域。

除客家研究外，罗先生利用族谱，也收获了不少学术成果。如1937年，罗先生在广州发现花县官禄士洪族所藏的洪秀全家谱——《花县洪氏宗谱》，他据此研究分析，证明太平天国领袖洪秀全是出自客家系统，写成《太平天国洪秀全家世考》。

罗香林一生著作等身，在唐史、华侨史、宗教史等研究上亦有卓绝贡献。如《唐代天可汗制度考》一文，就是如今讨论天可汗制度中最完整的单篇，也是最常引用的资料。

谈争议：
即使反对他，也要由他出发

南方日报：关于罗香林的客家研究理论，近年来出现了不少争论。争论的焦点是什么？我们又应如何看待这种争论？

谭元亨：现在学术界对罗香林的理论，一般有这样几种争论或质疑：第一，是他过分强调客家人纯粹的血统。探寻原因，一是罗香林受当时西方“进化论”等思想的影响，二是出于为客家“正名分”的现实需要，不得不以“血统论”回应“血统论”，因此罗香林才在《客家源流考》中提出：“南方的汉人，其血缘实较北方汉人为纯粹。”他并未全盘接受西方的“血统标准”，然而要驳倒以“种族论”否定客家身份的怪论，最直接有效的方法，就是从血统源流上举出客家本是中原正统汉室子孙的证据，这样难免带有“族群中心主义”的色彩。然而，罗香林并不否认客家民系在形成过程中，难免会发生与其他民族、民系血亲混合的现象。

第二，是对于族谱的运用不当。罗香林进行客家研究，主要史料来源于族谱，然而族谱是一种复杂的民间文献，撰著水平良莠不齐，所记事件也有真有假。因此，许多研究者指责罗香林过于相信族谱资料，或者只印证客家人的族谱，而忽略了其他资料。

但我们也要看到，宋明以后的族谱一般是可信的，因为这时的族谱对家族的记录是清晰可查的，而不再需要依靠正史来构建家族记忆。因此，罗香林通过族谱对于客家人迁徙变化所作的分析，仍是比较精确的。

可以说，罗香林建立了客家研究的理论框架，较为清晰地梳理了客家迁徙的脉络。他论证客家是两宋形成的，这个恐怕到今天也没人能推翻。罗香林让客家学作为一种学说站立起来，后人即使反对他，也要由他出发，由他所构建的理论基点出发。

马楚坚：从近年来对于《客家研究导论》一书的评论中，我

世纪广东学人 A21

他为数千万客家人寻回遗失千年的根

广东中烟工业有限责任公司特别呈献

1969年，罗香林为学生讲解宋王台史迹

们发现，学者一般虽肯定该书的价值，但也指出了许多缺点，其中最严重的评语，就是所依据的文献过于单薄。关于这一点，恐怕难以反驳，试看书中客家五时期迁移所引用的族谱，共25本，来自10个县，这在全国纯客县33个中，只占33%，这样的文献材料，的确是狭窄了。然而直到现在，还没有找出相反证据，推翻迁移的事实，充其量只是把迁移的时间表稍微调整一下而已。书中第三章里确定粤闽赣三省纯客县和非纯客县问题，评者都说作者大半根据传闻，而非根据实地考察，事情也的确如此。但至今仍不见有人对书中的分化，大作修正。

提出批评的学者，他们的严谨态度是值得嘉奖的，但他们可能忽略了一件事，所以稍微苛刻。在民国二三十年代，学术环境是非常恶劣的。一般图书馆藏书有限，目录学仍在雏形，更无电脑帮助，必须亲自到访，才知道图书馆有没有自己需要的书，普通书籍如是，搜集族谱材料则更加困难。因为族谱一般发行不多，全部派发给族人，同时因为族谱一般只是涉及本族系内的事情，族外人对此不感兴趣，也很难觅得。罗先生从族谱中引用的资料，是几经艰辛，不辞劳苦，从多种渠道获得的，其努力不懈的精神，值得铭记和嘉奖。当时中国进行实地调查工作，非常困难，国家分裂已久，军阀专权，民不聊生，盗贼横行，一般人都不敢往陌生的地方巡游。当时罗先生为考察客家状况，有时不得不单独行动，幸好没有遭遇任何事故。过后有人说他之所以无恙，是因为他的身材和装扮很像日本人，所以歹徒不敢向他下手，以免引起国际纠纷。

谈治学：
遍地皆学问，无处不文章

“余家先代，自赣迁粤，居兴宁东郊，历世以耕读为业。”对罗香林来说，广东是终生牵挂的故土：他在这里出生，也曾在这里教书育人、辗转奔忙，更将一生心力奉献给了在这里繁衍生活着的客家族群。

南方日报专访了香港大学中文学院博士、名誉讲师、罗香林的关门弟子马楚坚，以及华南理工大学客家文化研究所所长、教授、博士生导师谭元亨，为我们讲述客家学、族谱学的奠基人罗香林。

南方日报：罗香林一生著作等身，体大而精，我们想知道，能够支撑他完成如此研究的治学精神是什么？

谭元亨：我想有十个字，可以用来概括罗香林的治学精神：“遍地皆学问，无处不文章”。罗香林一生，无时无刻不在遍访学人、遗老、村民，无时无刻不在搜罗材料、就地调查，所以他的学术研究创获丰富、新意迭出。

1926年，罗香林刚刚进入清华大学，可由于腿疾，不得不暂时返回家乡兴宁养病。在病床上，他每日听护士哼唱客家的歌谣，对家乡音乐产生了浓厚兴趣。后来，他就四处找朋友教唱客家歌谣，还撰写启事广泛征集。谁也没想到，因为一场病，罗香林编成了一本歌谣集。这就是后来出版的《粤东之风》，至今仍被认为是客家音乐的集大成之作。

1940年，罗香林来到桂林，在西山观音峰上发现了唐代摩崖佛像及有关石刻，这一发现为他后来研究佛教从印度循海道传入越南与两粤发展，提供了重要资料，著成《唐代之光孝寺》与《桂林摩崖佛像》。当地的和尚对他感叹：“我们在这里住了一辈子都没注意，你过来住一阵子就发现了。”

后来，罗香林从阅读《坤甸历史》和《兰芳公司手册》中，发现广东梅县人氏罗芳伯在开发婆罗洲建立共和国的丰功伟绩，以及他协助苏丹平定地方叛乱，深得当地百姓和侨胞的爱戴，为此，罗芳伯被大家推荐为首任“大唐总长”，开民主先声。经过细致调研考证，罗香林撰写了《西婆罗洲罗芳伯等所建共和国考》，学术界一时轰动。

罗香林平日翻检典籍，探索史实，必定分门别类，登录要目，做成卡片，几十年来从来没有中断过。需要有资料要参考时，就检阅卡片，按图索骥，得心应手……他一生著作之多，方面之广，我想如此的细致耐心也起了不小的作用。

马楚坚：罗先生的治学精神，像火，也像冰，既有赤子之心的热忱，也有探寻真理的冷静。

罗先生要求自己，也要求学生：若要做学问，就要有抱负，就要带着使命感。我这辈子一直记得的话，是他告诉我们，要

1972年罗香林在金门

罗香林全家福

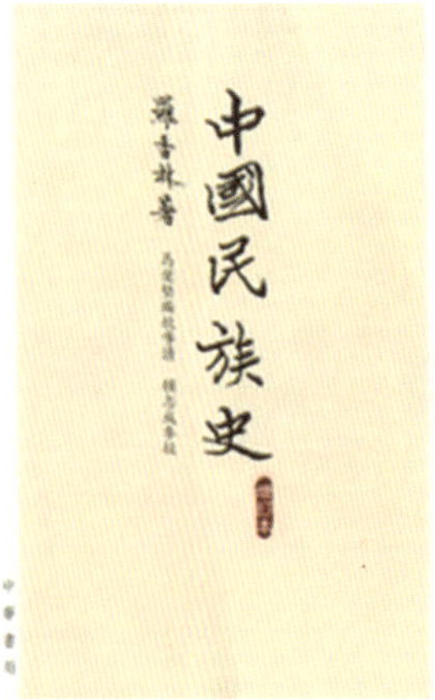

《中国民族史》封面

"为中华民族求永久之道"。他曾经说："做学问，你进来就要知道会吃苦。可能这一生饭是有得吃，老婆饿不死，但肯定要吃苦。如果你写的一本书，放进公共图书馆的图书架上，能放三十年不变，那你的任务就完成了，你这个文化桥梁的作用就起到了。尽你一生，无愧于心，为中华文化添一把薪，就可以了。"

从罗先生自己的研究授课，就可以看到这一点。他十分热衷于研究唐史，因为唐代的成就最大，更因为唐代"曾经四百多年离乱后而拨乱为治之盛世"。罗先生在1934年撰写唐代蜒族考时，就已十分留心唐史的资料，到了抗战时期，又先后在中央大学、中山大学讲授唐史，阐叙"多难兴邦"的意义。他的愿望，就是在唐史中，找到有益于近代中国的经验，找到有助于民族复兴的道路。

谈生活：
只问他人喜忧，不问自己辛劳

南方日报：作为罗香林最后一个弟子，你眼中的罗先生是一个什么样的人？

马楚坚：我是在1972年至1978年间跟随罗先生学习的。当时在香港，罗香林名气很大，很多人想做他的学生，我通过考试成为他的弟子。我也想不到，会成为他的关门弟子。

罗先生一生不苟言笑，但乐于助人，特别是做学问的人。一些学生做研究没材料，他手头有的话，就全给你。这还不够，他还会给你写介绍信，托朋友帮你找。有学生出国念书，家里穷，没有路费，他借钱给你买车票、船票。你还不还，他不在意。

20世纪50年代初，有很多文人逃到香港，带着全家，生活困难，工作也找不到。罗先生找到一个美国教会，筹集一笔钱，建立了一个中国知识分子救亡基金。这个基金后来救了不少人，所以很多人受了他的恩，但他守口如瓶，从不提及。后来我整理他的遗物，看到他为基金起草的的计划，才知道他默默地做了那么多事。

1955年，罗先生的《百越源流与文化》增订本在台湾出版。这本书原版的序里提到了罗先生的老师顾颉刚，可是在新版的序里，顾颉刚的名字不见了？我好奇问他，他说：“顾老师还在大陆，这书是在台湾出版的，我提了老师的名字，他不就危险了，他的学术工作不就得耽搁了？我得保护我的老师。”后来，他给陈寅恪老师寄钱、寄猪油、寄各种生活用品，也都是用在广州时的笔名——“罗汉”。他认为这样，才不会给陈寅恪老师惹麻烦。

“文化大革命”前后，罗先生有很多朋友在国外和台湾，不方便和大陆联系，就托他每个月给大陆的家里寄些钱，还有油、布一类的生活品。后来朋友和他见面，问他要还多少钱。他说：“哎呀，我怎么记得呢？”

罗先生就是这样一个谦谦君子，只问他人的喜忧，不问自己的辛劳。

罗先生一生颠沛流离，心中却一直装着祖国。1951年后，他来到香港大学教书。当时香港的课堂，不允许讲鸦片战争的内容。罗先生几经争取，在港大开了一门叫“香港前代史”的课，专门讲述香港1842年之前的历史。他说：“我就想告诉学生，香港不是荒岛，不是无根之地，而是有历史、有母亲的。”

罗先生还是个恋旧、重情的人。罗先生是虔诚的基督徒。他每周都去很远的粉岭，在一个很小的教堂里做礼拜，那是他接受洗礼的地方。后来他成了社会名流，很多大教堂邀请他，他都拒绝了。一直到死，风雨不改，还是去那个破旧的小教堂。

罗先生去世后，一个朋友写了这样的悼词。从这些话里，我们或可想见他的大家风范：“其为人，雍容和缓，简默凝重；其为学，以实证为务，以条理为要，而新意屡见；其教人，循循有序，不厌不倦，而多所造就；其接人，礼意兼尽，而无忤于物；其爱弟子，出乎诚意，遇机则提，逢源则携。”

（雷辉　范承刚）

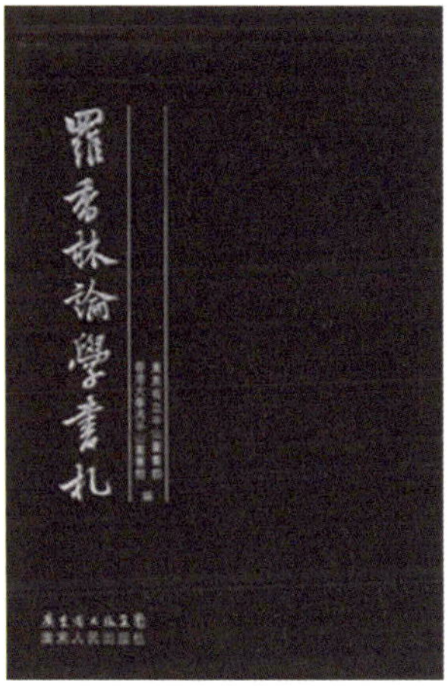

《罗香林论学书札》封面

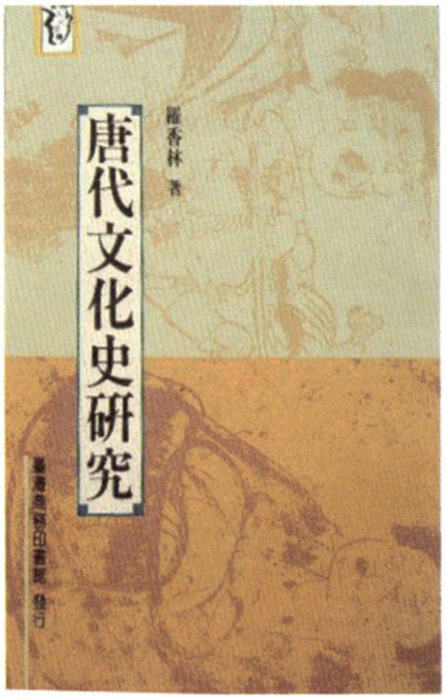

《唐代文化史研究》封面

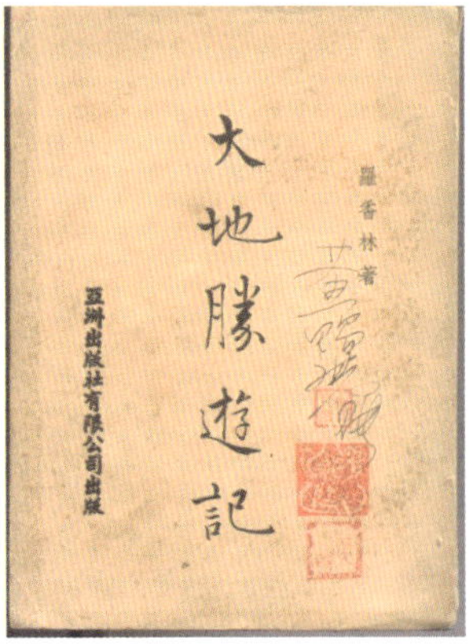

《大地胜游记》封面

学人小传

张荫麟（1905—1942），号素痴，广东东莞人，中国近代最杰出的史学家之一。17岁入清华学堂，以史才、史学、史识出众知名，与钱钟书、吴晗、夏鼐并称『文学院四才子』。自美国斯坦福大学留学归国后任教于清华大学、西南联大、浙江大学。所撰《中国史纲》是中国近代史家所写较成功的中国通史之一，早已列入史学名著。惜乎天妒英才，37岁而早逝。

张荫麟：自古才为累　天悭狷与狂

"荫麟的死耗，我在廿七日《大公报》上看到，当时晕过去十多分钟。醒来后我希望这是一个梦……无论如何，在他的生前，我曾经爱过他，恨过他。爱虽一度消灭，但因他的一死，恨也随之而逝。到现在我依然爱他……我们把有限的宝贵的韶光辜负了。他憎恨着我，我仇视着他，以为还有个无限的未来给我们斗气呢！结果彼此抱恨终身！"

——伦慧珠悼丈夫

世上究竟有没有天才？20世纪二三十年代，有个年轻的学子，就被众多学术大家交口称赞为"天才"。

清华国学院四大导师之一梁启超与其甫一见面，就称其为"天才"；钱穆谓其"天才英发"，并对其寄予厚望，"中国新史学之大业，殆将于张君之身完成之"；同为清华国学院导师的陈寅恪盛誉"张君为清华近年学术品学俱佳者中之第一人，弟尝谓庚子赔款之成绩，或即在此人之身也"；而他的齐年好友谢幼伟则说"不是天才，绝不能有这样的成就"；孙次舟也说"素痴先生是称得起所谓'天才'的"；许冠三称其为"近八十年来罕见的史学奇才"。

这个人叫张荫麟，他37岁即英年早逝，生前留下的唯一著作不过是一本没有完成的中学历史教科书——《中国史纲》，初版时作者署名还阴差阳错地印为"杨荫麟"。他的一生，如流星划过天际，留下短暂而又摄人心目的光芒。

如今，张荫麟的墓在遵义郊外。遵义市郊几经变易，墓地已经湮没，无迹可寻。

在其出生地东莞，笔者在采写的过程中极力寻找一点他曾经生活过的气息，但最终收获的，除了失望还是失望——他的老家早已成为民宅，不复有他生活的印记；而后人也都定居海外，无从联系。

这到底是什么样的一个"天才"？让我们一同走近张荫麟，一个从广东东莞走出去的史家。

历历往事

用“讲故事”的笔法“画”历史

《中国史纲》一书是呕心沥血的著作……世人多惊羡其文笔之粹美，以为胜过一般文学创作，不知其字字珠玑，皆为潜心涵泳几经锤炼而后成

1922年，年方十七、瘦瘦弱弱的广东青年张荫麟，走进清华学堂，开始了他与老清华延续十几年的不解之缘。他在清华求学7年，从美国学成归国后又在清华（包括西南联大）任教7年，一生中最美好的时光都在清华度过。

在清华求学时期，张荫麟给同学留下的第一个印象是：一个清瘦而如饥似渴地在图书馆里钻研的青年，他几乎天天埋头读书。入学翌年，张荫麟便在《学衡》杂志上发表第一篇学术论文《老子生后孔子百余年之说质疑》，对梁启超的观点提出异议，梁启超不以为忤，还叹为天才，给予揄扬，可谓一段学林佳话。当时《学衡》杂志的编辑还以为作者是清华的国学教授，殊未料到张荫麟不过才18岁。

张荫麟被吴宓誉为“梁任公第二”，梁启超确为张荫麟最尊敬的前辈学人，而张氏广泛的学术兴趣、宏博的史学气象、多个领域的拓荒发轫之功，倒也和梁启超“但开风气不为师”的气度颇有几分神似。

据同学贺麟回忆，他们二人共同的兴趣是听梁启超的演讲。一天晚上，在梁启超的中国文化史演讲班上，梁从衣袋里取出一封信来，在听众中问哪一位是张荫麟。原来他写信去质疑梁启超前次演讲中的问题，梁启超在讲台上当众答复他。这次点名等于给了张荫麟与学界前辈搭上关系的一个绝佳机会。但张荫麟却轻易地把这个机会给放弃了。直到1926年，张荫麟才在贺麟的生拉硬拽下一起去拜谒梁启超。梁启超非常高兴，当面对张荫麟说（用广东话）“你有作（jie）学者的资格呀！”当年许多清华同学，都有梁启超亲笔书写的对联或条幅，张荫麟也很想请梁启超写字作纪念，但终于没有去请。后来在给贺麟的一首赠别诗中，张荫麟为自己的行为作出了解释：“为学贵自辟，莫依门户侧。”但在1929年梁启超逝世后，追悼文章寂然无闻，当时张荫麟已经远赴重洋求学海外，独独从美国写了一篇纪念文章寄回国内。

张荫麟在清华与钱钟书、吴晗、夏鼐并称为“文学院四才子”。并先后在

《学衡》、《清华学报》等刊物上发表论文和学术短文40多篇。以弱冠之龄，短短7年居然有这样的成就，直令时下的教授博导也为之汗颜。

1929年夏，张荫麟由清华赴美国斯坦福大学留学。在给史学家张其昀的书信中，他论及治学宗旨时说：“国史为弟志业，年来治哲学，治社会学，无非为此种工作之预备。从哲学冀得超放之博观与方法之自觉，从社会学冀明人事之理法。”由此可见，张荫麟最先觉悟，认识到中国史学的改造，必须从哲学和社会学中汲取理论素养。

所以说，天才的诞生并不是偶然的。张荫麟尽管幼时丧母，但在严父张茂如的督责下，广泛涉猎经史及诸子之书，打下了深厚的国学根底。在清华又遇诸多名师指点，才、学、识皆优。赴美后打通文史哲、社会学、国学之间的藩篱，驰骋中西，纵意所如。当代青年学者胡文辉在《现代学林点将录》中，为张荫麟专辟一席，拟为“地捷星”。在接受记者采访时，胡文辉解释了自己点将舍吴晗而取张荫麟的原因就在于“张氏为史学研究作了很多准备，涉猎领域更广泛，开拓的气象也更宏大”。

1935年，由傅斯年推荐，受国民政府教育部委托，张荫麟主编高中历史教科书。别看只是一本中学教科书，张荫麟却为之倾尽了心力。首先，他为撰写此书所延请的写作班子非常“豪华”：汉以前由张荫麟撰写，唐以后由吴晗负责，千家驹写鸦片战争后的社会变化，王芸生写中日战争；其次，他绝不愿意做“挂名主编”，亲自执笔了东汉以前部分，而为了保证质量，为此他特意向清华大学请假两年，最终完成了史学名著《中国史纲》。

张荫麟一直不满当时的历史教育，认为“改良历史课本乃改良历史教育的先决问题”。因此《中国史纲》没有累赘的引文考证，不故作深奥高奇，而是用“讲故事”的笔法来“画”历史，从容道来，如行云流水，可让读者享受到文字的愉悦。但张荫麟的文字通俗而绝不庸俗，他经常对同学说，做文章要有“作家的

A20 百年双喜 特约
世纪广东学人
1 用“讲故事”的笔法“画”历史
天才 Genius
张荫麟
自古才为累 天悭狷与狂
2 终日看书 从无娱乐活动
3 “爱的生活异常紧张，不是好玩的事”
4 “即便不死于穷病，恐怕他还是得死”
百年新史 世纪风范 广东中烟工业有限责任公司特别呈献

尊严”。历史学家张其昀评价道：“《中国史纲》一书是呕心沥血的著作……世人多惊羡其文笔之粹美，以为胜过一般文学创作，不知其字字珠玑，皆为潜心涵泳几经锤炼而后成。”

终日看书，从无娱乐活动

朋友送他一个外号，叫“张文昏公”，他也不抵赖，自号“素痴”

大抵天才只钟情于自己感兴趣的事物，对其他俗务则漠不关心。在俗人眼里，则少了很多生趣。张荫麟终日看书，从无娱乐活动。有一次他生病住院，向朋友借哲学书。朋友建议病中休养，不宜费神，要看书不妨读小说。他却说从不读小说，看哲学书等于看小说。在美国念书时，他认为当时流行的文学很轻浮，尤其是对电影有着抵触情绪。有几次适逢假日，几个同学一同去看电影。到了电影院，同学们买了电影票之后都进去了，但他却执意不相随，宁愿在影院外面等候。

因为读书太多，思想总是沉浸在书的世界中，张荫麟在大庭广众下往往表现出心不在焉的样子。他结婚后第二天出门拜客，回家时却误入隔壁邻居家。见到那家的主人，连忙道歉说“累您久候了”，弄得对方莫名其妙。过了好一阵，他才明白原来自己才是“不速之客”。类似故事发生太多，朋友们便送他一个外号，叫“张文昏公”。他无法抵赖，也不愿意抵赖，因为他自号就是“素痴”，并一一给朋友起外号，文迂公、文迷公之类。

张荫麟最大的爱好就是收书，所收之书以宋人文集为最多，大概有好几百种。1937年春，吴晗在开封相国寺地摊上，偶然得到排印本的《中兴小纪》。张荫麟一见便据为己有，闹了半天，提出用四部丛刊本明清人文集十种对换。吴晗拗不过他，只好勉强答应。张荫麟高兴极了，立刻将书塞进行李袋，再也不肯拿出来。回校后，吴晗去讨书债，张荫麟在书架上东翻翻西翻翻，摸了大半天，都不舍得。这种爱书、占书、赖书的书呆子劲头，倒是和孔乙己的“窃书不为偷”有些许相像。

收书之外，清谈也是他的癖好。当时他和吴晗在清华图书馆的研究室只有一墙之隔，于是成天到吴晗房里，敞开谈锋，从大事到小事，从死人到活人，从生人到朋友，从哲学到历史，无所不谈，甚至忘了吃饭。有时觉得无聊，拿起笔就替吴晗改文章，一把小剪子，一瓶浆糊，贴来贴去不厌烦。吴晗笑他好为人师，他笑着回道：“去年你假如选我的课，我还不是夫子大人，由得你吵嘴？”

但这清谈只是友好之间的学问相长，其实张荫麟极怕人世应酬，在专业领域，更是不近人情，不管对方是何方神圣。他指斥郑振铎文史研究中“使人喷饭之处”；批评郭绍虞“牵强附会，食西不化”；郭沫若译歌德长诗《浮士德》，急于脱稿，遂致“谬误荒唐、令人发噱之处，几于无页无之”，张荫麟戏称，如果要写一本详尽的《郭译浮士德上部纠谬》，恐怕篇幅会和译本差不多吧；胡适撰写的《白话文学史》时称名著，张荫麟却举证确凿，认为其存在去取多由主观的毛病；而对于胡适的实用主义哲学，他也很不以为然，甚至认为胡适的老师“杜威老糊涂矣”。胡适直到晚年仍未释怀，曾经对儿子胡颂平说：“张荫麟以前的文章都发表于《学衡》上。《学衡》是吴宓这班人办的，是一个反对我的刊物。”但胡适也肯定张荫麟人是聪明的，史学眼光不错，有不少好文字，并预备将《中国史纲》看一遍。在张荫麟的批评文章中，以对顾颉刚“古史辨”派的批评最有名，影响最大。他指出顾氏“疑古”学说“误用默证”的方法论错误，顾氏无法招架，终究没有作出回应。

除了这些严谨的学术攻错之作，张荫麟偶尔也会玩一下“酷评”。他曾经在《大公报》发表《所谓“中国女作家”》一文，对“以著作为装饰，以性别为其作品之商标”的“美女作家”极尽嘲讽，对冰心挖苦尤甚，说她们“言作家而特标女子，而必冠以作者之照相”，而所书写者，“皆毫无艺术意味之Sentimental rubbish（情感垃圾）”。尽管文笔刻薄，连《大公报》编辑也认为“倘吴（宓）先生在，则此文定不能登载，以挖苦人太甚也”。但看看张荫麟的文字，想想当下如过江之鲫的“美女作家”，倒也可聊博一笑。

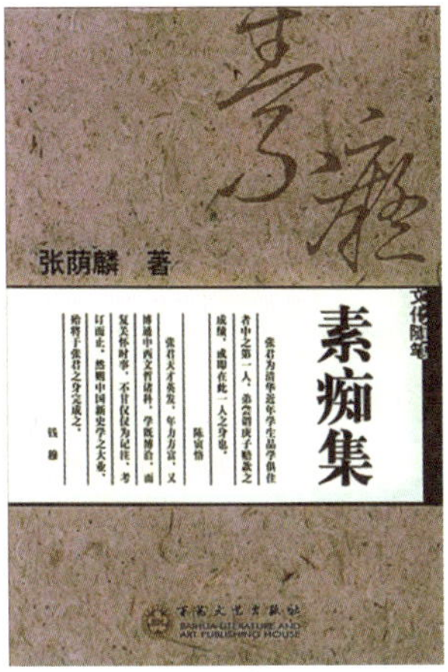

《素痴集》书影

“爱的生活异常紧张，不是好玩的事”

张荫麟生平精力所集中，心神所寄托，除了学术研究之外，就是真纯爱情，“天真纯洁，出于至情至性，牺牲一切，在所不惜”

天才就像珍珠一样，在每一面都会现出美丽来。张荫麟在短短的生命历程中，拥有两段美丽的爱情，作家郭厚英将其称之为“尘埃里开出的花”，凄婉而散着芬芳。

1926年，张荫麟的父亲去世，家道遂中落。迫于经济压力，张荫麟到同在北京的东莞先贤伦明家中担任家庭教师，为伦明的掌上明珠伦慧珠教习国文。那年张荫麟21岁，一见之下，他就对伦慧珠倾心不已，堕入了情网。但书生气十足的张荫麟并没有俘获伦慧珠的芳心，这单相思式的苦恋使得张荫麟痛苦不已。幸好有同为东莞籍的知名学者容庚在旁开解，张荫麟才毅然斩断情丝，并于1929年赴美留学，同时治疗失恋的痛楚。

感情这东西实在难以捉摸，而少女的心思也是最难猜的。就在张荫麟在美留学期间，本来不入慧眼的他又突然走进了伦慧珠的芳心。此后两人鸿雁传书，爱情在太平洋上流淌，但这也不足以解相思之苦，于是在1933年学业未竟之时，张荫麟就决定启程回国。作为张荫麟的知己，贺麟曾经说过，张荫麟生平精力所集中，心神所寄托，除了学术研究之外，就是真纯爱情，“天真纯洁，出于至情至性，牺牲一切，在所不惜”，这也就不难解释张荫麟为何会放弃博士学位而提前回国的“疯狂”举动了。

1935年，张荫麟和伦慧珠在北京完婚。北京沦陷后，张荫麟辗转到了昆明，一个女孩就此闯入了他的感情生活。这个女孩是容庚的女儿容琬。容庚比张荫麟只大11岁，和张氏亦兄亦友。在张荫麟学术活动初期，容庚多有提携之功，他主编的《燕京学报》曾多次刊发张氏论文。对于张荫麟和自己宝贝女儿的不伦之恋，容庚显然持反对态度，此后《燕京学报》再也没有刊载张荫麟的文章。

容琬情窦初开的心，也已被张荫麟占据；在长达十年的时间里，她一直和张荫麟有通信、见面的机会，她的文章和译作都经过张荫麟精心修改，张荫麟历年来给她的片言只字，她都如获至宝般地珍藏着。对于这份感情，张荫麟是怀着感恩的心情来对待的，提到容琬的名字，他的声音都会颤抖。

经历了婚姻的张荫麟在感情方面的克制力是非常强的，他曾经向贺麟剖白心迹："爱是要有一番精神的，爱的生活异常紧张，不是好玩的事。"张荫麟极力地劝容琬回北京和未婚夫结婚，当容琬执意不去时，他又使出了"杀手锏"——将自己的妻子和一对儿女从东莞接到了昆明。

当在战乱中颠沛流离、阔别数载的张荫麟和伦慧珠夫妻终于幸运地团圆时，不料却并没有久别胜新婚的喜悦，反而琴瑟失和。最终二人以离婚收场，伦慧珠带着儿女回到广东。

婚后短短四年，张氏夫妇即分道扬镳，两人之间到底发生了什么？谢幼伟在分析张荫麟的感情时说过："天才不是无感情的，他的感情特别丰富。他可以疯狂地爱上一个女人。当他爱她时，他是把她过分地理想化。但结合以后，女人的常态，逐渐显露。他会失望。他会由极度的爱变而为极度的憎。"

是耶？非耶？让我们且看张荫麟去世后伦慧珠给贺麟的一封信，在信中，伦慧珠说："荫麟的死耗，我在廿七日《大公报》上看到，当时晕过去十多分钟。醒来后我希望这是一个梦……它所给予我的悲哀与创痛，是在今生的任何事都不能填补的了。无论如何，在他的生前，我曾经爱过他，恨过他。爱虽一度消灭，但因他的一死，恨也随之而逝。到现在我依然爱他……我们把有限的宝贵的韶光辜负了。他憎恨着我，我仇视着他，以为还有个无限的未来给我们斗气呢！结果彼此抱恨终身！"从这些文字来看，这个女子确实是值得当年张荫麟"死心塌地"地去爱的。

"即便不死于穷病，恐怕他还是得死"

"大贾便便腹满腴，可怜腰细是吾徒。九儒列等真邻丐，五斗支粮更殒躯。"在张荫麟病逝后，陈寅恪作此挽诗以寄哀悼

张荫麟的生活是极其没有规则的。在衣食住行四事中，他只关心食，但不过是"大胃王"而已，其实吃得并不讲究。吴晗回

忆生活中的张荫麟时，曾说："荫麟生活的俭朴，在朋友中是知名的。从美国回来，有春冬两套衣服，结婚时也没添制新的。不能喝酒，可是偏爱吸烟，烟不论好坏，只讲究越便宜越好，因为横直是吹，不吸的。胃量极大，一顿能吃半斤肉。"

张荫麟嗜书如命，房间里到处都凌乱地扔着书，读书入迷时，不管白天黑夜。在清华时，吴晗几次去找他，都是在沙发上把他摇醒的。原来他一夜没睡，读书读到迷糊就睡在沙发上了。在撰写《中国史纲》的两年内，张荫麟养成了一个非常坏的习惯，常常为了写一篇文章，几天几夜不睡觉，直到文章完成，才大睡几天、大吃几顿，结果健康大为受损，得了肾脏炎，和他最尊敬的恩师梁启超是同样的病。他尚且不以为然，认为"梁任公先生五十外婴此疾，本不致死，不幸误于医术。他这三十几岁人的抵抗力，必不至于如梁先生"。

张荫麟一贯对自己的身体非常自信，他经常和朋友开玩笑说："如你不幸早逝的话，我一定会编印遗文，墓志、行状、传记之类，一概负责到底。"但是没想到造化弄人，恶语成谶，结果竟然是他英年早逝。

流星终于划过了天际。1942年10月24日，张荫麟在贵州遵义病世，年仅37岁。据记载，张荫麟弥留之际与病床前诸位学生逐一握别，颂《庄子·秋水篇》，徐徐气绝，这是智者最后唱出的生命之歌。

"自古才为累，天悭狷与狂。"张荫麟病逝后，朱自清赋诗挽之，慨叹天妒英才。"大贾便便腹满腴，可怜腰细是吾徒。九儒列等真邻丐，五斗支粮更殒躯。"陈寅恪亦作挽诗以寄哀悼。九儒十丐，冰冷的现实让人心酸，何况在偌大的中国已经摆不下一张安静的书桌的动荡岁月。张荫麟就这样落寞地走了，梁启超、陈寅恪、钱穆等衮衮诸公的殷殷期望，也都随之付诸东流。

1946年，吴晗有感于亡友身后寂寞，曾说："从荫麟身后发表的文字来看，假如这一年他不死于穷病，再多活三四年，再多受些磨折、考验、洗炼，恐怕他还是得死，不过死法不同，不是死于穷病而已"。不幸的是，一语成谶，20年后，吴晗未能像张荫麟那样"死于穷病"，而死于"文革"。

（金强）

曹家齐、李红岩、李欣荣三学者谈张荫麟——

他真有学问真有才

68年前的10月24日，张荫麟病逝于贵州遵义。这位生前被多位大家、同仁许为“天才”的史家，身后却少有人提及其人其文。

究竟他的才、学、识如何让时人侧目？他对学术通道的苛责式的批评为何能赢得被责者的尊敬？他的通与专，他对历史教科书的编纂标准，对今日学界有何借鉴意义？南方日报记者专访了中山大学历史系曹家齐教授、中国社会科学杂志社《历史研究》副主编李红岩研究员、中山大学历史系李欣荣博士。

谈《中国史纲》：首倡通史“笔削”五种标准

南方日报：张荫麟以史学为平生志业，但他在世时出版的唯一一部史学著作是高中教科书《中国史纲》，并且只有半帙，如何透过这部书来看待他的史学成就？

曹家齐：一部《中国史纲》，虽终于后汉之立，却于社会之变迁、思想之贡献、人物之性格，兼顾而并详之；又于历史全局之因果，以网状之维路，具哲学之思辨。独断而中的之见，更是层出不穷。此大家之手笔，非具卓越之史识，实难为之。

李红岩：俗语云：有学而不能者，未有能而不学者。历史学界有一个学术默契，时髦话叫“潜规则”，即不以著作数量衡人。所以常有著述不多而公认为学者大家者，亦有著述等身而被视之蔑如者。究其原因，在于史学界向来重视同行公议，少取社会评议。张荫麟可谓“能”而且“学”者。《中国史纲》虽只有区区半部，却反映出编纂者通博的史识、达乎化境的史料裁择功底以及高超的语言运用能力。判断一部著作的优劣，不仅要看表面，而且要看表象下的水有多深。张荫麟这部书的最大特点，就在一个“通”字上。通则不痛，痛则不通。“通”是中国史家自古以来就追寻的高超境界。张荫麟的著作让读者感受到了这一点。

李欣荣：张荫麟的著述很多，约在百万字以上，但无可否认，这半部《中国史纲》的确浓缩了他自1935至1942年间的许多心血，更反映出其治学追求博通的旨趣。陈寅恪推荐张氏在北大讲授通史课程，显然也是看中了他的这种特质。作为梁启超的私淑弟子，张荫麟受到其晚年由专入博理路的影响，以及写作中国文化史理想的激励，早就有撰修通史之志。留学美国时，已打算“约集同志，先成一国史长编”，研习哲学和社会学也无非为了拓展治史的视野，以利于日后撰写通史。后来得到傅斯年的推荐，编纂中小学教本，方有机会一偿其抱负。

南方日报：与当时其他通史著作如钱穆《国史大纲》、吕思勉《中国通史》相比，张荫麟《中国史纲》有何特点？

李红岩：上述三人，均为学术大家，而且钱、张二人尚有相当的友谊。以天分或眼光论，张荫麟天纵之才，又习欧美新学，娴于蟹行文字，故上天入地，较二老自然未遑多让，但早逝，而钱、吕二老得享天寿，允为学术大师，这是张荫麟学问发扬不得不戛然而止的无可奈何处。又限于体例，张的著作自然较钱、吕二大师的著作为简短、浅易。如果说钱、吕二大师是以独家之学为一家著述，则张氏之书则属于以独家之学做公共产品。台湾学者何佑森先生常说，学术著作有浅入浅出、浅入深出、深入深出、深入浅出四种境界。张氏通史即属于深入浅出一类。所以相较而言，钱、吕二通史更加深沉。对上述三人，学界均有专门研究，而以钱穆研究最称显学。吕氏研究集中于华东师范大学，成绩颇丰。总而言之，三位学者的著作均是经典，如同玫瑰牡丹，共为艳丽，各有特点，但不可分轩轾。

李欣荣：通史之作，关键在于求“通”。这不一定反映在时代的通贯上（即半部书亦无碍），更重要的是对于历史全体以及历史发展的线索有切实的理解、掌握和叙述。张氏通史引用西方哲学（逻辑学）的思维，提出通史“笔削”的五种标准，以提高通史撰写的科学性。同时较为难得的是，对于史实的解释并不生搬硬套西方的教条和理论，强调的是“能与事实融化于无间的史观”。

“笔削”的标准，明而后历史线索亦清晰可见，故能从纷繁复杂的历史中

"选择少数的节目为主题"而加以充分地叙述。这无疑会使其书显得要而不繁，条理分明。同时，张氏通史特别重视文字的简练和雕琢，以"说故事"的方式撰写通史，而且不参入考证，也尽量减少原始文件的载录，极大地增加了阅读趣味。

另外，张氏通史拥有较强的合作分工意识，其注意与吴晗的配合，邀请学有专长的史家提供各专题的初稿就是明证。与钱、吕二氏相比，张氏应属接触西方学术较多的新派史家，较能吸收当时新出的研究成果，比如商代文化的撰写，就是借鉴了中研院史语所在殷墟的发掘成果。

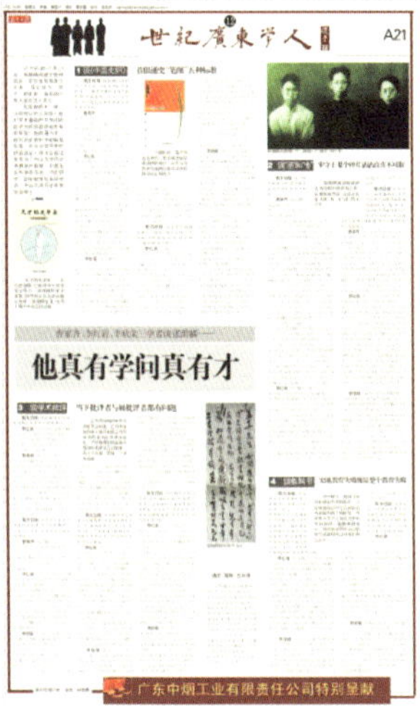
世纪广东学人
A21
他真有学问真有才
广东中烟工业有限责任公司特别呈献

谈"通"和"专"：
牢守于某个碎片沾沾自喜不可取

张荫麟自幼接受的是传统的四部综核之学，后来接受西学。这是这批学人既"专"且"通"的大背景

南方日报：除了通史撰述之外，张荫麟在其他方面有何学术贡献？

曹家齐：张荫麟先生兼通文史哲，学术兴趣广泛，一生著述多达170余篇，100余万言，其中尤以史学成就最著。其史学著作中，论性质，从记注、考据、序跋到著述，一应俱全；论门类，从史学理论到专门之思想史、社会史、文学史和科技史，无所不有；论时代，则上古、中古、近代，皆有涉猎。

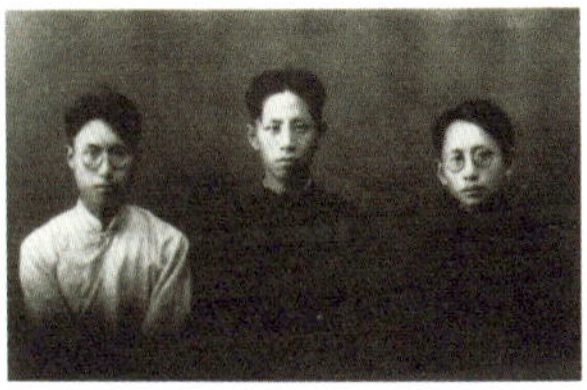

张荫麟与贺麟（中）、陈铨（右）摄于1926年

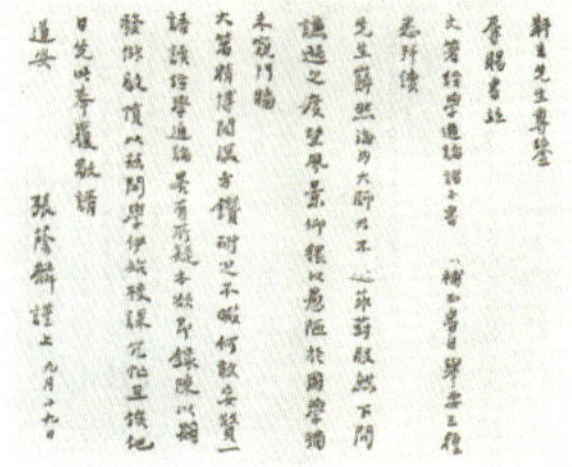

张荫麟致陈锺凡书信（手迹）

张荫麟先生对于中国史学之贡献，并兼理论与实论（指具体历史问题之研究）。众人常谓史家治史，于理论、实论难能相兼，有大成就者，或独擅理论，或长于实论，二者兼擅且有突出贡献者，唯法兰西之布罗代尔（Fernand Braudel，1902—1985）。然以张先生成就观之，实乃东方之又一人。张先生《论史实之选择与综合》、《论历史哲学》、《传统历史哲学之总清算》等，"仅仅这数篇文字，已足以使他名传竹帛，并在现代史学上占一突出席位"。许冠三《新史学九十年》，列代表性史家

17位，以述清末以降中国史学之建树，张荫麟先生赫然位居梁启超之后，正由于史学理论之贡献。

此外，张荫麟先生后期，以治宋史为重，不唯于许多课题有发轫之功，且是最早在大学开设宋史课程的教授之一，更以《宋朝的开国和开国规模》、《北宋的外患与变法》、《宋代的文学与思想》等数篇短文，建宋史研究之体系，立宋史叙述之框架。自此而后，直至今日，通史著作之宋代卷及断代性之宋史著作，几无破此体系与框架者；就张先生所成文字看，虽言简而意赅，读来无不有历久弥新之感，其整体认识与论断，后人亦少有超越。

李红岩：张荫麟是兴趣广泛、治学广博的通才。除在哲学、历史编纂理论、宋史、科技史等领域外，在中国近代史的某些专门领域、文学史、书法艺术史以及翻译实践、学术批评等方面，均有一定的成绩。关于这些，我编选的张氏文选《素痴集》均有反映。比如说他曾经与冯友兰先生讨论哲学问题，曾经专门表彰古代科学家张衡的成就，曾经翻译歌德的《浮士德》，等等。他对鲁迅、郭沫若均有正面的评价，还是最早研究甲午海战的专业史家。此外，他还非常关心时事，是一位具有左翼思想倾向的学者。他用对话体的形式发表过一组系列文章，大体上都是谈政治的，很犀利，也很有趣。

南方日报：在社会分工越来越精细、史学研究碎片化趋势越来越明显的今天，“通”和“专”似乎成了学者可望而不可即的乌托邦。张荫麟为什么能够二者兼擅，对今天的学界有什么借鉴意义？

曹家齐：今之史学界，才学识三者咸可称者，未之有也。首先是时势使然，但教育模式亦当其一因。今日之史家，青少之年皆入现代之中小学，十年之光，纯为应试，且重理科。虽有历史之科，但偏于说教，难以称学。及入大学专门习史，则多近弱冠之年。而其时于文于史，基础皆未备。及获硕博学位而以史立业，则多是由史而史，未及其他。虽曾有涉哲学，然循此不仅难以明事理、习史法，反成治史之桎梏。故今之史家，虽皓首史业，却识见未达，学养未备，而文章亦乏声色。

李红岩：我一直认为，近代中国学术发展的历程，就是一步步走向形而上学化的过程。这里所说的“形而上学”，是恩格斯在《反杜林论》中使用的那个意思，其中就包含了分工精细、分门别类的含义。形而上学化是学术的进步，这首先必须肯定。但是，它会有很多弊端。对此，恩格斯讲得非常清楚。

张荫麟自幼接受的是传统的四部综合之学，后来在形而上学化的大潮下接受西学。这是这批学人既“专”且“通”的大背景。今天，我们应该清醒地认识形而上学化的弊端，倡导通博之学。当然，术业有专攻，有偏重不可有偏废。我建议学者们记住钱钟书先生的告诫：学术上成为某一专业的专家，在主观上是得意的事，在客观上是不得已的事。牢守于某个碎片沾沾自喜，很不可取。

李欣荣：“通”和“专”并非截然相对，而是相辅相成。在“通”的基础上求“专”，才可能是有深度的研究。张荫麟生活的时期，西式的学科体制建立未久，可供学人以史学的新规范、新视角去做研究的领域触目皆是，学科界限也不容易限定张氏这类处于过渡时期学者的思维。正因如此，张氏后来才会做出今天所见的史学、哲学、文学和国学等多方面的贡献。其实学科间的界限和内部分工，纯粹只是为了研究的便利，并不是绝对的。目前的学术体制过于强调学科界限和专题研究，未必是最佳的方法。

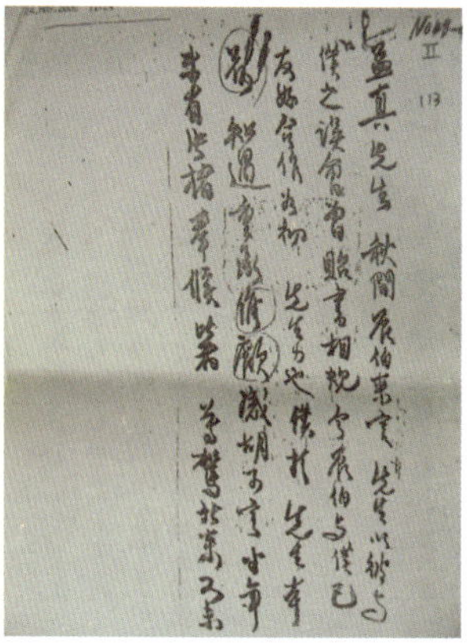

张荫麟致傅斯年信札

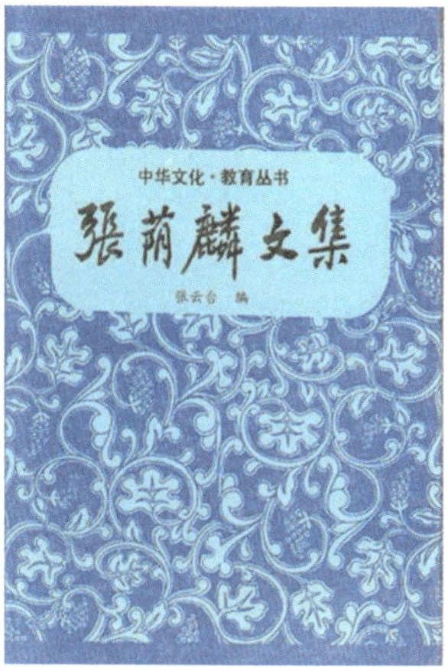

《张荫麟文集》封面

谈学术批评：
当下批评者与被批评者都有问题

正当而纯洁的学术批评绝不会树敌。正当而纯洁的学人绝不会把正当而纯洁的学术批评视为寇仇。呼吁教育部相关学风治理机构能真正动起来，办几个大案，震慑一下学术败类

南方日报：张荫麟为什么会得到那么多学术大家的赏识？

李红岩：当然是因为张荫麟真有学问、真有才。前提是他进入了这个高层的学术圈子，而且为人好。人好、学问好、有见识，人不“捧”之，谁“捧”之？

李欣荣：张氏成名得益于不少同为粤籍的在京学人的支持和帮助，包括梁启超、陈垣、容庚、容肇祖、伦明等人。在清华学习期间，得到《学衡》主编吴宓的赏识，进而受知于陈寅恪；

后被陈氏推荐入北大和史语所，虽然未成，但已给傅斯年以深刻印象，在1935年被傅氏推荐负责编写中小学教科书。可见张氏获得的人脉支持跨越新、旧两面，有助于其及早成名。

南方日报：与学术大家大力提携相反的是，当下张荫麟学问才情乏人表彰，这是什么原因造成的呢？

曹家齐：张荫麟先生当下之“知名度”与其学术贡献确实不对称。只因其去世太早，门下弟子难成规模，高足李埏、徐规等人也和乃师一样，醉心学问，非常低调。

李红岩：这也不奇怪吧。钱钟书先生说过，学术也有行情涨落。我知道文学领域有门文学社会学。其实，学术领域也应该有门“学术社会学”。相对来说，张荫麟还算是有人表彰的。不仅有博士、硕士写的论文，而且著作也出版了，文集达好几种。顺便说一句，我觉得台湾学者黎华赵许多年前写的专门研究张荫麟的硕士论文，至今依然是最优秀的。

李欣荣：其实张氏在港台的学术圈一直保持其影响和地位，文集和《中国史纲》也出版多次。中国大陆则是因为上世纪50至70年代学术传承的中断，而对张氏其人其事有所忽略。但是自20世纪80年代以来，其高足李埏、徐规等先生发表论文，大力弘扬张氏之学。美国明尼苏达州立大学陈润成教授和在下联手，先后编有“张荫麟研究”三部曲：《天才的史学家——追忆张荫麟》已在去年由清华大学出版社印行；《张荫麟哲学论著集》即将在北京大学出版社出版；《张荫麟全集》也将于明年年初正式出版。到时希望能引起更多学者对于张氏学术乃至广东学人成就的关注。

南方日报：张荫麟治学之初多以攻错商榷，并且很多都是大家，有“擒贼先擒王”的气势，能否评价一下他在这方面的成就？商榷之作的治学门径对初学者有何启示意义？

李红岩：相声中有句话，叫“抬杠学本事”。这当然是贬义。在学术界，用抬杠来出名，并且也确实学到了本事的人并不少。但张荫麟不属于这一类“下三滥”。张荫麟早年多与学术名家商榷，表明了他锐利的学术目光，令人钦佩。这里我觉得他最值得称道的成就，是批评顾颉刚先生在《古史辨》的论文中使用了“默证”。也就是说，你不能因为古书中没有记载某个东西，就说没有那个东西。我有个小师弟，写文章认为张荫麟的批评不成立。我认为还是成立的，这个批评从方法论上入手，是一个很致命的批评。对初学者来说，写评论文章可能是最好的读书门径。当然，不能有“抬杠学本事”的想法。别忘记，张荫麟先生的治学态度是非常严正的。

李欣荣：张氏投身学界之初，的确曾与诸多大家商榷，例如梁启超、胡适、朱希祖等人。这当然会给时人以深刻印象。不过张氏更多的是与学界新锐相商榷，或是就前沿问题提出自己的看法。例如顾颉刚先生发表《古史辨》之时并非成名学者，张氏还是积极地提出自己的反疑古意见；郭沫若流亡日本，其时不以史家知名，当其初版《中国古代社会研究》，张氏即便身处美国留学，也撰文表达正反两面的看法。可见张氏并未有“擒贼先擒王”的想法而去选择批评对象；商榷有批评价值的作品，对事而不对人，这才是其商榷之作能够获得大名的主要原因。不过，对初学者而言，最好还是从正面立论，商榷之作不妨少作。

南方日报：张荫麟学术批判苛责，本应树敌无数，却赢得了很多人包括被批评者的赞誉乃至尊敬。反观当下，学术批判、学术打假困难重重、很不美妙，对此您有何评价？

李红岩：正当而纯洁的学术批评绝不会树敌。正当而纯洁的学人绝不会把正当而纯洁的学术批评视为寇仇。张荫麟的批评与被批评者之间，正印证了上面的判断。反观当下，古风不再，我以为批评与被批评者都有问题。为什么神圣而理所当然的打假在评价上形成了决然对立的两极？这本身不就说明打假者也有值得人们反思的地方吗？为什么许多明明是假的东西堂而皇之地获了奖？这不正说明造假之风的浓烈吗？我认为，政府必须重视学术打假的事情了。可喜的是，教育部等部门已经成立专门的学风治理机构，我呼吁他们能真正动起来，真正办几个大案，震慑一下那些学术败类。

李欣荣：学术评价只要言之成理，对事不对人，相信真正的学人必定不以为忤，反而会闻过则喜。学术打假招致暴力报复这样极端的事件毕竟罕见，建立一套成熟的学术评价机制更为急

《中国史纲》虽只有区区半部，却反映出编纂者通博的史识、达乎化境的史料裁择功底以及高超的语言运用能力

务，特别是注意评点学有专长之作，提高整体的学术水准，“假冒伪劣”的学术作品到时自然难以藏身于学界。

谈教科书：
史地教育失败便是整个教育失败

当年明月、袁腾飞等历史通俗作家的走红，已反映出民众对于历史知识有着强烈的了解愿望。然而其中又不乏戏说历史和附和民间一般趣味的成分，同时史学界内公认的研究成果却难以传播到民众当中

南方日报：张荫麟对当时的教科书一直非常不满意，当时就有人说过：“小学、中学和大学以及国民的历史教育都没有什么成绩……国民最基本的教育当然是史地的教育，史地教育的失败便是整个教育的失败。”如今，历史教科书的问题，是否有所好转？

李红岩：张荫麟觉得这话既是对教科书现状予以批评，更是对教科书编纂提出更高要求。其实，晚清废除科举以来，新式教科书编纂一直在进步之中。在社会转型的大势下，新式教科书自夏曾佑、刘师培、柳诒征等人前驱先路，一直到今天，其最大的成绩，我以为就在于对国民的民族国家意识、民族国家认同发挥了不可替代的巨大作用。如今，学者们正努力在创新思维的驱动下，编纂出更加符合时代精神的教科书。问题当然有，但成绩是主流。最大的问题，我以为是对优良传统的减损。具体说，我不赞成在历史教科书中减损乃至驱离关于近代革命的内容。

李欣荣：大学阶段重在博览群书，历史教科书的作用相对没有中小学那么重要。就十多年前的阅读印象而论，中小学教科书的弱点反而在于太有条理，同时内容取舍的标准或难得客观。此外，教员的讲授能做到深入浅出，授课活泼有趣，进而引发学生研读历史的趣味，或许更为重要。

南方日报：钱穆说过：“中国为世界上历史最完备之国家，然中国最近乃为其国民最缺乏国史智识之国家。”对此您如何评价？

李红岩：历史是已然逝去的过去。常有人问，历史有什么用？对此，相关言论可以搜罗成几部大书。钱穆等大师浸淫历史最深，故感触最烈。他们这批学者念念不忘的共同主题，是历史与民族国家之关系。在他们看来，忘记历

史，国将不国，人或为禽兽。故长言咏叹，心声共同，一以贯之。钱穆先生所说的“国史智识”，不是“负鼓盲翁”作场下的说书艺术（中国人从来不缺少这些东西），还是指国家民族意识。这个问题，晚清时期梁启超等人提倡通俗史学时就已经提出来了。这些命题，永远有其价值和意义。

李欣荣：钱穆此语虽然言于抗战时期，但对于当下仍有针砭时弊的作用。目前当年明月、袁腾飞等历史通俗作家的走红，已反映出民众对于历史知识有着强烈的了解愿望。然而其中又不乏戏说历史和附和民间一般趣味的成分，同时史学界内公认的研究成果却难以传播到民众当中，因此有必要加强学术成果的转化和传播工作，使得民众能够于历史中汲取智慧和养分。

延伸阅读

通史“笔削”五标准

张荫麟在通史编纂中注重研究史实的选择和综合，总结出通史“笔削”的五条标准，这就是新异性的标准、实效性的标准、文化价值的标准、训诲功用的标准、现状渊源的标准。他认为训诲功用的标准应予以放弃。因为学术的分工，历史的训诲功用应由各专史承担，如历史中战事与战术的教训属于军事学的范围。张荫麟指出，训诲功用以外的四条标准皆是今后写通史的人所当自觉地、严格地、合并采用的。

（金强　林旭娜）

《天才的史学家——追忆张荫麟》已由清华大学出版社印行；《张荫麟哲学论著集》即将在北京大学出版社出版；《张荫麟全集》也将于明年年初正式出版

学人小传

梁方仲（1908—1970），祖籍广东番禺县黄埔乡南约荣西里。清光绪三十四年六月二十一日（1908年7月19日）出生于北京。著名历史学家，中国社会经济史学的奠基者之一。他围绕明代一条鞭法研究发表的一系列论文，直到今天，仍被国际学术界公认为是该领域最高水平的研究，他也被称为『明代赋役制度的世界权威』，而其论著《中国历代户口、土地、田赋统计》『功力深厚，见解独到，是新中国成立以后中国史学界为数不多的未受政治干扰而能垂之久远的经典之作』。

梁方仲：天留迂腐遗方大 路失因循复倘艰

他是出身名门世家的公子，但他一生与政治绝缘，选择了最寂寞的学术研究为毕生事业。

他是20世纪20年代中国“新史学”的代表人物，中国社会经济史研究的开创者。他的一条鞭法研究，被称为“明代赋役制度的世界权威”。

他一度成为史学界的边缘人物，被人们遗忘，但他的学术思想不但重新成为主流，更历久弥新，成为当代学界许多前沿研究的出发点；他从没有老去，因为他的学术和思想仍然在影响当下。

他就是梁方仲，我国当代著名经济史学家。

梁方仲晚年曾于病榻题诗咏怀：“天留迂腐遗方大，路失因循复倘艰。”（典出《尚书·大诰》：“予造天役，遗大投艰于朕身。”孔安国传：“我周家为天下役事，遗我甚大，投此艰难于我身。”）他借用此典，表达自己的为人与学术志向。他一生坚持的“迂腐”，造就了他当时的寂寞。

历 历 往 事

不问政治：

“学术价值永恒，政治只解决一时问题”

梁方仲出生时，在刑部提牢任内的父亲刚刚升官，高兴之下命其名为“嘉官”，意即企望他加官晋爵，光大宦门，但后来他拒用此名。他曾对其研究生说，“想当官就不要当我的学生”

梁方仲先祖梁经国，是富极一时的广州十三行“天宝行”创立者和行主。梁经国虽以经商发家，却不大希望自己的后人仍然从商。他重视子女们的教育，要求他们以读书科举仕宦为业。

梁家的发展也如同这位先祖的设计，此后成为广东有名的书香门第，连续三代都是翰林和举人。如果不出现近代的社会动荡，这样的世家也许还会延续下去，梁方仲也许就不是今天我们看到的那个一生远离政治的大学者。

到梁方仲祖父这一代，已经处于清朝晚期。这时候的广东渐渐成为“开眼看世界”的前沿。作为广东有名的士绅家族，梁家也卷入到时代洪流中。梁方仲的祖父梁庆贵历任内阁中书、侍读，他参与康有为发起的“公车上书”，组织广东自治研究社，领导收回粤汉铁路利权运动。

也就在收回粤汉铁路过程中，梁家发生了一次重大的家庭变故。当时，梁庆贵坚持商办，而时任粤汉铁路督办的岑春煊主张收归官；因政见分歧，梁庆贵遭到岑春煊的抓捕，并丢掉官职。这一仕途激变，对梁家打击巨大。辛亥革命之后，梁庆贵及梁方仲的父亲梁广照对政治局面更加失望，以遗老自居，拒绝任职于民国政府，转入教育界。

这段经历一定对梁方仲的人生产生了重大影响。他不仅亲历家庭的变故，看到政治丑恶，平时的家庭生活中也常常听先人提及官场的黑暗。种种经历，都让梁方仲对官场和政治没有好感。梁方仲出生时，在刑部提牢任内的父亲刚刚升官，高兴之下命其名为“嘉官”，意即企望他加官晋爵，光大宦门，但后来他拒用此名。他曾对其研究生说，“想当官就不要当我的学生”。

梁方仲用一生的表现充分证明了他对政治的态度。由于他在学界的声名，无论是民国政府还是新中国政权，都邀请他担任大学或者学术机构的行政职务。除了实在推辞不了的“政治决定”，梁方仲几乎一直采取拒绝态度。

他的恩师陶孟和（社会学家，曾任中科院副院长）一度邀请他去北京商议当时新成立的科学院的筹备，他最终也没去。好不容易做了个中山大学经济系的主任，他也不大热心搞行政。

对党派政治，他也是游离态度。解放前，国民党曾经强迫他入党，解放后，共产党也极力邀请过他入党，他拒绝了。民主党派不少人，包括他的好朋友吴晗，也力劝他加入民主党派，他也没什么兴趣。他其实是不愿意有组织束缚自己，自称“做惯乞丐，懒做皇帝”。

梁方仲对政治的态度，一方面与他的家庭经历有关，另一个重要原因是他认为热衷政治会给学术研究带来副作用，既浪费大量精力，缩短学术生命，又可能会因为政治影响学术独立，这是他的一贯观点。

1957年反右时，他在当时又红又专的大环境下竟然公开提倡“粉红论”。所谓的“粉红论”，大意是说：我就不追着形势跟你们比赛谁更红谁更专，能跟得上形势就行了。

他被人所熟知的是他有名的“三怕”：怕开会、怕听报告、怕参加政治运动。他又说，“学术价值永恒，政治只能解决一时的问题”。

因为这些证据，1958年掀起的“拔白旗、树红旗”运动中，他被树为“只专不红”的典型，当被质问他所说的“学术价值永恒，政治只解决一时问题”的含义时，梁方仲竟然作了这样的回答：“联共（布）党史简明教材，出版至今不下读者千千万万，但出版不到二十年，便要重新改版。《资本论》第一卷读者不及前者多，但出版九十年，虽然也有数次修订，但基本原则颠扑不破。”（转引自陆键东：《陈寅恪的最后二十年》）这个回答再真诚不过，但在当时的环境下却迂腐得可爱；与那些批斗者讲道理，梁方仲的书生气一览无遗。

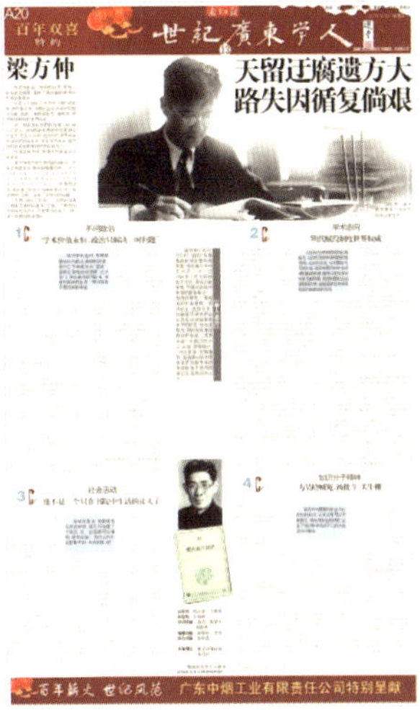

学术志向：

“明代赋役制度世界权威”

以农村为学术研究的空间起点，以古代为学术研究的时间范畴；从农村出发，从中国古代历史出发，探究中国历史社会发展的幽深机理，最终以现代学术体系为参照系，观照中国社会发展的现代性，这就是梁方仲学术的志向和学术的方向

五四运动爆发后，新思想、新文化影响逐渐扩大，梁方仲也受到这一新思潮的浸染。他北上北京求学。1921年秋前往其诞生地北京，1926年9月，梁方仲考入清华大学，始读农学系。不料只读一年，该专业被取消。为了打好外文基础，他先转入西洋文学系，念一年后再转入经济系。1930年毕业，继入清华研究院。1933年研究院毕业，得经济硕士学位。1933年冬进入中央研究院社会科学研究所，开始了学术生涯。

这一段简历颇有意思，大致描述了梁方仲早期求学生涯的思想轨迹。虽然梁方仲为人温文尔雅，颇具儒家教养，但他骨子里具有对传统的叛逆精神，这是当时进步青年的潮流。等到他进入大学时，西方学术体系已经较为完整地引入中国，他的整个视野站在了时代的前沿，他看到了一个他祖父和父亲都不曾看到的学术世界，激发了他毕生的学术兴趣。等他大学毕业时，他已经决意要在学术界有一番作为。

既然有了坚定的决心，他就开始思考自己学术的方向。进入农学系并不是盲目的选择，而是梁方仲治学的兴趣所在。他认为，中国自古以农业立国，近代政治经济仍然发端于传统农业社会，因此，研究现代政治经济问题须回溯传统农业社会。这种选择一方面源于梁方仲的问题意识，另一方面与当时学术界的潮流也很有关系。

20世纪30年代之后，经过民国20年代学术的发展，偏重于宏大叙事的中西之辩论、现代与传统之争已经不仅仅停留于思想史、文化史。随着西方社会学、经济学、人口学、民族学逐渐引进，当时的学人已经告别了属于胡适、鲁迅和陈独秀的思想启蒙年代，进入了对思想进行更加深入的细分化的学术研究阶段。当下中国的社会科学多数奠基于这个时代，包括新史学的梁方仲、吴晗，社会学的潘光旦、吴文藻、费孝通，人口学的马寅初等等。这批新锐学者

认识到，中西之辩，现代与传统之争，不能仅仅靠文学家的笔头争吵，也不能完全靠创造宏大哲学体系自说自话，必须以现代西方研究范式去寻找中国数千年社会运作的奥秘。他们发现，前人所有的问题意识的来源，在于他们对中国现实问题的不满，而要解决这些问题首先要对历史和现实进行合理的解释；只有先解释中国的历史和传统，才能进行辩证性取舍。如何解释？他们意识到，传统中国的制度、文化乃至经济方式，大部分源于中国农村。农村的乡村治理结构及其层层递进，构成了中国的社会结构及其政治关系，中国传统社会的基本道德和伦理秩序几乎都发端于此。虽然时间已经走到要求推倒传统的民国，但传统还在隐秘地支配现实的中国，甚至很多现实中所谓打着“现代”旗号的政策，其实就是历史的变种。

梁方仲很早就意识到，在西学的观照之下，传统中国有着大量的研究荒地需要去开拓。

这就是梁方仲为什么选择农村作为研究起点的原因，也是他为什么一开始就想进入农学系的原因。后来农学系取消，梁方仲只好选择了经济系，但是他在经济系乃至之后进入清华研究院和中央研究院社科所研究的，主要还是农业经济。实际上，他毕生的研究都是以明代田赋史为中心的中国古代经济史研究。

以农村为学术研究的空间起点，以古代为学术研究的时间范畴；从农村出发，从中国古代历史出发，探究中国历史社会发展的幽深机理，最终以现代学术体系为参照系，观照中国社会发展的现代性，这就是梁方仲学术的志向和方向。

在明确了自己的学术志向之后，梁方仲要进行更细化的学术选择。按照他的学术思路，现实的财政经济不可避免带有过去的影子。中国古代的财政经济基本上依靠农村田赋，所以他决定以田赋制度作为研究农村经济的切入点。民国时期的田赋制度，实质上就是滥觞于明代的一条鞭法。于是，梁方仲决定从一条鞭法入手开始自己的学术生涯。

研究明代赋役制度的学者很多，只有到梁方仲，才真正将现

1948年，梁方仲在南京中央研究院办公室工作

代社会科学方法引入并且作出精深的研究，只有到梁方仲，明代赋役制度这一领域才有了一个基本框架。他的研究不但一直在中国社会经济史研究的主流中得到承认和重视，甚至他提出并探讨过的许多问题至今仍然是最前沿研究的出发点，“明代赋役制度的世界权威”（何炳棣语）的称号实至名归。

社会活动：

他不是一个只在书院中生活的迂夫子

延安方面说，梁教授怎么尽说好话，梁方仲也提了个意见，说，“白区都可以看到《新华日报》，为什么你们这里看不到《中央日报》呢”

梁方仲并不热衷党派政治，但他并不是一个只在书院中生活的迂夫子，还是有不少社会活动。

首先，他的工作需要大量的实际调查。另外，他本人虽竭力保持政治中立，但他对时局实际上有着自己的观察和判断。1939年，他曾到延安考察了一个多月，对延安军民的团结印象深刻，对延安政府也很有好感，认为延安没有贪腐现象。延安方面说，梁教授怎么尽说好话，梁方仲也提了个意见，说，“白区都可以看到《新华日报》，为什么你们这里看不到《中央日报》呢”。有证据表明，梁方仲早年曾经帮助过共产党人，据说是因为受大学同学的影响，但梁方仲去延安主要还是为了学术考察。

在新中国成立之前，梁方仲最为人所知的社会活动，是他作为发起人之一的“史学研究会”。在上世纪30年代初，史学主流仍然是传统历史研究范式，相对于传统的政治史、文化史研究，经济史相对较为冷门。但梁方仲没有选择当时的史学“显学”，而是选择了自己所爱好并投以毕生精力的经济史。1934年，梁方仲与吴晗、汤象龙、罗尔纲一起成立“史学研究会”，并在天津《益世报》和南京《中央日报》开辟《史学》副刊，编辑出版《中国社会经济史研究集刊》，并一度担任主编。这是中国第一份以“社会经济史”命名的刊物。在梁方仲为代表的这一批学人的努力下，一个新兴的史学研究学派兴起，并产生了一批当时活跃的少壮派历史学家。这个新史学学派既秉承了传统学术精神，又受过系统的现代学术训练，将当时的史学研究推向了一个高峰。

史学研究会时，应该是梁方仲最富有社会活动激情的时代。通过史学研究会，他结交了包括吴晗在内的许多终生好友，并且一度活跃在学术杂志和媒体上，普及新史学派的理念。

史学研究会代表着一个重要历史学派的兴起，梁方仲对围绕着史学研究会的社会活动，有着明显的兴致。但这一黄金时期很快因为政治原因过早结束。解放之后，以郭沫若、范文澜为代表的唯物史观学派，迅速占领史学主流。当时包括顾颉刚在内的老派历史学家都开始艰难转型，向史学新主流靠拢，属于梁方仲活跃的年代提早结束。

可以说，梁方仲是一个终身寂寞的大知识分子。如果他忍受不了这样的书斋寂寞，他早就有无数的机会寻求名利。他的老师陶孟和解放之后几次要求他到北京担任社科院经济所所长，但梁方仲没有北上。作为仕宦门第子弟以及学界名流，他在早期生涯认识了不少民国以及新中国成立后的党政要员，但他一生从未利用过这些关系为自己谋得一官半职。

《中国历代户口、田地、田赋统计》封面

知识分子精神：

为吴晗喊冤，被批斗、关牛棚

梁方仲对国家对社会内心炙热的关怀，从来没有用文字表露过，但他用毕生的研究，证实了他对学术忠贞不二的大知识分子身份

从为人上说，梁方仲先生堪称模范。他出身官宦世家，但他对名利看得极淡，对政治不热衷。某种程度上，这是他的智慧。

但他对朋友绝不冷漠，甚至敢为朋友深陷政治泥潭。在吴晗最艰难的时期，他是少有的敢为吴晗喊冤的人。在当时的政治风气下，能够顶得住政治压力公开支持吴晗，需要极大的勇气。因为吴晗，他被打成“吴晗分子”和“反动学术权威”，遭到批斗、关进牛棚。正是梁方仲在为人上的单纯，造就了他的学术成就，或者反过来说，或许正是因为他对学术的投入影响了他的为人。

从学术上说，梁方仲先生虽然选择了明代赋税制度为一生研究的切入点，但他在学术上的根本关怀，是要去理解和解释传统中国的社会经济结构及演变逻辑，并将这种解释投射到现实中国社会问题的关怀上来。甚至可以说，关怀中国历史文化、关怀中国现实社会，才是他一生的根本志趣。他明白自己的个人力量局限以及学术研究从小处着手的道理，所以他选择了从最艰苦的农村调查、资料搜集开始，从一个个小问题开始，进行最踏实的研究，在这些研究达至化境之时，他才将它们一一展开。但是，如果我们翻阅他生前未发表的大量日记、手稿、读书札记，就会发现梁方仲的阅读领域不仅包括社会科学领域，对文献版本、哲学思想、科学技术都有不少涉猎并有不少独到见解。根据其子梁承邺先生的回忆，梁方仲先生对诗词文学同样有广泛爱好。很明显，在人文社科领域的大量阅读，一定培养了梁方仲对于现实社会的关怀以及对于解释传统中国社会的兴趣。

刘志伟、陈春声二学者将梁方仲的学术成就归结为“经济学理论素养、历史研究功力和对现实问题的关怀”三者交织而成，同时，又总结为社会科学方法上的良好训练和诠释文献的传统学术功底。事实上，这样的总结，我们在与梁方仲先生同一时代的许多人身上都可以看到。他们一出生即处于中国从传统向现代的痛苦转型中，其间伴随着家国变故、朝代更替、内战外战，在各种思想力量的激烈交锋下，他们的思想时常经历着幻灭、重建再撕裂的痛苦循环；他们都具有深厚的国学修养，但他们中的多数人又有着国外求学、游历的经历，他们面临着既要解释传统中国，又要面向现实和未来的双重学术任务，这样的双重任务注定了这一代学人将成为旧学术体系的集大成者或者新学术体系的开创者。

我们将这一代学人身上的这种学术研究的根本动力归结为“知识分子精神”。知识分子既需要陈独秀那样的深度介入政治的领袖，也需要鲁迅这样的思想家、文学家，同时也需要梁方仲先生这样脚踏实地做学问的学者。梁方仲对国家对社会内心炙热的关怀，从来没有用文字表露过，但他用他毕生的研究，证实了他对学术忠贞不二的大知识分子身份。

古今中外很多人试图去概括知识分子精神，比如陈寅恪“独立之思想，自由之精神”，然而，这两句话虽短，能够真正坚持的又极少，仅仅名利一条，就不知让多少才子学者在现实面前折戟沉沙，更不用说在时代变幻和政治压力面前坚持真理和治学的独立。好在，总有这样的知识分子存在，让我们内心生起无穷的敬意。

梁方仲就是这样的人。

（感谢梁方仲之子梁承邺先生为本文提供的帮助。）

（朱迅垚）

《明代粮长制度》封面

学者视点

刘志伟评述梁方仲学术贡献

他为中国经济史研究奠基

1936年，梁方仲发表《一条鞭法》，立即引起学界巨大反响。这篇论文开创了用现代社会科学方法分析王朝制度，研究传统中国社会经济的新路径，马上引起国际学术界重视。梁方仲的成就并不仅仅止于制度本身的研究，他的眼光始终致力于通过一个时期的田赋制度观察整个中国田赋制度的变化，进而观察在这种制度变化之后社会结构的变化，由此说明明清社会经济的结构特征。

通过梁方仲的研究，我们了解的绝不仅仅是一个孤立、抽象、与时代似乎毫无关系的古老制度，而是发现了一个王朝的社会经济的内在运作机制，同时，他的著作也时时提示我们现实田赋制度以及现实社会经济与历史的隐秘联系。如何理解梁方仲对中国社会经济史研究的开创性贡献？南方日报记者就此采访了中山大学历史系教授刘志伟先生，他的业师汤明檖曾是梁方仲的助手。

梁方仲对一条鞭法的研究“最为全面和深邃”

南方日报：您最初怎么知道梁方仲的？

刘志伟：在36年前，当我第一次听业师汤明檖先生介绍梁方仲先生时，首先记住的是“一条鞭法”这个听起来觉得有点怪怪的名词。从那一刻起，我一直好奇地想知道，发生在明代中后期的一条鞭法改革，只是漫漫历史长河中一处湍滩，为何值得一位学者花费毕生的精力去研究？而且这项研究如何能够成就一位学者的声名功业？

几年后，我有幸踏入明清社会经济史研究的门槛，得以在汤老师指点下，以学习研读梁方仲先生一条鞭法研究的论著为门径，开始努力试图解答这个一直缠绕在脑子里的问题。转眼30年过去，我不知道自己是否已经找到了答案，只是从学习梁方仲先生的明代一条鞭法研究入手，在明清社会经济史研究领域，有一点点心得。

南方日报：“一条鞭法”研究在梁方仲本人的学术生涯和中国社会经济史学科的发展过程中分别居于什么地位？

刘志伟：人们谈到梁方仲先生的学术成就，总是把他的名字与“一条鞭法”联系在一起。一条鞭法研究，是梁方仲先生成就其学术功业的基石。同时，一条鞭法的研究对社会经济史学界影响也很大，我研究一条鞭法后户籍制度的变化与广东地区乡村社会结构变化的关系时，就是从梁方仲先生那里得到的启发。可以说，梁方仲先生对一条鞭法的内容和实质的把握，包含了许多深刻的见解，被学界认为是“最为全面和深邃”的研究。

南方日报：有人把梁方仲先生归为从事传统制度史研究的学者，以为梁方仲先生的一条鞭法以及相关的研究，重点只是在史料考释上面，着重说明了王朝典章制度的内容与施行情况，而欠缺揭示一条鞭法的社会经济意义，您怎么认为？

刘志伟：这是一种误解。梁方仲先生的关怀和研究的着眼点，从一开始就是要从明清社会经济的变迁过程，去理解近代中国社会的结构。

研究传统中国社会由典章制度入手，一则是因为从王朝典章去说明社会制度，在中国学术传统上，有长久的渊源，一个中国学者研究传统中国社会问题，承此“家法”，不失为治学之正途；二则是因为传统中国的社会制度和社会生活，一直在王朝典章制度规范下，虽然社会现实与制度规范常有相当大的距离，但王朝制度常通过不同的机制直接或间接影响或制约社会生活形态和社会关系的结构。由于我们研究所用的资料，不能离开士人留下的文字，若脱离了对王朝制度的了解，则难以真切地解读文字记录的本意，也难以真正把握和理解现实社会现象。

因此，研究者重视典章制度的考释，重视弄清有关制度的内容和本义，并不意味着只是以厘清制度沿革为研究目标。我们综览梁方仲先生的论著，许多都是从制度考释入手，去说明社会现实之情状的。一条鞭法、粮长制度等研究固然如此，其他有关制度的研究也无一例外。

世纪广东学人
A21
他为中国经济史研究奠基
广东中烟工业有限责任公司特别呈献

1934年，梁方仲（左二）与罗尔纲（左四）、吴晗（右三）等在北京成立史学研究会

有些经济学者过度推崇计量，甚至忘记其只是工具

南方日报：梁方仲认为，过去中国田赋史的研究，多以正史和政书为限，应当多从地方志、笔记及民间文学如小说平话之类去发掘材料，他的这种研究习惯跟他同时代的历史学者有何不同？

刘志伟：在20世纪30年代，中国社会经济史研究还处在拓荒阶段，很多青年学者提出要重视地方志资料的利用。梁方仲先生可以说是利用地方志资料来研究王朝制度与地方社会最为成功的学者之一。为了弄清楚一条鞭法在地域上的发展以及各地施行的实况，他利用了从中国各地和日本、美国等国家收藏的地方志1000种以上。正是因为大量利用地方志资料，使他得以掌握一条鞭法在地方上推行的过程、内容的精粗差别以及不同地区的社会实况。在当时中国历史学研究者中间，很少有像他这样大量利用地方志资料的。

南方日报：梁方仲为什么这么重视地方志等民间资料的搜集，您认为这表现了梁方仲怎样的治学方法？

刘志伟：这是因为梁方仲先生研究王朝制度的目的，并不只是为了说明制度本身的内容，而是要通过剖析制度运作的机制去说明社会经济结构的实态。因此，在梁方仲先生的研究中，除了正史、实录、会典一类官方文献一直被重视之外，其他地方的、民间的文献也一直是他所倚重的材料。他一生的治学生涯，一直没有停止过努力搜集各种公私档案、契据册籍作为研究资料。

南方日报：梁方仲先生十分重视经济史的计量研究，但也有说法，我国现代经济学引入计量方法是改革开放之后的事情。

刘志伟：这种说法并不完全准确。在中国经济史研究领域，梁方仲先生是以计量统计方法进行社会经济史研究的开创者。他注重从数字本身的性质去把握数字所反映的经济事实，在如何科学地利用历史数字去进行中国古代经济史的计量研究方面，做出了很好的榜样。

1950年代，梁方仲教授开始编撰《中国历代户口田地田赋统计》，上世纪80年代初这部著作出版之时，正是我国历史学界在反省过去史学研究的偏差，一度热衷甚至迷信所谓的“计量史学”的时候。一些青年史学工作者曾经相信所谓的“定量研究”比“定性研究”更具科学性，在这样的倾向下，人们更称道这部著作在推动中国社会经济史研究的收集和利用数字资料、进行量化统计

分析方面的开创性贡献，对梁方仲教授能够在上世纪五六十年代编撰出这样一部著作表示钦佩。近年来人口史研究非常热闹，也突显了梁方仲先生走在学术发展最前沿的奠基性贡献。

南方日报：他将计量方法引入经济史研究是基于怎样的方法论考虑？

刘志伟：这正是我想指出的，其实，梁先生在计量研究方面最值得我们注意的贡献，并不在于他处理历史数据采用的统计方法，而应该是他处理这些数据时坚持的历史方法。学术界有一种最常见的误解，就是把梁方仲的一些有数字统计的著作简单当作工具书来使用，可以说，没有一种把历代户口田地田赋制度演变打通来理解的通识，只是根据需要去撷取一些数据随意加以解释和发挥，是很危险的。梁先生引入计量方法主要是力图在通解历代制度演变的基础上去解读数字资料。

南方日报：国内有些研究经济的学者似乎有将研究工具演变为研究本体的危险，他们过度推崇计量方法，甚至忘记计量方法只是工具。梁方仲在计量上的使用对此有什么启迪？

刘志伟：梁方仲先生在中国古代经济史计量研究的方法上，通过自己的实践，建立起一种研究的规范，这种规范的基本原则和规则，直到今天，在中国古代经济史研究领域中仍然值得效法。

大家闹哄哄争论中国社会性质时，梁方仲坚持了学术独立性

南方日报：梁方仲不仅重视计量而且还重视社会调查。1939年，他曾前往陕甘宁三省从事社会调查，为时八个月。他的社会调查方法对他的研究有什么影响？

刘志伟：在我们目前所见梁方仲先生公开发表的著作中，有关这些社会调查的成果不是太多。在那次陕北调查之后，他写了一篇关于驿运的文章。该文讨论的问题，我基本不懂，无意置

1962年，梁方仲（左一）在广东新会

1970年与子梁承邺、孙梁松新合影。这是梁方仲最后一张照片

评。但我想强调的是，在农村所作的实地调查，对梁方仲先生从田赋制度入手研究中国社会问题，不能不产生潜在的影响。虽然这种影响我们很难举出具体的实例来证明，要简单地指出他的哪些学术观点或视角是来自农村调查，也不免牵强。不过，如果我们注意到梁方仲先生在1940年代以后有关一条鞭法以及粮长制度等方面的研究，常常会更多地引出有关农村社会关系的讨论，而这些讨论又总能切中农村问题的肯綮，不能不相信农村调查经验对他研究历史上田赋制度的问题意识和观察视角有着深刻的影响。

南方日报：梁方仲与他同时代的不少学人在研究方法上有什么不同？

刘志伟：当大多数研究者受了包括马克思主义在内的种种西方社会科学的影响、运用外来概念分析中国历史现象并围绕这些概念争执的时候，梁先生坚持从史料考释和事实分析去解释历史的真相。他是在中国社会经济史研究中比较早大量利用地方文献进行研究的开拓者，他特别强调地方和民间文献资料的运用，特别强调利用经济活动中形成的实物资料，并在自己的研究中付诸实践。正是梁先生的实践，为中国社会经济史研究建立了一种学术规范。

南方日报：为什么梁方仲的学术研究经历了半个世纪以上仍然能保持其学术生命力？

刘志伟：最重要的，就是他的研究完全是在社会科学发展的内在逻辑下，按照学术的规范展开的。在研究方法、学术规范方面，梁方仲先生坚持了学术的独立和研究的科学性。当大家闹哄哄地争论中国社会性质问题的时候，梁先生认为，要认识中国社会，必须从研究农村社会入手，而田赋制度在中国农村经济中具有重要的位置，因而他选择从明代田赋史入手去探索中国社会的性质，并从对田赋以及相关制度的实证研究中，得出对明清以后中国社会性质的独到的认识。

当经济史学界一窝蜂地为资本主义萌芽问题争论不休时，他却相信中国经济史的研究，必须从整理基本的资料，尤其是基本的数据开始，进而把自己生命的最后时光花在了当时没有任何人重视的户口田地田赋统计上去，为中国经济史研究的计量化作出了奠基性的贡献。解放以后，梁方仲先生的研究，长期处在中国社会经济史研究主流之外，被边缘化了。然而，他的研究，不但一直在世界学术主流之中得到承认，而且能够在几十年之后仍然焕发其生命力，他所探讨的问题，在中国社会经济史的最近发展中仍然可以成为最前沿研究的基础。

记者手记

为学人立传　重在展示其学术精神

从受众角度来说，似乎更应该以较为浅显易懂的文字展示这些学人“浅度”的一面，或者与普通人的生活能够重合的一面。但我又相信另外两种理论：其一，不应低估读者的阅读能力，读者喜看轻松的娱乐八卦并不意味着对严肃报道的排斥；其二是有效需求理论，如果一篇报道有3000人的阅读率，但看了之后不在人们心中留下深刻印象，那么我宁愿只有30人的阅读率，但能给他们带来一点触动。

某种程度上，我们的写作对象决定了我们的写作方式，写政客明星和写学者大师一定不会相同。学者大师除非成为明星，人们一定不只想看他的私生活，学者们给世界留下最有价值的就是他们的学术作品以及他们的学术精神，给学人立传，重心永远应该是向读者展示他们的学术价值和学术精神。

既然如此，我就决定顺应我的表达冲动，不避讳使用一些专业词语，以梁方仲的学术生涯为中心，解释他的学术理想和他的人生理想如何互相影响最终浑然天成，我的写作过程实际上也是我个人对梁方仲的理解过程。某些语言的使用虽然艰深，但主要是为了力图做到表达到位。同时，我想强调的是，我虽然介绍了大量梁方仲的专业研究，看上去与读者毫无关系，但是我的着重点并不在于介绍这是一项多么牛的成就，而是试图将梁方仲立体化，从各个方面去解释梁方仲的整体学术思想以及治学的方法论，并且最终引入到知识分子精神的总结上。在我看来，伟大的知识分子之所以伟大，从根本上说是因为他们具备了知识分子精神，这是他们能够在各种艰难困境中仍然坚持治学，并能拨开学术界的层层云雾，最终抵达学术圣殿的动力源泉。也许不同语境里不同国度中对知识分子精神有着不同的阐释，但梁方仲这一辈的民国知识分子毋庸置疑是中国知识分子精神的典范。这才是这批学人身上最有价值的东西，也是写作者最应该展示给读者的，最希望读者能够读懂的。

（朱迅垚）

梁方仲

学人小传

张竞生（1888—1970），广东饶平人，原名张江流、张公室。20世纪二三十年代中国思想文化界的风云人物，是哲学家、美学家、性学家、文学家和教育家。

在现代中国，他曾红极一时。他率先在北京大学讲授性学，启发国人『美的性欲』；他倡议城市乡村化，乡村城市化，推广轰轰烈烈的乡村建设运动，时有『南张北梁』（北方是梁漱溟）之称。他是中国倡导计划生育第一人，也是中国性学研究第一人，还在《晨报》副刊发起了中国第一次爱情大讨论。他公开征集『性史』，惊世骇俗，全民皆知，却也使他遭遇万人唾骂而身败名裂，戴上了『色情博士』的帽子，以致以讹传讹，含羞蒙垢长达半个多世纪。

张竞生惊世骇俗的人生际遇和浴火重生的心路历程，展现了中国现代知识分子超越世俗、超越时代、追求真理、追求卓越的另一种生存姿态。

张竞生：五四新文化另类宗师

张竞生是一个怎样的先知？且看看以下排比句：

他第一个提倡计划生育（也有说是第二个），却被陈炯明骂为“神经病”。

他发起第一次爱情大讨论，鲁迅说他的观点“25世纪或能通行”。

他第一个向社会公开征集“性史”，最早提出女性存在“第三种水”（G点），却被贬为“色情博士”。

他第一个在大学课堂讲授“逻辑学”，编写第一本逻辑学教材。

他第一个提出“美治”思想，被今人列为与王国维齐名的美学家。他所倡立的“情人制”今天已成为事实。

他最早确立“风俗学”并组织田野调查，他最早翻译卢梭的《忏悔录》，他最早发表人体裸体研究论文……

诸如此类，不胜枚举。当中过程已随时间流逝而扭曲失真，但结果是明摆着的：张竞生从民国三大博士之一，逐渐沦落为家乡饶平县的一个地方性人物，最后1970年6月18日在家乡因突发脑溢血逝世。窗前的书桌上油灯仍然亮着，桌上摊着一本书。

是金子总会发光的，但并不是所有金子都有金字招牌。几十年后，我们以仰视先知的眼光看他时，想必和当年目其为文妖、淫虫的时人一样，充满了误解。张竞生不需如此简单的正名，只需要我们放下成见，回溯和探究一个人需要怎样的经历、秉性、性格，才能汇聚成这样的一生。

历历往事

三个名字

张竞生改过两次名。第一次是8岁那年，私塾先生为这个黝黑的学生张江流改名“张公室”，出自李斯《谏逐客书》中的一句话：“强公室，杜私门”。

第二次改名是1912年10月赴法留学前。在上海等待启程去法国时，为表达对西方进步思想的强烈向往，张竞生改名明志，以壮行色。他从严复翻译《天演论》的“物竞天择，适者生存”的进化论思想中出发，从中各取一个字，把张公室改为张竞生。

虽然姓名学很扯淡，但张竞生的3个名字，却多少暗示了他的一生。初名张江流是父亲所取，像是预示他一生将被洪流裹挟，遭遇无法预测，远方没有指引。

第一次改名是老师的主意，源出中国经典，充满着一种大公无私和集体主义精神，带着强烈的传统文化色彩。这个名字正和那句出自《礼记·礼运》的“天下为公”有暗通之处，似乎预示了张竞生作为革命者的青年时代。

1911年辛亥革命爆发，张竞生23岁。南北和议时，他曾是孙中山指派的民国议和代表团的秘书。有人认为他可以算“国民党元老、中华民国开国元勋之一”，可能稍有夸张，但他确实与不少民国初年的元老人物有过密切交往。比如，1910年汪精卫谋炸清摄政王载沣，事泄被捕，为汪精卫探监报信的就是张竞生。

第二次改名，则是张竞生的自主选择，源自西方经典，洋溢着个人奋斗的英雄主义，打上鲜明的现代意识烙印。这次张竞生在江流之中，选择了属于自己的那条河，这条河里流的不是政治，而是学问。

那一代志在天下的热血青年，只要读过赫胥黎的这本书，无不受到影响，也常常会萌生改名的冲动。比如，先于张竞生投身革命并且为国捐躯的著名女革命家秋瑾改字为竞雄，后来成为张竞生在北大的同事的胡洪骍改名胡适，而几乎成为死对头的陈炯明则改字为竞存。只不过有的人在竞争中留存，而有人则在竞争中受伤甚至丧生。张竞生似乎属于后者。

十年情场

1912年，张竞生因革命有功，由中华民国临时政府选派，成为民国政府第一批公费留学生，与杨杏佛、宋子文等人一起赴欧美留学，开始他的学问人生。

在踏上赴法邮轮的那一刻，张竞生的内心想必雄心万丈。用现在的眼光看，民国功勋，留法先驱，多么牛逼啊；彼时彼刻在这个24岁青年眼前显示出来的一切，都像眼前雾气弥漫的海面一样，未知，然而充满广阔的可能。

作家张培忠在《文妖与先知——张竞生传》里说："在黄埔江边，张竞生实现了革命与斗争的第一次启蒙。在上海滩上，张竞生唤醒了民主与科学的第二次启蒙。对于即将到来的异国求学生涯，张竞生既充满激情，又怀抱憧憬。"

将近100年后，回头看看当年这个站在邮轮上的"黝黑的"青年，我们知道他即将度过一生中最自由浪漫的8年留法生涯。

在法国，张竞生除了学习，同时去英国、德国、比利时等国家游历，这些经历让他精通英语、德语、法语，也遭遇了影响他一生的罗曼史。

张培忠说，在法国，革命的话语和性的话语是并存的，法国的很多革命领袖同时也是性小说家，比如入祀先贤祠的第一人米拉波，是法国大革命时期一位叱咤风云的革命领袖，他在仅仅42年的短暂人生里，创作了4部性小说，即《性典》、《天生的荡子》、《他她修道院院长》、《撩起窗帘》等。张竞生在这样一个文化背景下耳濡目染，加上他奔放张扬的天性，强化了他对性的开明的态度和研究的兴趣。

最重要的，是张竞生在这个时候遭遇了卢梭的著作。卢梭是张竞生的精神导师，他的思想和行为都打上了很深的卢梭的烙印，他的博士论文就是专门研究卢梭。

在《浮生漫谈》和《十年情场》里，张竞生将他的法兰西风

A18 百年双喜 特约 世纪廣東学人

张竞生
五四新文化另类宗师

百年新火 世纪风范 广东中烟工业有限责任公司特别呈献

1905年，张竞生在由琴峰书院改办的县立小学读书，图为该校雨化楼一角

流岁月详尽地讲述给读者，记述了他在欧洲时与外国女郎的多次恋爱情事。他的描述大胆、热烈而直接，看看《十年情场》中那些章节标题就可见一斑了，如“在巴黎惹草拈花”、“留学时代的浪漫史”、“彼此全身都酥软”、“海滨变成我俩的洞房”、“伦敦的一次奇遇”、“娇小玲珑的瑞士女郎”、“我是一只采花的昆虫”、“爬上树上寻欢”等，不一而足。

可以想见，这些今天看来依然可以使某些人羞赧甚至恼怒的描述，在当时又是怎样的洪水猛兽？

一部《性史》

民国早年的中国，各种新思潮如同没有河床的洪流，汹涌而来，覆盖寰宇。这其中，张竞生也属于活跃的支流。

1920年他自法归来，先是受聘为在潮州的广东省立金山中学校长，在任上他推行一些改革，如招收女生、提倡游泳之类。如果说这些改革是那时新潮人物行事中应有的风格，那么他上任伊始就向军阀陈炯明上书建议推行“节制生育”，未免显得太不合时宜，太书生气十足了。

他把一份施政建议书大大咧咧地放在陈炯明面前，据说陈当时脸色就不好看，再一读这报告，竟然提出要限制人口生育，实行避孕节育，还要我陈炯明从广东带头做起，我老陈就儿女成群，不是摸老虎屁股吗。陈炯明拂袖而去，留下一句“此人大概有神经病”的断语。

不过，比起他后来的不幸遭遇，这次被骂神经病就显得太轻描淡写了。因为他摸了太多国人老虎般的屁股。

1921年10月，蔡元培邀请张竞生到北大担任哲学系教授，讲授伦理学、行为论、美学等。他是第一个在大学里教授逻辑的人，还写了一本逻辑学著作《普遍的逻辑》当成教材。张培忠说，张竞生的《普遍的逻辑》和章士钊的《逻辑指要》都是逻辑学的开山之作，但后人对张竞生的贡献只字不提，这是非常不对的。

在北大，他还出版了自己最重要的学术著作《美的人生观》和《美的社会组织法》，前者从吃穿住行等生活的各个方面，阐释美的主张，他甚至亲自设计了他认为美的房屋格局和衣服式样。而后者则充满乌托邦式的想象。

到这里为止，张竞生都还是一个活跃的学者、新思潮的宠儿，国人投给他的是疑惑而不失兴趣的目光。周作人对他的作品甚至表示佩服，说："在中国这病理的道学社会里高揭美的衣食住以至娱乐等的旗帜，大声叱咤，这是何等痛快的事……"

但当他第一个在北大课堂上教授性学的时候，他的人生开始被没有河床的洪流裹挟，通往自毁的方向。

据说，当时北大红楼的两旁贴满广告，一边是李大钊讲授马克思主义，一边是张竞生讲授性学，这成为当时北大学术自由的典范。

但自由之所以宝贵，就是因为它不常有。等到张竞生玩过了头，竟然公开在报纸上打广告征集"性经历"，人们就实在受不了了。而且还有很多人应征，还出成了书。

据说，张竞生通过在北京报纸上刊登广告，共征集来300多篇稿件，后来选中几篇结集为《性史》第一集，初版印刷1000册。书前有张竞生所作之序，每篇文章之前还有张竞生所加的按语。在按语中，张竞生发表了不少直白坦荡的议论，诸如每月夫妻之间性交几次才合适、妻子面对丈夫的调情求爱应该如何既羞涩又大胆之类。

先看看这些标题：小江平（金满成）《初次的性交》、一轲女士（即张竞生当时的夫人褚问鹃）《我的性经历》。

再看看张竞生的一段按语："譬如有夫对妻说：我看今夜你怎样对付我呢，女子此时不免脸一红，但此时女子应当向其夫热热湿湿地亲一深吻，并应说：恐怕你连战皆败啦！此时情况何等美丽，周围空气又何等热烈；若女子面一红就走避了，则变成何等寂寞无聊了。故只知羞涩而不敢大胆，与只知大胆毫无羞涩的女子同样欠缺自然的美感。"

这些话，叫愚众和道学家们情何以堪？从此，张竞生开始了身败名裂的历程。《性史》出版后仅四个月，便先在天津遭禁。起因是南开学校校长张伯苓致函警察厅，称南开附近的书店出售《性史》、《情书一束》、《女性美》、《夫妇之性的生活》、

旧寨园的张竞生博士墓

饶平张竞生公园

比亚兹莱的画作《月亮里的女人》，曾用作《性史》封面

《浑如篇》等书，“诲淫之书，以此为最，青年阅之，为害之烈，不啻洪水猛兽”。于是警察厅下令将《性史》等书全部没收，并且“严密查察，如有售卖，送案究惩，勿稍姑息，以维风化”。

他所著的《美的人生观》、《美的社会组织法》等美学著作，都被这部《性史》完全覆盖。对于很多人来说，哲学并不有趣，有趣的是乳房和阳具，而最有趣的，是不准别人觉得有趣。

除了周作人对《性史》发出“觉得并没有什么……不觉得这些书的害甚于洪水猛兽”的持平之论，大部分人给它的是匕首投枪式的批评。

很多不法书商看《性史》畅销，开始盗版、假出续集。张竞生大大地出名了，不过出的是什么名呢？自然是恶名。请看他的自述：“近来有些人以为我是巴黎长期的学生；习染了法国的淫风。看《性史》如猪狗的苟且，尽情地任它发泄出来。又有人疑我是一个‘大淫虫’，荒诞淫逸，《性史》就是现身的说法！”（《十年情场》）

有个故事可以看出时人对张竞生的了解与误解。

1928年11月，暨南大学贴出通告，说是张竞生定于本月某日星期六下午3时到校演讲，希望同学们踊跃出席，讲题却秘而不宣。

午饭过后，全校的同学几乎都到齐了，演讲厅已经被同学们密密匝匝围住，比前两次鲁迅、胡适的演讲还要热烈。

但张竞生演讲的是“青年与读书”一类的题目。有同学失望地说：“我早知道他不是讲性学，也犯不着挤得满身臭汗，站那么久，听他的演讲了。”

如果事情还是到此为止，张竞生也不过是当时吃点哑巴亏。张培忠认为，张竞生真正“遗臭”长达半个多世纪，主要是源于鲁迅的一篇文章和一条注释。1930年，鲁迅在《书籍与财色》这篇文章中，对当时书店用女店员、打折扣和出售裸体画卷作为招揽顾客的手段进行了批判，其中就举了张竞生做例子，说：“最露骨的是张竞生博士所开的美的书店，曾经对面呆站着两个年青脸白的女店员……”这篇文章后来被收进《鲁迅全集》，并且在修订时加入了一条注释，对张竞生的评价是“宣传色情文化”。鲁迅的文章代表着最正统、最正确的思想，他批判过的，自然都是臭不可闻的。本来民众对张竞生就没有全面了解，加上鲁迅的文章和注释的强化，一般人都认为张竞生是一个“反面人物”。

自然，鲁迅也有见解不及的时候。但如果没有鲁迅这一骂，就没有“翻案”一说，张竞生的传奇性也就少了许多。

一个“失败者”

“可是时代的潮流到底把‘文妖’证明为先知者。”李敖在1962年写的《由一丝不挂谈起》中，写下了他对“文妖”的判断。

回到历史现场，回望世纪初，身体的解放，人性的正视，甚至比政治变革更为艰难。北京大学中文系主任陈平原教授在给《文妖与先知——张竞生传》所写的序言中，评价张竞生“是一个生错了时代、选错了职业因而注定命运多舛的浪漫派文人”，“他的性格以及生活趣味，放在苏曼殊、郁达夫等浪漫派作家行列，也许更合适”。

除了那些热烈的情话和空中楼阁般的主张，张竞生也曾写下这样的哲学感悟：“怪恶在艺术上只可视为伟大的别名，或则为其阴影，是助成而不是忤逆，是统属而不是独立。”几十年后，再看这句话，仿佛恰是张竞生本人的定语。

从某种意义上说，张竞生是一个失败者。他曾与许多政治史、思想史、学术史上的“大人物”或“关键时刻”擦身而过；但失败者的歌，同样也可以唱得很动听。

如果没有张竞生以及许多这样的失败者满怀激情和勇气，凭借天真和希望，不避骂名，不知危险，我们可能现在还穿着长袍马褂，看到比基尼就得捂住孩子的眼睛。解放身体和人性，发现包含其中的强烈的美，并满怀信任和赞美，张竞生开了先河。但谁知道，我们还有多少东西需要解放？

（本文参考张培忠《文妖与先知——张竞生传》、江晓原《张竞生其人其事》等著作。其中《文妖与先知——张竞生传》曾在本报连载。感谢张培忠先生学术支持。）

（蒲荔子）

张竞生

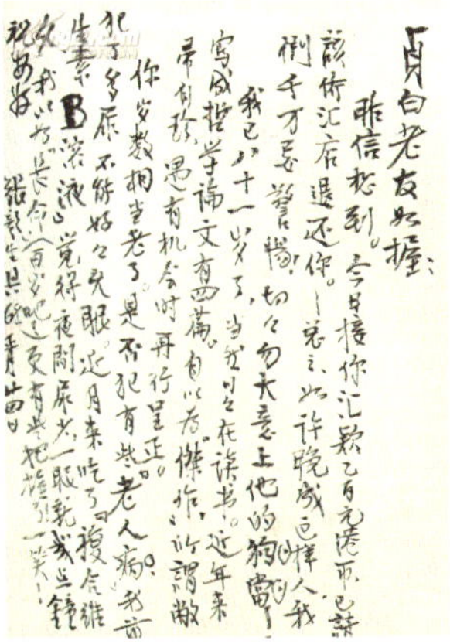

张竞生书札

学者视点

学者江晓原和杨守森谈张竞生的学术和命运——

不能不叹服他的超前与远见

站在21世纪重新审视20世纪五四新文化时期一代先贤，我们有理由认为，当年与胡适并列为北京大学最年轻的两个教授之一的广东人张竞生，是20世纪中国最敢解放思想、最具创新意识、最富于争议的人物之一。

他是一个怀抱理想的革命者和学问家，早年追随孙中山，与李大钊并肩战斗，与周作人展开论战；是一个妇女解放的倡导者与急先锋；是一个乡村建设运动的先驱者和实践者。他的最大贡献在于帮助中国人树立起现代的生活理念，包括衣食住行，包括爱情、婚姻、家庭，他都有一整套十分超前又切合当下观念的全新理论。

那么，张竞生在爱情、婚姻、性爱、衣食住行等生活的各方面，在生活和人性之美的发掘上，到底带给我们怎样的“先知”之说？记者采访了对张竞生有深入研究的学者——上海交通大学教授、人文学院院长江晓原和山东师范大学教授、博士生导师杨守森。

江晓原：他是中国现代性学研究先驱

他低估了当时的保守力量

南方日报：你对张竞生最初的印象是怎么样的，是什么机缘触动你研究他？

江晓原：写《张竞生其人其事》已经是多年前的事了。说来也十分有趣，从这篇文章的发表过程上看，也足以说明人们对张竞生在认识上的分歧。

真正触动我认真研究他，源于上海某家杂志社的约稿，我写了《张竞生其人其事》一文，整篇文章对张竞生的生活经历并没有刻意隐晦、夸大，不料这篇文章却以“你对张的评价我们不能接受”为由而被杂志社“枪毙”掉了，但我不愿意因此改变自己对张竞生的看法。这篇文章最终发表在别处。

后来，意外地接到张竞生次子张超的来信，告诉我台湾大辣出版社要出版张竞生当年《性史》第一集的新版——《性史1926》，而他要求一定要将我的《张竞生其人其事》一文作为序冠诸篇首。在他看来，这篇文章“是改革开放以来数百篇对张竞生的评价文章中最全面、准确和最有学术价值的”。

南方日报：和那个时代其他学者和文人相比，你觉得张竞生最独特的形象和价值是什么？

江晓原：张竞生与那个时代的学人相比并没有太大不同，人们之所以认为他“奇特”，很大程度上缘于他因为一部《性史》而身败名裂。

当时的北京大学自由化气氛浓厚，学术研究禁区很少，张竞生和一批教授联合成立了“北京大学风俗调查委员会”，他是主任委员。他们认为，性以及性有关的风俗当然也应在研究之列。他们收集民间的色情歌谣，并向社会各界广泛征集，周作人对此事还非常热心。收集的歌谣还在北大每周一次的校报上刊登，当时的校长蔡元培甚至还为此受到不少人的抨击。

张竞生编写《性史》的态度是十分严肃的。里面收集的是真正愿意从事性学研究的人（包括他的太太一轲女士）所亲身经历的感受。当时从事性学研究的人并不少，鲁迅对性问题也有过密切的关注，刘半农甚至还仿制当时的“歌谣”。但张竞生的运气的确不好，《性史》第一集畅销后就被不法书商抄袭仿制，他自己可能也没想到小小一册书，竟引发了一场轩然大波，他本人也为此付出了身败名裂的惨重代价。

南方日报：张竞生一生充满荆棘，这么多年来他的经历和学术都很少出现在公众视野中，你认为主要是什么原因？

江晓原：自《性史》风波后，他逐渐“下降”到了一个地方性人物。他晚年回忆往事时曾提到，他性格直率做事有时欠妥，如果能够控制一下情绪可能结果会好些。他和周作人原是上世纪

世纪广东学人 A19
不能不叹服他的超前与远见
广东中烟工业有限责任公司特别呈献

20年代北京大学的同事，在思想及学问方面有一些共同之处，早年周作人还曾将张引为“同志”，还撰文称赞张的《美的人生观》为“痛快”之事，但后来引发的笔墨官司则彻底葬送了两人的同道关系。

《性史》风波之后，张竞生也曾意志消沉、心灰意冷，他后来才明白当时中国改革阻力大、保守势力常常得逞。但家乡人民一直都没有抛弃他，张竞生在广东文史馆供职长达7年，大家对他都报以尊重、宽仁的心态。

南方日报：张竞生的性格与他后来的人生境遇是否也有一定关系？

江晓原：张竞生个性张扬，但这并不是最主要的问题。他缺乏社会经验，低估了当时社会上的保守力量，《性史》激起了保守势力的强大压制和反扑。他对社会上人心险恶完全没有概念，出版《性史》时根本就没有想到会被不法书商利用。

如果张在今天的社会，可以打官司为自己澄清，但当时的司法系统不健全，加上社会上固有的偏见，导致他毫无还手余地。那个时代也有“愤青”，也有“小报”来“起哄”，在那样的社会舆论下，张竞生和他的《性史》变成了众人抨击改革的“反例”，“再敢鼓吹改革，张竞生的下场就是例子！”

他是一个勇闯“地雷阵”的人

南方日报：对于张竞生在性学上的研究，应该如何评价他的成就、界定他的地位？

江晓原：他是中国现代性学研究的“先驱者”，现今很多有关性学的社会调查、现场访谈的内容比当年的《性史》更为详实、细致。张竞生做了一个勇闯“地雷阵”的人，后来的研究者可以从他开创的路上走过去，他是值得怀念的，虽“身败”但“名存”。

性学研究与社会很多层面都有“接口”，这就注定了它不会太“学院派”。由于时代的局限，人们认识也有局限，很多人对张竞生的研究鄙夷、不解。他介绍的“第三种水”、避孕理论等虽在当时引来一片骂声，但今天证实都是正确的。

南方日报：留学回来后的张竞生为何会将视野放在“性”和“美”的研究上，完全不同于早年研究的“政治”？

江晓原：实际上，在张竞生的那个年代，文化已经是高度开放了。他早年认识孙中山、参加辛亥革命，并被孙中山指派为民国议和代表团秘书，可算是“中华民国开国元勋之一”。不过张竞生对政治没有什么兴趣，也没有利用这些便利去谋取“官职”，而是去法国留学，从而接受了大量西方学术和思想，脑子里放满了社会学、性学、优生优育之类的学问。

张竞生（右）与友人卓侠合影

而那时候的国人多热衷于“政治”，一是当时政局变迁频繁，二是人们往往将更多视野放在与政治有关的“人”或者“学问”上，其他的则被有意无意“遮蔽”掉。例如，提及现当代文学，人们往往只谈“郭鲁茅，巴老曹”这6个人，好像整个1949年前的文学史只有“左翼文学”，但实际上当时张恨水、张爱玲的书读者要多得多。这种“过滤”的现象，实际上是一种意识形态的选择。

他的成就也不可盲目夸大

《文妖与先知——张竞生传》封面

南方日报：那个时代中国的性学传播情况如何？如何看待《性史》在中国性知识传播、性教育普及上的作用？

江晓原：早在上世纪30年代，电台里就有了专家解答性疑难问题的“午夜节目”，还有相应的书在上海出版。称张竞生为“先驱”包含着为他平反的意味，他的成就无可非议，但也不可把作用盲目夸大。

现在人们在观念上比那个时代更开放、更宽容，李银河、潘绥铭等一批性学家都在继续着更深层次的研究，也提出了一些激进的主张。这些都已经远远超过了张在那个时代的性学发展。任何事物，我们都需要放在时代的背景下去审视，不要简单地拔高，也不要过多地赞美。

南方日报：从“文妖”到“先知”，为何会出现这种截然不同的评价？

江晓原：无论是他的文章、还是他后来的乡村建设，他的经历已经成了某种公共活动的一部分，仅仅给他一个简单的判断、“标签”是远远不够的。对待任何历史人物、历史事件，都不应只是对“当下”的评断，而应以“多元”的视角和心态去面对：一是发掘以前被“遮蔽”的部分；二是建立多元的价值标准。

杨守森：他的美育思想有可操作性

他不像鲁迅讽刺的那样简单

南方日报：你在论文《张竞生的美育思想》中，将张竞生与王国维、蔡元培等美学先驱并列。是什么机缘触动你研究他？

杨守森：首先需要说明的是，我对张竞生实在说不上有多少研究，只是凭专业兴趣，写过关于他的文章而已。张竞生这个人，我大约是在“文革”期间从鲁迅的一篇杂文中知道的。鲁迅曾在那篇杂文中讽刺张竞生开的书店卖下流读物，由于当时看不到张竞生的著作，不了解真相，所以对张竞生的最初印象不是很好。直到1999年，得读广州出版社出版的《张竞生文集》之后，竟大受触动，感觉张竞生绝不像鲁迅讽刺的那样简单，是一位很严肃、很有贡献的学者。尤其是在美育方面的研究，至今看来，仍有很重要的现实意义。

南方日报：在20世纪的中国美学史上，最早倡导美育的是王国维和蔡元培，张竞生的美育思想与他二人有什么关系？

杨守森：在重视美育这一点上，他们的思想是一致的。但现在看来，我认为更值得重视的还是张竞生。因为在王国维、蔡元培那儿，主要还是一些原则性、理论性的主张。真正从实践角度，更为系统地思考美育问题的还是张竞生。

张竞生美育思想的突出特点正是：如何在现实生活中实施美育。我认为这正是美育研究的关键。他在《美的人生观》、《美的社会组织法》及主编的《性史》等著作中，涉及的都是很具体的实施问题，比如衣食住行如何美？性爱如何美？生育如何美？工厂如何美？道路如何美？甚至国家的政治体制、机构设置如何美等方面的问题，都有很具体的主张。张竞生所谈的，才是更有实际意义的美育。

“种田也要种出审美的境界”

南方日报：在《美的人生观》中，张竞生谈论的主要是美育的核心目的，是人生的美。他的主张对今天的人们有何启发？

杨守森：在张竞生看来，人生的美有两个要素，即科学性与创造性。科学性是就身心健康而言的，创造性是就人的精神生活而言的。

怎样才能实现人生的美？张竞生提到了四个方面：一是美的生活观，即衣食住行、言谈举止等日常生活，都应遵循美的原则，如衣服设计要显示出人体的风韵等。二是美的性爱观，强调性活动的主要目的不是传宗接代，也不在于生理快感，而应注重于精神享受。三是美的生育观，认为一国的强盛不在人口的繁多，而在人口素质，因此，必须实行节育及优生优育，如要注意受胎时的身体状况与自然环境等。四是美的职业、科学与艺术统一观，如“一个工程师，应是一个审美的工程师”，“种田，也要种出审美的境界”，等等。

南方日报：张竞生又在《美的社会组织法》中探讨人类的各类社会组织，有人认为他的想象大胆而独特，但太具有乌托邦色彩，你怎么看？

杨守森：张竞生认为美的社会组织有两个重要准则，一是人人得以平等的保护与分配的公道；二是发挥个人才能，满足个人意愿的自由。

张竞生的美育设想中也有一些不太切合实际之处。比如他所主张的性行为的高度精神化、家庭组织的“情人化”之类，恐是很难做到的。特别是他由“美治”观出发设计的国家最高权力机构“爱美院”，听起来更是近乎童话了。

公开谈论性当年不合时宜

南方日报：张竞生的美育思想具有中西合璧的特点，似乎既有他留法期间感受到的西方现代文明的熏陶，也明显带有中国本

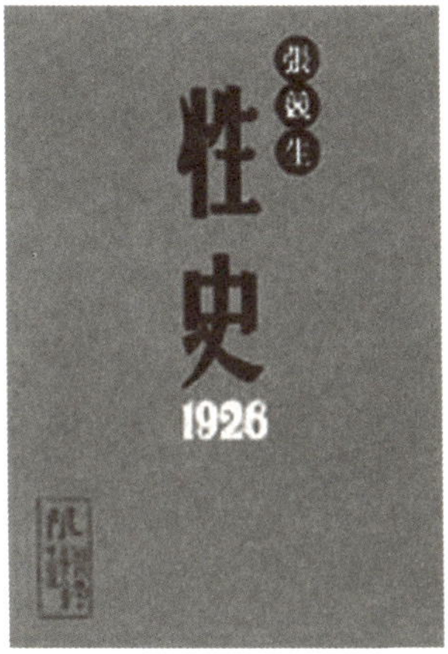

张竞生的《性史》封面。台湾再版时下边写着“未满十八岁者禁止阅读”

《美的人生观》封面

土的“五四”时代精神的痕迹？

杨守森：张竞生的美育思想中，所强调的“自由”与“公道”显然是与他留法期间亲身感受到的西方现代文明有关，也分明是兴盛于中国本土的“五四”时代精神影响的产物。他以卫生、医学保健为基点对“美的衣食住行”、“美的生育”等问题的论述，更是现代科学精神的体现。总起来看，张竞生的美育思想，恐不能说只是带有“五四”时代精神的痕迹，应当说是“五四”时代精神的重要组成部分。

南方日报：张竞生的美育思想之所以受人冷落甚至误解，原因是什么？

杨守森：大概主要有两个原因：一是与时代背景和历史状况有关。张竞生发表其美育著作的年代，中国正处于内乱外患的危机之中，中国人的生存尚是问题，谁还顾得上美育？与之相关，“五四”以来的中国社会，长期处在以破坏一个旧世界为主旨的阶级斗争、暴力革命的浪潮中，而张竞生却在大谈与时代主潮格格不入的“美的生活观”、“美的性爱观”、“美的生育观”之类问题，为人冷落，甚至招致非议，也就可以理解了。

二是与他讲的性美育有关。张竞生出于美育目的主编的《性史》之类著作，尽管出现于“五四”新文化的背景中，但在中国这样一个长期封闭保守的国度里，公开谈论性，还是为许多人难以接受的。连鲁迅都曾予以讥讽，何况一般人？新中国成立之后，在长期近乎清教的政治文化氛围中，张竞生当然也不可能受到重视了。

他提出的节育已成为国策

南方日报：他思想的超前是否也可以使我们进一步看清他思想的独特价值？

杨守森：是的。张竞生美育思想中涉及的许多问题，虽长期受到冷落，但如今看来，人们不能不叹服张竞生的超前性、远见性。比如他所高度重视的以节育为主要目标的生育美，早已成为我们的基本国策；他所提出的性行为美、环境美、产品设计美等，也已深受重视。他所提出的如果失去了美的导引，科学家将可能成为“大罪人”等有关论断，对于遏制当今已经导致了全球生态恶化，刺激了人欲膨胀，以及发明制造了大规模杀伤性武器等不顾人文价值与其他后果的“科学主义”弊端，仍具重要的警示作用。另如张竞生从他的美育观出发，当年就已提出的教育权应与行政权分离问题，正是目前我国教育改革中正在探讨的重大问题之一。正是由此，可更为清楚地看出张竞生美育思想的独特价值。

南方日报： 目前国内有关美育的研究好像还处于理论层面上，而在实操层面上的很少，张竞生的研究对当今的美育建设而言，有什么启发？

杨守森： 20世纪80年代以来，随着中国社会的变革，美育作为一个重要问题，再度受到美学界、教育界的重视，并已为教育部纳入与德育、智育、体育并重的教育方针。但迄今为止，有关研究成果，大多仍不过在空泛地谈论美育的本质，美育的意义，美育是情感教育还是艺术教育，等等。由于缺乏更为切合实际的可行性探讨，故而尽管呼声很高，成效并不明显。问题的关键正在于：与一般的美学问题及教育问题不同，美育的关键恰恰在于“可操作性”，即美育的研究，应重在为人类设计具体可行的美的生活方式，并积极创造条件予以实施。

也就是说，美育，就其根本目的来说，就是要把人类的生存环境、人的活动，以及人本身都建设成美的存在，让人以美的、诗意的方式生活、工作、学习。而正是在实践方面，张竞生提出的许多主张，对于我们当今的美育建设仍具深刻而重要的启示意义。

（蒲荔子　周豫）

《张竞生传》封面

学人小传

容庚（1894–1983），出生在东莞一个书香世家。中学毕业后，在东莞中学教书，课余搜集材料编纂成名作《金文编》，受古文字学权威罗振玉激赏，并介绍其入北京大学读研究生。后在岭南大学、中山大学执教，终老其中。容庚是紧接罗振玉、王国维之后最著名的古文字学家，被视为罗王学派的嫡传，生平著作繁多，桃李无数。

容庚：宁可跳珠江也不批孔子

在文科项目中，古文字学无疑是最偏门的“绝学”。一般的秦汉篆隶，识别之人就已不多，更何况是二三千年前的商周甲骨文金文！要把传世的商周器物上的文字件件摹印出来，并汇集成书，字字考释，点明语义，难度之大，可想而知。能在如此艰深微妙的学问中，开拓驰骋，自成名家，所需才智辛苦，远非常人所能想象。没有数十年冷板凳的沉潜与深思，著书立说简直是天方夜谭。很多古文字名家都是白头老学士，但容庚却恰恰相反，30岁凭着一部《金文编》，名播天下。

一个“弱冠嗜赌、复吸鸦片”的少年在洗心革面后，沉醉金石之学，被学界泰斗誉为可造之材；一个中学生凭借勤奋与才学直入当时最高学府的研究生，不到两年，又做上襄教授（相当于高级讲师）；一个五代书香的名门世家，兄弟之中连出三位学界名流；一个风骨铮铮的老教授敢当面顶撞自命风雅的康生；一个八旬老人宁跳珠江也不肯“说孔子坏话”……种种离奇遇合，点滴趣味往事，点缀着容庚平静而又壮阔的一生。多难动荡的岁月里，那一份执著与坚守让人叹服，而深藏在字里行间的智慧与学识更是让人景仰……

历历往事

容母四迁，迷途少年知返

深藏东莞老城区的旨亭街8巷2、4、6号，是一栋古色古香的岭南民居。三进相连，每进三间两廊，彼此独立。与周边建筑相比，古旧斑驳的“老房子”显得衰老蹒跚，沉闷单调。

但这座含蓄内敛的老宅，并不仅仅是一座唤起思古悠情的历史坐标，它满载着一个家族辉煌的五代记忆。斯文之盛，在莞城竟一时无双。在这里出生的同辈兄弟姐妹中，有三位是享誉一时的当世鸿儒。本期世纪广东学人的主角容庚就在这里出世，并度过整个少年时光。

“君子之泽，五世而斩”，容家到容庚这一辈，日渐摧颓。容庚14岁时祖父去世，父亲哀恸成疾，不久也随之弃世。容庚幼年与一般孩童无二，好玩好动，不喜读书，嗜赌酗酒，甚至染上吸食大烟的恶习。之所以能迷途知返，自立成人，全仗他母亲邓琼宴苦心调教。

邓琼宴是晚清名士、同治辛未（1871年）进士邓蓉镜之女，常以孟子、欧阳修、范仲淹母子故事激励儿子继承家风。但真正把容庚领上学术正轨的则是他四舅邓尔雅。邓尔雅擅长篆刻书法，曾在日本专攻过美术，是容庚的启蒙恩师。容庚的成名作《金文编》，从搜集材料到拟定编辑体例，很多都是出自邓尔雅之手。

容母对子女读书求学抓得很紧，不断地请老师，换住处，进名校。孟母为了让孟子有更好的成长环境，不惜三次搬家。据容庚五女儿容璞回忆，容母比孟母还多一次，不厌其烦地在东莞和广州间辗转迁徙，数年之中，竟有四次之多。容母的苦心终于感化了少年容庚。

回到东莞后，为补贴家用，减轻母亲负担，容庚在东莞中学谋到一份职位，教高中生文字学。但不久，学校认为他一介初中生而教高中，荒唐不合情理，每周只给他4个课时，远远低于其他正常老师。容庚不服，为远离是非地和获取更高学历，1922年5月，容庚与弟弟容肇祖北上求学。

初中生直升北大研究生

A20
百年双喜特约
世纪廣東学人
容庚
宁去跳珠江 也不批孔子
广东中烟工业有限责任公司特别呈献

容庚在北京一无亲戚可以投靠，二无友朋能够接济。只有兄弟二人形单影只，互相鼓励。年轻人想在学术界崭露头角，若无名流赏识延誉，很难一鸣惊人。容庚初到北京，就在北京琉璃厂老板那里打听到当时古文字学权威罗振玉在天津的住址，并带着《金文编》原稿向罗振玉请教。罗一见之下，惊叹不已，誉其为“你做了我想做却没有做到的事”，于是主动向专攻金石学的马衡推荐。马衡爱才心切，不经过考试就破格录取了只有初中学历的容庚到北大国学门当研究生。

3年后，《金文编》印行，王国维亲自作序，容庚声名鹊起。这年，容庚仅仅30岁。不久，燕京大学校长司徒雷登亲自来北大找容庚，希望他来燕大任教。据容晚辈吴灏回忆，有一天，北大国学门正在上课，一个外国人找到容庚客气地问：“请问您是容庚先生吗？”在确认容庚身份后，司徒雷登说：“你不须上课了，到燕京大学当副教授吧。”为表示对他的欣赏与诚意，司徒还赠予短剑一把作为纪念。进入燕京大学后，容庚如鱼得水，多年的夙愿终于实现，书山学海，尽情遨游，同时又与志同道合的学人切磋唱酬。在燕大的15年，是容庚学术生涯的鼎盛期，奠定容庚学术界地位的著作全在这里完成。

对容庚的学术生涯有再造之恩的前辈，除了罗振玉，还有王国维。当时，王国维执旧学坛之牛耳，后学晚进，一经品评褒奖，声价陡增。容庚在北大研究生国学门期间，就有幸与王国维相识相遇。两人年龄虽悬隔20多岁，但一见倾心，信函不断。王在信中对这位小老弟一直礼敬有加，称容庚为“希白兄”，而自称“弟王国维”。容庚也十分敬重这位饱学宿儒，经常去王寓抄录读书笔记，商讨学问文章。王国维在北大《国学季刊》发表文章，也由容庚从中奔走联系。1928年王自沉昆明湖，对容庚而言，顿失仪型典范，无异晴天霹雳。王国维死前两日，他还在王家坐了半晚，两人相谈甚欢，并不觉得有烦心纠结事。没想到两天后，王国维就投水自尽，人鬼暌隔了。听到噩耗后，容庚飞速前往，只见草席盖着遗体，放在湖边，任容庚如何哭泣喊话，王双目紧闭，气息全无。哭了很久后，容才在朋友的搀扶下黯然离去。对王国维的知遇提携之恩，容庚毕生难忘。他晚年常说："碰不上王国维，我的《金文编》不知何日出得来，就连吃饭都成问题。我本想在大树底下做个小麻雀，树荫凉快，舒服地过一生，想不到这都不可能！人生否泰，真很难说啊！"

揶揄郭沫若志不在考古，如"退院之僧"

郭沫若在上世纪20年代，虽然在文艺界声名煊赫，但在学术界却是知者寂寥。郭在日本流亡时，致力甲骨金文和古史研究，苦于资料不足，只好写信向国内学者求助，其中和容庚通信最为频繁。那时容庚并不知晓郭沫若，但对郭的疑问和求助，无不极力解答襄助。

从1929年8月至1935年11月，郭给容庚共写过56通书信。第一次通信是在1929年8月27日，郭在信中说："曩读王静安先生《殷墟文字类编序》，得知足下之名。近复推览大作《金文编》，用力之勤，究学之审，成果之卓荦，实深钦佩。"信末落款署"未知友郭沫若"。其后，两人便订下了亲密的文字之交。

对容庚的殷勤与无私相助，郭沫若感激在心。学术界相传，1958年，郭的皇皇大著《两周金文辞大系》在国内刊行，从稿费中提取500元汇交容庚，以作为归还20多年前容庚为其预支《大系》的版税。500元在当时不是小数，且远远超过容庚所垫付的数额。这不仅是偿还"宿债"，也是对容庚的感恩与报答。

其实，两人性格禀赋与学术见解差别很大。郭研究古文字，起步晚，功底浅，但长处是思维敏锐，视野开阔，想象力丰富，敢于突破传统窠臼；容庚的长处是训练有素，功底扎实，但眼光和思维不免墨守胶固，缺乏开创的勇气和胆识。两人学术见解和性格上的差异，不久就爆发了。1933年，郭沫若《古代铭刻汇考四种》出版，对郭的大胆武断，容庚严辞正色地提出批评。一向自负的郭沫若，对容庚的批评，心中不快。

学术之外容庚与郭沫若的最大隔阂在对政治的看法。容庚自称不问政治，曾在信中力劝郭沫若专心学术，不必分心于政治活动。这种谏诤之言，郭沫若是听不下去的。郭的性格和志向，是决不满足只做一个书斋学究。他有着远大的政治抱负，著书只不过是他迂回的政治手段。古人困而著书，郭沫若也是如此。在避难日本的艰难岁月里，他只有通过著书排遣苦闷，树立名望。当然，这些心曲和苦衷，对缺乏政治热情的容庚来说，是永远难以理解的。

容庚在《甲骨学概况》中，对郭沫若有一段精辟的评价："其想像力极强，文笔优美，皆能言之成理。余于其说之确凿可据者固多采纳，而间以献疑之故，招郭氏之不安，甚且以为遭受敌视，而函札遂疏。去年春，相见于重庆，问以新著，举《青铜时代》、《十批判书》两种相对，剧谈二小时，知其兴趣在政治而不在考古，将如退院之僧矣。"

容庚与郭沫若相交善始善终，但与另一位学界领袖傅斯年近20年的交往，却是善始恶终，留下了一片挥拂不去的阴影与遗憾。1928年左右，傅斯年在广州筹备史语所时礼聘了23名特约研究员，名列第11位的就是年仅34岁的容庚。而像袁复礼、罗家伦、杨振声、罗常培、丁山这样的名流均位列其后，可见傅对容的器重与欣赏。

但好景不长，接下来的岁月中容庚遇到了一生中最大的恨事。燕京大学1941年被日本宪兵接收后，容庚没随大多数师生迁向西南大后方，并于翌年被聘为北大教授。抗战胜利后，性情刚烈的傅斯年代理北大校长。一上任，傅斯年就对伪北大教员开刀，坚决不用抗战期间未随学校南迁而留在北平的教员，并直言"汉贼不两立，连握手都不应该"。被傅斯年大刀砍下马的就有周作人和容庚。容庚不服，在报纸上发表了一篇轰动一时的"万言书"，书中列出滞留北京不得已的苦衷："庚独眷恋于北平者，亦自有故：曰寇必败，无劳跋涉，一也；喜整理而拙玄想，舍书本不能写作，二也；二十年来搜集之书籍彝器，世所稀有，未忍舍弃，三也……"

而傅斯年全然不接受这样的说辞。当容庚到南京中研院总办

容庚晚年

1931年时的容庚，时任燕京大学教授

事处找到傅斯年当面理论时，傅拍案而起，指着容破口大骂："你这个民族败类，无耻汉奸，快滚，快滚，不用见我！"当场命人将容氏按倒在地架出去，扔到门外马路上。第二天，《新民报》登载此事，用《傅孟真拍案大骂文化汉奸，声震屋瓦》一文，浓墨重彩地加以渲染。背负"汉奸"的恶名，在北平根本难以立足。无奈之下，容庚只能托李宗仁的关系到广西大学教书，未果，又转聘岭南大学，后来岭南大学与中大合并，就这样，解放后，容庚便终老在中大，再也没踏进过北大门槛。而他的弟弟容肇祖在新中国成立之后却在北大哲学系任教，兄弟俩南北分离，都在各自领域内成了一代巨擘，各领风骚。

在康乐园当面顶撞康生

上世纪60年代，广东文化界曾有一件轶事流传不衰。这就是康生拜访陈寅恪吃了闭门羹，转访容庚又与之争吵的"奇闻"。康生是红透半边天的政治要人，是江青的老师，并被尊称为康老。康文史底蕴深厚，喜好书法篆刻，眼光学识与名家无二，素来心气高傲，对当时的文化界名流，多半不入法眼。就连郭沫若的书法，康生也视为无物，并说用脚指头夹根木棍写的都比郭要好。康生礼敬的学者之中，只有屈屈几人，其中就有陈寅恪和容庚。

1962年，康生南下广州，准备拜访陈寅恪，不料陈以养病为由，高卧不起，拒不会面。丢不下面子的康生不愿空手而返，于是就想到了容庚。康生酷爱收藏，尤其钟爱名砚和字画，对容庚的大名早已听闻，可以说是神交已久，缘悭一面。

容庚、康生二人见面，不谈政治，而是交流收藏心得。康生那天兴致很高，不时用炫耀的口吻向容庚历数了自己收藏的精品，也仔细打听了容庚的宝贝"疙瘩"。听完容庚历数家珍后，康生不无得意地说，某帖是赝品。容庚听后，顿时不满，当场就与康生争执起来，言语之中，颇为不逊。对容庚的倔强，康生不失风度地说，他解放后曾亲眼见过那个帖，容庚的那个自然是冒牌货。容庚大笑，说这个帖是自己解放前就已收藏，你看的那个才是赝品。两人相持不下，容庚就让康生到康乐园家中观摩实物，再辨真假。到容庚家后，看到他历年收罗的青铜器、字画和古书，康生惊叹不已，并拿起那件帖，反复细看，才知自己眼拙，信假为真。在行家面前，他只有摇头苦笑。

容庚虽然与康生激烈争执，但康生不以为忤，相反却找到了重逢知音的快感。出于对同道中人的惺惺相惜，康生主动询问容庚生活和科研上的难题。容庚直言无忌，希望能继续修订出版数十年的心血著作《商周彝器通考》，解决他去外地搜集图书资料和经费奇缺的困难。康生慷慨允诺，并当场为其开介绍信，给他去外地调研大开方便之门。同时，还答应《商周彝器通考》可列入文化部的科研项目。

故意把假古董卖给美国人

容庚有点口吃，脾气也很执拗。1965年，全国文化界群起炮轰《海瑞罢官》及《三家村》，容庚不解，为吴晗和邓拓鸣冤抱屈。他在公开场合批评这样是“断章取义、罗织罪行”，与前代文字狱无异。这些话，被有心人听入耳里，成了被批判的把柄。戴高帽，敲锣游街成了他每天不可少的“功课”。

校园里，经常有不更事的红小兵要他背“语录”，他说不会；问他什么是“三座大山”，他就说：“背语录、早请示、晚汇报，就是压在我头上的三座大山”。这些“胆大包天”的话，吓得红小兵一时瞠目结舌，回头便跑，而容庚却面容平静，若无其事。林彪垮台后，中大工宣队为教育改造容庚，要他表态。他不假思索地讲：“这是整天搞阶级斗争的结果。你斗我，我斗你，就斗成这个样子。”这种不识时务的狂悖之言，他在“文革”时不知说过多少次。有一次，一位“批林批孔”的干将来点拨他，让他认清形势，批判孔子，别站错队伍，免得受累。容庚火冒三丈地说：“我宁愿跳珠江去死，也不批孔子。批孔不如批我。”那时他已年过八旬，但脾气血性比年轻人还要火爆。

对待这些胡搅蛮缠，他有时也会幽默一把，逗得人捧腹不止。在一次批斗中，有人揭发他曾把贵重文物卖给美国人。台

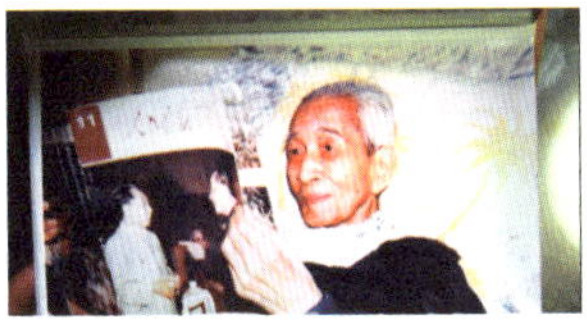

1983年元旦，阅读《人民画报》，这是容老先生生前最后一张照片

商承祚与容庚（右）

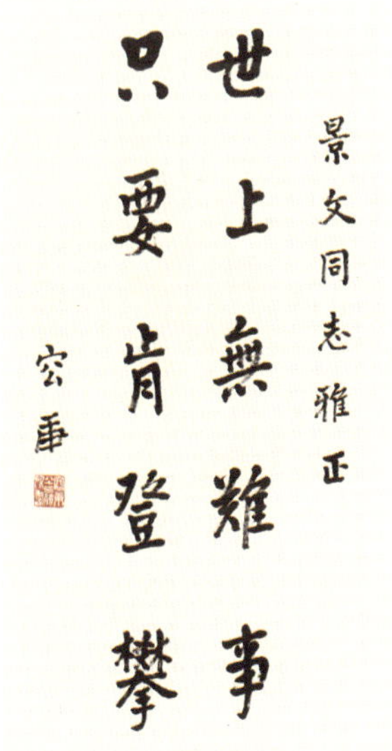

容庚书法作品

下群情激愤，“打倒容庚”的口号如波涛般此起彼伏，学生朋友替他紧捏一把汗，他却慢条斯理一本正经地说：“确实有这回事！但那个鼎是假的，我是故意把假古董卖给美国人的。”此言一出，满场轰笑。所谓罪名，反倒成了功劳。

容庚到老年，天真烂漫之心越发可爱。他喜欢和年轻人相处，甚至主动找年轻人“较劲争强”。据吴灏回忆，上世纪70年代末，容庚到他家吃饭，大家言谈甚欢，他一时兴起，竟提出要跟吴灏的几个儿子比拼酒量。当时他已经80多岁，几杯下肚后，吴的儿子们纷纷败阵，而容庚气定神闲，见到年轻人“落荒而逃”，容庚高兴地抚掌大笑。

（凌肖汉）

容庚弟子曾宪通和陈炜湛追忆容庚晚年

我以前没你们说的那样坏
现在也没你们说的那样好

作为名满天下、备受争议的学者，一个鲜活真实的容庚与我们想象中的差距有多大？他的治学成就，有人刻薄地形容为“搬字过纸”，有人却形容为“一时无二”；他待人接物，有人评价为心地无私、光明磊落，有人却讥讽为好辩喜斗，口不饶人；他从一个无人知晓的东莞少年，一下子成了名流推崇的后进才俊，他从风光的北京大学教授，却被人驱逐排挤，举家仓皇南归，其间种种微妙曲折、外人难知的心路历程究竟如何？他是那种埋首书斋不问世事的纯粹学者，还是心系苍生的性情中人？以他的刚直不屈性格，如何能在凶险的政治风波中化险为夷？带着这些疑问，南方日报记者采访了容庚助手、中大中文系曾宪通教授与容庚的研究生、中大中文系陈炜湛教授。

谈学问：
使金文成专门学问，是容庚的功劳

南方日报： 古文字学是令人望而生畏的绝学，容庚一生沉浸其中，著作等身，影响深远。你能总结概括容庚的研究范围和学术成就吗？

陈炜湛： 容庚一生共有专著32种，论文94篇，约900万字。代表作就是两部大书：《金文编》和《商周彝器通考》。这两部书，研究金文的人案头一编，都要用，都要查，就像《新华字典》一样，很实用。《商周彝器通考》更了不起，集古器物学、古文字学大成，是青铜器研究的奠基之作。书在1941年初版时，被抢购一空，“京城为之纸贵”。把金文独立出来，单独成为一门学问，这是容先生的功劳。

南方日报：在古文字研究领域，当今学界普遍认为于省吾、唐兰要比容庚成就大。你怎么看？

曾宪通：尺有所短，寸有所长。这话不奇怪。于省吾擅长用古籍印证出土文物，在考证上，于省吾比容、商二老高明，但在鉴定文物真伪上，于省吾的眼力比不上容庚、商承祚。容庚的眼力源于他金石学的深厚功底，他在北京故宫古物陈列所担任书记员期间，积累了丰富的鉴定经验，并且亲自考察故宫所藏的每一件青铜器，都详细作了记录。他的巨著《商周彝器通考》就是这样写成的。

陈炜湛：实事求是地说，容庚的成就主要体现在总结和归纳上，开创性不足。北方学者对容庚评价就不是很高，著名甲骨文专家赵诚就说过容庚仅仅编过一部《金文编》，成就远不如唐兰、于省吾和郭沫若。

他的《金文编》是在清代吴大澂《说文古籀补》基础上增补而成。在“文革”期间贬低容先生的话不少，当时王起就说过，容先生只是“搬字过纸”，没什么创造性。对《金文编》，对容庚的学术成就，学术界至今没有客观正确的评价。

南方日报：容庚曾说过，他虽然学过书法、绘画和篆刻，但缺乏变通和创新的才能，禀赋上可能更适合研究学问。你怎么看？

陈炜湛：这当然是客气话。他常说，做学问要聪明，太聪明也不行。太聪明的人坐不住，成天去应酬了。老一辈的人都不太赞同搞诗词歌赋等风雅艺术，认为经学实学才最重要。写诗填词，都是颐神养性、茶余饭后之事，不是真学问。他常说自己研究书画的著作如《书画小记》、《丛帖目》，不算真学问，只是玩玩而已。他心目中的真学问，只有古文字。他认为自己能拿出手的著作，只有《金文编》和《商周彝器通考》。在晚年，他内心很苦闷很寂寞，因为没有研究青铜器的条件，风气也不好，他对自己没写出更有分量的作品一直耿耿于怀。

南方日报：容先生的《金文编》在他30岁就已出版，这么年轻就能推出如此宏大的著作，并奠定他的学术地位。你认为他的成功经验今天可以复制吗？

陈炜湛：不可能。第一，他有家学，他的四舅邓尔雅，是篆刻书法名家，精通小学。家中藏书很多，读书氛围浓厚，他小时候受到的学术训练，今天一般人不具备。还有罗振玉对他的赏识和指导，也是可遇不可求。正因为罗的赏识，他才能进北大读书，修改《金文编》。容先生常说，“没有罗振玉就没有我容庚”。而且，北京人文环境好，有大量的青铜器实物，同行也多。这些条件，现在不是每个人都有。如果非要说他的成功经验能复制，那就是两个词：勤奋、刻苦。

世紀廣東學人

A21

我以前没你们说的那样坏
现在也没你们说的那样好

广东中烟工业有限责任公司特别呈献

谈性情：
为偷学古董鉴定法，故意跟人唱反调

南方日报：容庚曾被人目为汉奸。“文革”后，社会上又评价他为正直的爱国知识分子。你怎么看？

曾宪通：容先生抗战时期，虽然在伪北大教过书，但那有不得已的苦衷，肯定不是汉奸。抗战时，他并不是躲在书斋里不问时事。在燕京大学，他和郑振铎组织抗日救国委员会，发动十大教授募捐，编写《九一八事变记》，分送海外侨胞，又主编《火把》报，写文章发动青年呼吁救国。有一件轶事，可以说明他的爱国态度和在国外的影响。

1996年，日本著名先秦史专家松丸道雄到广州找我，希望我能领他见容先生。我告诉他，容先生13年前就已去世了，他听后很伤感，强烈要求我带他去容庚坟前扫墓，以了却他父亲遗愿。松丸的父亲在日本是篆刻名流，很仰慕容庚的学识才能。他曾告诉松丸道雄，上世纪30年代，他在北京致信容庚希望能当面请教，但容庚以民族大义为由拒绝见面。临终时，他要他儿子松丸代表他去广州当面拜访容庚。他和我交谈时，对容先生的敬仰溢于言辞，这种深切的怀念是装不出来的。1994年，容庚百年诞辰，广州博物馆展列容庚生前所捐的青铜器，松丸也不远千里特地来广州观摩。

陈炜湛：他没去过日本，对日本很痛恨。新中国成立之初，有个日本代表团来穗，那时讲中日友好，但他说话毫不给日本人留面子，一上场就说，“你们日本人搞得我们好苦啊，害得我们妻离子散，家破人亡，饭都没的吃”。但日本学界很尊敬他，专家经常寄书请他指正。在日本，打着容庚旗号，很顶用，各大图书馆里都能畅行无阻。容庚对韩国学界影响也很大。曾经有一个韩国人寄了一本书给我，对我的注释是：陈炜湛，容庚学派继承者。把我们称为一个学派，可见容先生在国外影响力之大，这也是我没想到的。

南方日报：与他齐名的于省吾教授说过："（容庚）为人质直无城府，人有过失，每面折之，诚益友也。"容先生是什么样的性格？

陈炜湛：说他没城府，这是实话。任何人可以请他写字，向他借书，他心地光明磊落，没有心计，不是"逢人便说三分话，未可全抛一片心"的类型。对人热情客气，不摆架子，经常请学生到家里吃饭，讨论学问，还主动把自己的珍贵藏书借给我们看。我曾在他家里，借过很多台湾和日本出的古文字学书，在其他地方根本见不到，只有他有，他也舍得借。

容先生经常和他的老同行、老朋友、古文字权威商承祚吵架抬杠。其实，大多是容先生骂商先生，商先生从不敢骂容庚。容庚说商承祚"你是甲骨学的逃兵"、"几十年你都干了什么"，商先生不顶嘴不吭声。

曾宪通：20世纪70年代末，在东北召开古文字学年会。弟子们征求容庚意见，容庚以北方寒冷，路途遥远、年事已高婉拒。但当商先生对他说：容老，你年纪大了，就不安排你去了。就由我带学生们去吧。容庚大怒，说，我年纪大了，有多大？我只比你大8岁。你呢？却比他们大30多岁。你能去，我为什么不能去？商承祚无奈，只好安排容庚一同前往。安排好后，容庚又说，我怕冷，还是不去了。他们二人就是这样，"小吵怡情"，并没有什么矛盾和隔阂。一方面，商知道容庚心直口快，并非有意挖苦；另一方面，商也了解容庚脾气，如果争起来，容庚会没完没了纠缠下去的。

南方日报：容庚经常与人起争执吗？

陈炜湛：那倒不是。只是他肚子里藏不住东西，一有不满，便喷薄而出。1956年容庚被评为二级教授。中大唯有陈寅恪和姜力夫先生被评为一级教授。当时中大中文系主任王起也被评为二级，容庚不服，指着王起鼻子说："你有什么著作？凭什么也当二级教授！你不就有部《西厢记注》嘛，《西厢记》是王实甫写的，又不是你写的。"知道容庚性急如火，王起没和他争执，就向学校申请降级，变成三级教授了。

曾宪通：容庚性格太刚直，好辩，好和看不顺眼的人唱对台戏。就像个爆竹，一点就炸。别人要求他这样，他却那样；要求他那样，他却这样。在“文革”前期，中大经常开会并要容庚去，校方每次都要我事前通知他，会上最好沉默不发言，他也很愉快地答应了。但他总是忍不住，要说话。尤其反感那些说大话空话假话的人，每次听到，他立马站起来驳斥，言辞激烈，让人下不了台。但大家不记恨，因为都知道他就是这种脾气，并不是存心与人为难过不去。“文革”结束后，校方给他平反，称赞容庚一生爱国，为人正直。但容庚不领情，说：“我以前没你们说的那样坏；现在也没有你们说的那样好。”

吴灏（右）与容庚教授

容庚好辩是出了名的。在北平文物陈列所里，年轻的容庚为了学到精湛的青铜器鉴别方法经验，他还动过“鬼点子”。他在故宫担任鉴定委员时，想偷学别人的鉴定门道，又怕别人不说，于是就和别人唱反调。人家说这件器物是真的，他偏说是赝品，逼人家说出是真品的理由。别人不知是计，就原原本本地说出一大堆理由，他就默记于心，仔细揣摩别人的说法与鉴定手段。没过多久，他就将青铜器的家底摸了个烂熟，成了名家好手。

谈育人：
学问无捷径可言，人一之，吾十之，虽愚必明

南方日报：容庚培养出一大批学有专长的学生。这种精神财富，对今天有什么借鉴和启迪？

陈炜湛：关于教书，他看重学生的悟性，强调独立自学，有问题自己找书看，不行，再问人。他经常说：“大匠予人以规矩，而不能予人以巧。巧，只能在磨炼中得来。”成名捷径对他来讲，就是刻苦。他从来不自满，常常说“我其实就是个中学生”。他一辈子工作到老，研究到老，晚年还总说：“搞了一辈子金文，还是有很多字不认识。就连断句都难。谁能断句，我拜他为师。”

曾宪通：容庚经常讲，古文字研究没有捷径可言。他经常用《礼记·中庸》“人一之，吾十之，人百之，吾千之。虽愚必明，虽柔必刚”来鼓励学生。他是个讲究实干的人，要求学生只问耕耘，不问收获，别做一鸣惊人的美梦。在他影响下，学生都学会了他下苦功、坐冷板凳的功夫。

南方日报：容先生在教书上有句话是说，“把戏人人有，变法各不同”，你怎么看？

陈炜湛：这是他开玩笑的。他认真的说法是，“题目要自己想”，这一点我是继承了。作为一个学生，一定要学会找题目，找题目的过程也是一个研究的过程。不读书，不研究，就没有题目。他强调的就是要独立思考，写别人没写过的东西，这也是他的高明之处。他常说，学郭沫若，想自己的题目。郭到日本时，古文字基础很差，甲骨文、金文都看不懂，他后来居然写了那么多书，靠的就是动脑筋，独立思考。容先生要求学生们就要这样读书治学，资料都在那里，自己去研究。他指导学生不是那种手把手式地教，而是无为而治，要学生自己泡图书馆，找书看就行了。

曾宪通：和于省吾先生不同，容庚治学教书不喜欢建立理论体系，强调经验积累，因此，容庚教学生，刚开始不强调方法，而是让学生任意去读书，能吸收多少是多少。锻炼基本功，就从写书评入手。这样既可以积累知识，了解别人的成果与长处，又锻炼了眼光和写作能力。他也是从写书评摸索治学门径的。他早年的《甲骨学概况》、《殷周青铜器通论》、《清代吉金书籍述评》都是书评的代表作，也是他写书前的准备。这种方法表面看似杂乱无章，其实现在看来，成效确实很好。

南方日报：在老辈和同辈学者中，容庚最推崇谁？

陈炜湛：推崇郭沫若。他说，文章写不过郭沫若，写字写不过商承祚。他指导我们做学问时，常说“好好读郭沫若的书，想自己的题，看看他是怎么做学问、写文章的”。

曾宪通：在前辈学者中，容庚最敬佩王国维，平辈最佩服郭沫若。郭沫若的研究成果，让容庚获益匪浅。容庚的《宝蕴楼彝器图录》、《武英殿彝器图录》写好后，曾专门给郭老看过，郭老提过不少细致精到的意见，比如郭老建议容庚在著录青铜器时，不应漏掉花纹。因为花纹是判别青铜器年代的重要依据。另外，郭老提的标准器意见，容庚全部吸收，并且在《商周彝器通考》里全部贯彻。郭沫若有一整套考古学理论方法，容庚在这方面比不上，所以对郭老的意见，非常信服。郭老写给容庚的信简，容庚一直妥善保存，前几年我整理出版了。

另一位便是董作宾。董作宾在解放前是甲骨文研究权威，在甲骨文年代断代例上，董提出的方法给容庚不少启发。有件事情可以说明："文革"以前，中华书局要出版他的《颂斋文集》，出版社希望他能删除罗振玉和董作宾的序言（因为罗振玉当时被认为是汉奸，董随国民党去了台湾），容庚坚决不答应，说，宁可书不出，也不删除二人的序言。结果书在大陆出不了，上世纪60年代在香港出了。

南方日报： 容老五代家学，现在却断了传统，你怎么看？

陈炜湛： 家学并不一定要继承先辈研究的学科，精神继承比学问继承更重要。中国学术史上，往往子女继承财产，学问却由学生继承。鲁迅也说过，儿子若没什么出息，找个事做，不要做什么空头文学家。像三苏、王羲之父子那样，学问本事代代相传是很少的。

容庚从不为子女谋什么职位和方便，全部靠他们自己，自己虽然能帮上忙，但他也不操这些心。

容庚

容庚一家

他的三个女儿有一个是医生，嫁给中山医科大学的教授。他们俩每次回来时，容庚就笑着说："他们都是寄生虫"。因为他们是研究寄生虫病的，容庚记不住他们专业名称，索性就叫他们寄生虫，叫自己是金文。

谈收藏：
生财有大道，成名有捷径

南方日报：据说，容先生的书画创作也很在行，只是被文字学大名所掩。你怎么看？

陈炜湛：容先生书画善于模仿，但独创性作品少，至少我没有看到他自己创作的画。临摹名画，主要是为了研究古文字，因为古文字要想学好，必须要写。有临摹甲骨和金文的功底，临摹画也就容易了。

曾宪通：这些主要是受他四舅邓尔雅的影响，还有就是他堂叔容祖椿的指点。邓尔雅是岭南知名篆刻家，容祖椿擅长扇面和工笔画，容庚少年时专门向他学过。容庚喜欢临摹名画，最佩服倪云林的作品，下过很多工夫。他临摹的作品，现在都出版了，不难看到。他最得意的作品，是临摹明代大画家沈周的《苕溪碧浪图卷》，只花了一晚上的工夫，弄出来后，一些名家像顾颉刚、陈寂等纷纷在上面题长诗歌咏。

南方日报：容先生收藏宏富，从青铜器到名帖名画，精品不少。你能介绍一下他的收藏史吗？

陈炜湛：他的收藏主要有三个部分：一是150多件青铜器；二是1000多件名画；三是几万册的藏书和法帖。他所藏的青铜器，上世纪50年代时为响应国家号召全捐给广州博物馆了，他在广州买的一件陈侯午敦，后来捐给华师了。那件镇室之宝栾书缶捐给了中国国家博物馆。他的法帖收藏也很多，大概能占全国私家所藏的三分之一。

他藏的法帖之所以很多，是因为那个时候法帖不值钱，很多人不懂，常常把名贵法帖用来烧火煮饭。他研究这个，知道哪些是好东西。"人弃我取"，他经常去上海、北京搜罗这些宝贝，捆载以归。时间一长，收藏量自然惊人。他的藏书量很大，学校专门给他一幢小楼，上下两层，到处都是书。我从复旦毕业到中大来念书，复旦的老师就跟我说，你去了中大，不用去图书馆借书，想读什么书，直接找容庚就行了。他的藏书后来大多卖给了中大图书馆，由于价格极低，等于是白送，所以算是捐赠。有几部异常珍贵的学术资料，他没卖，留给了古文字学研究室，现在还能看得到。他卖书，主要是想给他夫人和子女留下些生活费，因为他夫人没有工作。

曾宪通：容庚搞书画收藏，很有特点。别人看不上和被认为是赝品的，他往往特别留意，正是这些别人不重视的大路货里，他发现过好几件宝贝。别人不识货，把精品真品当贱品赝品卖，他就以低价买回，再以十倍百倍的价格卖出，这种方式他说是吃仙丹滚雪球。比如，当年安徽博物馆藏有不少皖籍画家作品，不太受重视，容庚打听到消息后，就找上门，跟他们换。那些画，后来很吃香。晚年，他有句口头禅叫“生财有大道，成名有捷径”。滚雪球吃仙丹就是“生财有大道”，“成名有捷径”，就是走偏锋，不追潮流，做学问挑冷门，因为热门学问不容易出名。

（凌肖汉）

容庚与书法名家麦华三

学人小传

丁颖（1888—1964），我国现代著名农业科学家、教育家、中国科学院院士。历任中山大学农学院、华南农学院（华南农业大学前身）教授，院长；1957年任中国农业科学院首任院长。周恩来总理誉其为『中国人民优秀的农业科学家』。1989年日本学者渡部武主编《中国的稻作起源》一书中，尊称丁颖为『中国稻作学之父』。

1927年，他第一个创立南路稻作育种场。1933年选育的『中山一号』是世界上第一次用野生稻种与栽培稻自然杂交育种的成功尝试。1936年，他选育出世界上第一个『千粒穗』水稻新株系。他还主持创建了中国第一个水稻生态研究室，第一个系统科学地论证了中国栽培稻种起源于华南……从稻种分类、稻作区域划分等理论研究，到稻种系统选育、栽培、灌溉等具体应用技术，他都取得了卓越成就。

丁颖培育的『中山一号』优良水稻种，自上世纪30年代起推广超过60年，累计推广面积达到1亿多亩。时任中山大学校长邹鲁就曾经题诗一首：『稻作精研十数年，居然成绩著南天。农人争种「中山白」，我自乡间听互传。』

丁颖：『以蚂蚁爬行的精神苦干到150岁』

稻，世界三分之二人口的主粮，每年产量接近全国粮食总产量的一半。中国是世界上最古老的产稻国之一，然而关于中国栽培稻的起源和演变，直到半个多世纪前，才由一名广东人进行了系统科学的厘清和论证。而世界上第一次用野生稻种与栽培稻育种杂交的成功尝试诞生于70多年前，同样出自这名广东农业先驱之手。

今年1月，当袁隆平院士和他的超级杂交水稻登上刚刚揭晓的中国国家形象宣传片时，我们不该忘记的，还有“中国稻作科学之父”丁颖。这是一位真正的耕耘者。当清末“实业救国”、“变法救国”的浪潮涌动中国时，他为寻求“农业救国”之路，坎坷留学十二载；他从“数千年来民族文化之酿成品”——传统经验农法中汲取智慧和力量，结合科学理论、艰辛求索，不仅颠覆了世界“权威”关于“中国栽培稻起源于印度”的武断定论，还创下了我国水稻育种推广史上的罕见奇迹。而当功成名就之时，他却始终专注于田畴，与稻为伴，淡泊名利。

观其一生，丁颖如同他自己一手培育的稻种一样，耐寒、抗旱、坚韧、高产。像所有米粒饱满的稻穗一样，他的腰杆很硬，头却埋得很低、很低。

历历往事

立志：

出苗 释义：自播种开始到幼苗出土，是水稻生长期中的第一个阶段。

农谚：秧好一半禾，苗好一半谷。

丁颖身前留下的几十张黑白照片，绝大部分摄于五六十岁之后。多数时候他神情平和，而笑得最明朗的几张，要么是和孩子们在一起，要么是和禾苗在一起。他戴着白通帽，挂着黑框眼镜，或站在稻田中观察秧苗叶色，或蹲在网室的稻种盆栽前，用父亲般的目光凝视着破土的新芽。

他是稻之父，也是稻之子。1888年11月25日，丁颖出生在广东省高州县谢鸡乡硕塘村一个普通的农民家庭。

18岁时丁颖考上县城的“洋学堂”——高州中学。像所有被时代洪流涡卷裹挟的年轻人一样，他既热衷议论时政，对达尔文进化论等西方学说充满向往，又对提倡“博学、审问、慎思、明辨、笃行”的儒家教义抱有天生的敬意。家乡老人常说：“十二公（丁颖排行十二）见到钱，不是弯腰去捡，而是一脚踢开。”

1909年中学毕业这一年，清廷诏谕“预备立宪，维新图治”，中国自建的京张铁路通车，冯如制成中国第一架飞机，霍元甲在上海创建“精武体操会”……何为救国之路？丁颖却选择了自己最有感情的“农业”。在毕业典礼上，他说：“当今之血性青年，当为农夫温饱尽责努力。我决意报考农科。”

向往日本先进农业科技的丁颖，考取公费留学日本，加入了辛亥革命后茫茫留学大潮。从1912到1924年间，他三度远涉重洋，辗转三所日本高校求学，因时局震荡、家境拮据等故曾两度辍学回乡任教，最终在36岁才获得东京帝国大学农学部学士学位，成为该校第一位研修稻作学的中国留学生。

丁颖在回忆录中写道，留学期间目睹日本的欺侮企图，国内政坛的混乱，加上出身贫穷，自己随时有停学可能，心情一度“很不安，很苦闷”。但另一方面，也“激起我强烈的爱国主义思想和民族自尊心，同时形成了我的科学救国思想”。

“学农、爱农、务农”，这成为日后丁颖经常劝勉师生的名言。上世纪50年代初，年过六旬的丁颖接见华农毕业生时，曾反复告诫：“一定要热爱农业，热爱农民，热爱农村……有了‘爱’的热情，才能抱有奋斗精神，能够为事业牺牲目前的个人利益，献身于长远的农民群众的利益”，“这是我们农学家的起码条件”。

A20
百年双喜 特约
世纪廣東学人
“以蚂蚁爬行的精神苦干到150岁”

苦干：

插秧　释义：把水稻秧苗从秧田移植到水田里。

农谚：清明谷雨紧相连，耙田插秧莫迟延。

1924年学成回国的丁颖在广东大学农科学院（中山大学农学院前身）出任教授。由于官场腐败，国力贫弱，资金短缺，加上战事频繁，研究工作屡屡中断，特别是丁颖关于“每年拨出1%的洋米进口税作为稻作科研经费”的提议石沉大海，让他深感失望。但是他并未放弃志向，决心要以“冷静的头脑，热烈的心情，坚决的意志”，“终生像蚂蚁爬行一样埋头苦干到150岁”。

面对广东农村水利长期失修，农民缺水少肥，谷种低劣的现实，丁颖选择了唯一切实可行的品种改良作为切入点。从1927年起，丁颖先后创建了南路、石牌、沙田、韩江、东江、北江等6个稻作试验场。他从微薄的工资中拿出钱来租田雇工，靠卖青苗维持试验，不放过任何一个可以工作的日子，时常干到深夜。

著作与手记

早年这段如同插秧老农“春争日，夏争时”般紧张艰苦的岁月，在丁颖身上留下了一个“印记”——时间观念很强。昔日助手、学生卢永根回忆说，每天中午丁颖午休时，一个多小时内要看表两三次，生怕上班迟到。在女儿丁和筠眼里，父亲是个除了周末泡书店没有“业余爱好”、也无节假日概念的人。他不止一次咕哝过：“睡眠要占去一个人生命将尽三分之一的时间，太可惜了。”上世纪60年代初，家里添置了一台稀罕物——黑白电视机，他偶尔被孩子们强拉去看电视，不到十分钟就又上楼工作去了。

上世纪30年代育出“中山一号”、“千粒穗”震惊国内外之后，丁颖两次谢绝国民党政府出任广东省农业厅厅长的邀请。他弃名利如敝履，以布衣淡食为荣，每餐吃的常是番薯叶、咸萝卜干和红米粥。抗战期间，有一次，丁颖曾在途中遇土匪抢劫，身上只有5元钱。当时广东省政府送来5000元“压惊费”，丁颖却将这笔钱买了治牛瘟的疫苗送给当地乡村，剩下的捐给学校。劫匪得知此事，专门把抢去的皮包、衣物附上道歉信一并送还。

被丁颖当成“宝贝”的，是旁人眼中的“破烂”：仅有的几件衣服和两双皮鞋，穿了不知多少个年头，一把镰刀、一根麻绳都要拾起来送仓库，旧信封也要拆开用，写完正面写背面。平日里有空他就带领全家在屋子前后的空地上开荒种地，挑粪浇菜，教育子女“一粥一饭，当思来之不易；半丝半缕，恒念物力维艰”。1948年，后辈为他60岁诞辰购买了一只怀表和一支自来水笔作贺礼，他一直用到1964年去世，这是他身上最贵重的两件遗物。

然而，他最珍爱的，还是他和助手从各地搜集的栽培稻种和番薯种质资源。1938年抗日战争的隆隆炮声中，中大教职员工携家带口撤离广州，丁颖冒着生命危险抢运300多个番薯品种种苗，最后一个踏上离开广州的木舟。

求真：

抽穗　释义：禾谷类作物的穗由叶鞘中长出，是决定作物结实多少的关键时期。

农谚：人怕老来穷，禾怕寒露风。（秋季寒露前后，是华南晚稻抽穗扬花的关键时期，这时如遇低温干燥易因空壳、瘪粒导致减产。）

新中国成立后，丁颖精神焕发，热情和潜力得到了最大限度的发挥。1952年担任华南农学院院长，1957年担任中国农科院院长……丁颖名声愈隆，愈发谦逊谨慎。写文章一个字一个字地抠，一篇学术论文付印前要改上近十遍，还常常征求其他专家乃至学生的意见，校对工作也不假手于人。1956年发表的、轰动学术界的《中国栽培稻种的起源及其演变》一文，写了30年才定稿。

丁颖喜欢“较真”。一次考察途中，他发现稻田中间一小片稻株枯黄，便蹲下身要脱掉鞋袜下田。随行人员考虑到他年事已高，赶紧下去把整株水稻挖上来给他看。他却说：“不亲自下去用脚踩一踩周围的土壤，用手摸一摸稻根分布，感受土质的松软度和透气性，观察周边稻株的情况，怎能判断受盐碱危害的程度呢？间接观察和自己下去观察是不一样的啊……”

1960年9—10月，丁颖赴云南考察。途遇山道狭窄，小车无法通过，只能徒步前行。大家都劝丁颖别去了，但他慢慢坚持走了一天，终于到达村寨。他笑着说：“今天是我建国以来走路最多的一天，与人家约定的事，不能随便改变，这是做人起码的道德。”这一年，他已72岁高龄。

上世纪50年代“浮夸风”席卷全国，对这样一个从不空口争论，追求客观公正的人来说，犹如一场始料未及的“寒露风”。对盲目追求产量“密植”的提法丁颖深表疑虑，认为小范围探索可以，大面积推广得慎重考虑，“切勿忘记农民的地皮是连着肚皮的”。当时我国农学界曾提倡学习苏联“先进的”米丘林遗传学，批判“唯心的”、“反动的”摩尔根遗传学。丁颖认为，无论哪个学派，只要做出经得起实践证明的真实贡献，就是符合真理的。因为这些“不合时宜”的想法，丁颖数次遭到过批判。

“那个时候他脸上多了一丝忧愁，从未有过的沉闷，终日眉头紧锁，话语很少。”在女儿丁和筠、助手卢永根回忆中，在那段最苦闷艰难的日子里，丁颖也从不对人评头论足，自己受了委屈也闭口不谈。每当有人为他忍辱负重抱不平时，他总是淡淡回应，“做人该怎样就怎样”，“不要因为吃了点小亏就变得‘精明’”。

丁颖纪念馆入口处的大幅照片

无私：

黄熟 释义：谷类作物成熟时，植株大部分变成黄色的现象。

农谚：春施千担肥，秋收万担粮。

以诚相待，敦厚淳朴，平等待人，从不摆架子……这些都是关于丁颖最常见的评价。对于来访的客人，不分职位高低，他都起立迎送；和农民一起下地插秧时，他常笑称“赤脚万岁”。他喜欢别人称他“丁师傅”，而不是“丁教授”。五分之四的人生都是在旧社会中度过的丁颖，在花甲之年步入迟来的丰收季节，而此时他表现出的“公私分明”，给许多人留下了深刻印象。

据其学生、著名水稻专家吴灼年回忆，在华南农学院工作期间，时任广东省委书记的陶铸常到丁家拜访，见丁颖生活简陋，提出要为他另建新居，他坚决谢绝。

另一名得意门生李金培教授提到，1958年丁颖完成了《中国水稻栽培学》的绝大部分章节初稿，当时大家建议他以个人名义出版，但他坚持发挥集体力量，增进各门学科的相互渗透，邀请了国内一些知名专家参与写作，最终以他主编的名义出版。

令助手卢永根、杨秀青难忘的是，凡是私事通讯，丁颖都用自备的信封和邮票，绝不挪用公家一分一厘。每当同事生病或遇到困难，他宁可自己节衣缩食，也要捐资赠药。上世纪60年代初经济困难时期，中国农科院每月给职工分一次猪肉。为了照顾丁家人口众多，行政处的同志有时瞒着丁颖把分剩的猪蹄或猪头肉多给一点。丁颖得知内情后，除了主动补交肉款，还认真地写了检讨书，在会上公开自我批评。

丁颖为人沉默寡言，说话和声细语，点到为止，从不谈论个人成绩和荣誉。直到他过世之后，7个儿女从日记里才逐渐体会到，父亲的爱是无言而深沉的。

丁颖和两任妻子举案齐眉，平时同样很少表露情感。1941年原配病逝后，丁颖把全部身心投入工作中，以此忘却痛苦。一位老友写下“相守三十载情深意笃，痛失爱妻炊臼生悲”的悼词，可见两人情深意笃。

尽瘁

还田 释义：谷物收割后，将秸秆粉碎、抛撒、耕翻入土，增肥地力，以求来年丰收。

农谚：土壤要变好，底肥要上饱。

丁颖年过七旬之后健康状况急转直下。1960年右眼因血管破裂而视力大减，看书看报都得靠放大镜，每天仍然坚持工作12个小时。从1963年起，丁颖日渐消瘦，食欲不振，有时肝区疼得直冒汗，但因害怕耽误工作，仍是私下买药，不去就医。组织上让他到无锡疗养三个月，他随身带去大量书稿继续工作，“疗养”不到一个月就提前返回北京。

去世前一年，他跑遍了山西、陕西、宁夏和新疆的生产一线。每到一地，照旧勤问、细看、多记，经常用右手按压胀痛的肝部，步履蹒跚地在田埂上来回走动。开座谈会时，他一手按着腹部，一手忙着记录，还得咬着牙关耐心地为人们释难解疑。

临终前28天他在山东临沂考察盐碱地水稻种植情况时，出现肝区剧痛、进食困难、高烧持续不退等危急症状，于9月29日被送回北京，住院一周后被诊断为肝癌晚期。他对家人说“痛得跟刀割一样”，但从未发出过一句呻吟。

在最后半个月里，一辈子粗茶淡饭、与享乐绝缘的老人，第一次向儿女们提出了一点奢侈的“个人要求”——想吃葡萄干、酸荞头、云南黑头菜……孩子们含着泪在北京大街小巷四处寻找，而每次他只能吃下一两粒。为了让他安心，孩子们告诉他国民经济走上复苏道路，国庆物质供应丰富等好消息。病榻上的父亲欣慰之余，又忍不住感叹：“中国的农业有多少事情需要我们去做啊。”

丁颖在家时总是第一个出门，最后一个休息，在他打完止痛针静静入睡后，孩子们第一次近距离地看到父亲睡觉的样子，他的脸瘦到几乎没有肉，偶尔喃喃自语，念叨的还是学院工作、水稻试验……

1964年10月14日早晨，丁颖抢救无效去世，终年76岁。他走得很匆忙，弥留之际，说了一句让女儿丁和筠终生难忘的话——“我这辈子都没有懒过”。父亲去世多年后，丁和筠在一封写给天国的家书里，用了一个比喻，为父亲的一生画像作结——“一头不怕狂风暴雨、烈日寒冰的牛，默默地、永不停息地耕耘，直到生命的终点。”

（郭珊　唐蓓　张贻发　蔡颖　蒙丽）

华南农业大学栽培的野生稻

卢永根院士谈丁颖

科学家头脑　种田人身手

卢永根，1930年12月生，作物遗传学家。广州市花都区人。中科院院士、华南农业大学前校长、现任华南农业大学教授。1952年11月广州地区高校院系调整，他以岭南大学农学院农艺系三年级学生的身份合并到华南农学院，师从丁颖。从1961年8月起，担任丁颖先生科研助手，协助丁颖开展教学和研究工作，在生活上和行政工作上任其秘书，跟随丁颖一直到他逝世。

在卢永根看来，丁颖不仅是名垂青史的"稻作科学"之父，还是一位"桃李满天下"的教育家，学生中一共出了5个院士。他曾与丁颖形影不离地生活、工作10多年，这些经历使他有机会较深入地体察这位著名学者的为人风范、学风和学术思想。他说："从丁颖身上，我学习到许多东西，对我而后的成长起到了决定性作用。"

另一方面，华南农业大学自从丁颖逝世后就不断地举行各种纪念活动，从上世纪80年代以来，该校举办过丁颖逝世20周年纪念大会、成立丁颖科学基金会、丁颖塑像纪念碑落成仪式；2008年，学校又实施了"丁颖讲座教授"计划，同时招收丁颖实验班。为纪念丁颖诞辰120周年，华农还组织拍摄丁颖教授纪录片，出版纪念画册，举办纪念大会、农业学术交流等一系列活动。2009年11月，在华南农业大学建校100周年校庆的日子里，丁颖纪念馆隆重开馆。

1989年广东省科学技术协会设立了"丁颖奖"，这是广东省以科学家名字命名的第一个科技奖。1990年邮电部还发行了一枚丁颖纪念邮票。

卢永根认为，根据"丁颖精神"，华农制定的校训"修德、博学、求实、创新"，是他留给华农师生、广东乃至全国科技界最重要的一笔"精神财富"，将永远铭记在世人心中。

谈学术成就：
丁颖在中国稻作学史上创下多个第一

南方日报： 丁老一生建树丰硕，在您看来，他最重要的学术成就包括哪些？

卢永根： 首先他是杰出的农学家，被称为中国的稻作科学之父。丁颖在中国稻作学史上创造了多个第一，从水稻育种试验方面来讲：1926年，丁颖在广州市东郊发现野生水稻；1927年，在茂名县公馆墟，丁颖创建了我国第一个稻作试验基地——南路稻作育种场。1930年开始，他又先后开辟了石牌稻作试验总场和沙田、韩江、东江、北江等五个稻作试验分场。1933年，他从野生稻的自然杂交后代中选育出著名新品种“中山一号”，这是世界上第一个把野生稻抵抗恶劣环境的基因转移到栽培稻的成功先例。之后十几年间，几个试验场共培育出良种60多种，广泛推广到南粤大地。“中山一号”及其衍生品种“中山白”、“中山红”、“包胎矮”等在国内累计推广60载，推广面积达一亿多亩。因此，中国农业界又有“南丁北赵”一说（“赵”是指我国著名农学家、细胞遗传学家赵连芳）。

从学术研究方面来谈，他长期运用生态学观点，对稻种起源演变、稻种分类、稻作区域划分、农家品种系统选育以及栽培技术等方面进行系统研究。上世纪二三十年代，“中国稻起源于印度”的说法在国际学术界流行一时，丁颖不苟同这种说法，1933年发表了《广东野生稻及由野生稻育成的新种》，令人信服地证明了中国是比印度更早的栽培稻原产地。又经过30多年潜心研究，他从历史学、语言学、古生物学、人种学、植物学暨地理分布学等方面进行了深入探索，1956年发表了《中国栽培稻种的起源及其演变》，引起了国际轰动，1978年荣获全国科学大会奖。我觉得“水稻起源”不仅是一个学术问题，也关乎民族尊严，丁老的这一发现是其分量最重的学术成果之一。

此外，他还率先开展了水稻品种的生态特性研究，早年在广

世纪廣東学人 A21

科学家头脑 种田人身手

广东中烟工业有限责任公司特别呈献

东，他就特别注重通过水稻周期播种试验，研究不同品种在各种气候条件下生长发育与光、温条件的关系，为广东地区稻农掌握适宜的播植期提供了理论依据。1963年，在丁颖的主持领导下，依托华南农学院成立了我国第一个水稻生态研究室，并协同全国12个科研单位，在8个省区设置了10个试点，开展中国157个有代表性的水稻品种的光温反应试验，这是一项我国少见的科研大协作。试验结果写成《中国水稻品种的光温生态》专著。

南方日报：提到水稻，人们自然会想到另一位“杂交水稻之父”袁隆平，他们两位对中国农业贡献巨大、影响深远，那么二者的成就又有什么异同呢？

卢永根：首先，两人所处的时代不同。贡献不同。丁老是袁隆平的前辈，在解放初期提高了水稻的亩产量，而袁隆平为解决现今的吃饭问题作出了重大贡献。其次，两人的学术专攻领域也不同。丁颖研究范围覆盖整个水稻学，中国水稻有4万多个品种，丁颖通过艰辛而细致的分类工作，奠定了中国水稻学学科体系的理论基础（如根据稻谷淀粉的粘性分为籼稻和粳稻，依照稻作对光照反应的不同划分为早、中、晚稻，按照稻作栽培技术和所需水分的差异划分为水稻和旱稻等），为我国稻作区域划分提供了科学依据，对水稻种植生产更是具有重要指导意义。而袁隆平攻坚的重点是在水稻学的分支——杂交水稻育种上。需要说明的是，并不是全中国都适合种植杂交水稻，比如我国东北地区，目前主要栽种的仍是常规稻品种。

我认为，丁颖和袁隆平的相同点在于实事求是、为人民服务的工作态度。那时的科学家都是卷起裤管就下地，插秧、收割和农民一个样，不像现在有些农学博士生、研究生穿着皮鞋站在田坎上“参观”和“指导”。丁颖在世时常说一句话，“农民的地皮是连着肚皮的”。1936年，他从华南水稻栽培品种“早银粘”和印度野生稻人工杂交的后代中，选出每穗几百粒以至千多粒的“千粒穗”，这是世界上第一个千粒穗水稻新株系，引起了国内外稻作科学界的广泛注意。但丁颖很快就把这项研究工作搁置下来，因为他认为“千粒穗”种性不易稳定，加上当时农民耕种水平落后，难以解决在生产中需要具备的条件，故实际应用价值不大，这充分体现了丁颖实事求是的科学态度和关心农民切身利益，不图虚名的崇高品德。

毛主席说过“做一件好事不难，难的是做一辈子好事”，在我眼里，丁颖和袁隆平都是为科学献身一辈子、值得尊敬的人。

南方日报：两位老先生都是中国现代农业科学先驱，袁先生在中国是家喻户晓的人物，前两年还曾因为“座驾”风波引起舆论关注，相较之下，作为其前辈的丁老，或许因为年代关系，少有人了解。您对此怎么看？

卢永根：丁老在世的时候，他还是很出名的，对他的宣传也很多，在上世纪60年代他上过《人民画报》的封面，而且身兼中科院学部委员和苏联、捷克、民主德国等多个国家的外国院士，这在当时可不得了。只是他性格很低调，又沉默寡言，不愿意多提自己，加上时间隔得比较久，所以现在很多人都不了解丁老。

丁颖在内蒙古自治区王原县稻田考察

丁颖与外孙在下棋

谈为人：
我是他的助手，可他一直称呼我“卢先生”

南方日报：丁老在您的印象里是一个什么样的人？在您和他交往的过程中，哪些事让您特别难忘？

卢永根：第一次上课，他慈祥的面孔，渊博的学识，就把我吸引住了。他为人低调谦虚、不善辞令，他喜欢别人称呼他“丁先生”，而不是“丁教授”。工作上一丝不苟，对下属温和体谅，我是他的助手，可他和家人都一直称呼我“卢先生”。每一篇文章发表前，他总要反复修改，逐字推敲，一个标点符号也不放过。有一次我帮他誊写一篇学术文章，他反复修改，字斟句酌，当时没有电脑，我抄写了七八遍。文章完成后，他很不好意思地对我说：“卢先生，真对不起，害你抄了这么多次。”丁老的治学作风很严谨，我从没见过他躺在床上或者斜靠着桌椅看书，总是正襟危坐的。

丁老时间观念很强，事事以身作则，上班“早到迟退”是他的习惯。一辈子活到老学到老，对自己的成就永不满足。他担任中国农业科学院院长期间，白天时间都花在行政工作和各种会议上，只能利用晚上休息时间来学习，周末就去书店。到田间地头去考察时，无论酷暑寒冬，他总是挽着裤脚带头第一个下田。

他在生活上非常简朴，当时他和我都当选为广州市人民代表，我常乘他的“顺风车”一同出席会议。有一次中午1点多了，他同我都还没吃午饭，空着肚子就赶去开会，在车上他递给我两粒椰子糖“充饥”。

南方日报：在紧张忙碌的科研教学之外，丁老平时有什么业余爱好？喜欢文艺吗？据您观察，他在教育子女和学生方面有什么特别之处？

卢永根：他平时闲下来就是看书，除了专业书，他经常看毛主席的《矛盾论》、《实践论》。他曾告诉我，从这些理论书籍里悟出很多道理，用来指导工作特别管用。有时会和外孙一起下下象棋，给孩子们讲述岳飞、文天祥等民族英雄的故事。无论对学生还是子女，他“身教”居多，“言传”甚少，从不发脾气，不会训斥人，其实他不说你反而让你更难受。举个例子，每天上班时间前10分钟他人已到办公室，经常让我们这些“准点开工”的后辈感到汗颜。

南方日报：大跃进时期，浮夸风盛行，作为中国农科院院长的丁老，当时是怎么面对虚报粮食产量这一问题呢？

卢永根：那时很多人都被迫虚报粮食产量，两广地区其实平均亩产只有500斤左右，但虚报产量竟然高达1万到10万斤，为了搞假，有些地方把好几亩地收割来的稻子堆成一座小山，拍照为证，自欺欺人。身为农科院院长的丁老其实很难做，那段时期他很痛苦，他不愿意曲意逢迎，违背科学和良心，又受制于“纪律”和“规定”，只能“不出声”，默默承受、挣扎，内心感受虽然他从不对人提及，但是朝夕相处可以感受得到。有时候经常看见他一个人独自站在窗前，皱眉深思，久久不说一句话。

我记得1963年北京举办了一个国际性的农业研讨会，当时一位与会的日本农学家问丁老，中国的水稻亩产量是否真的有一万斤。丁老略一思索，巧妙作答，大意是：“中国老百姓的出发点，是想通过实验探索水稻生产的潜力……”他的回答赢得了领导的赏识，也没有违背身为科学家的原则。在当年那个“说假话者高升，说真话者入狱”的年代里，想要不说假话，是很难的事。

谈农业教育：
丁颖已成为华农人尊崇的精神导师

南方日报：丁颖是华南农学院首任院长，也是华南农业大学校史上早期开拓者之一，在您看来，他的研究和教育实践为华农乃至整个广东科学界留下了一份怎样的“精神遗产”？

卢永根：在担任华南农学院（华南农业大学前身）院长的12年间，丁颖以他全国性的重要影响，推动华南农学院稳步发展，并走向全国科研合作的广阔平台。直到今天，华农在野生稻、生态农业、分子育种、太空育种等领域仍走在全国前列。

在大力加强学校的自身建设和发展外，丁颖还从广东全省大局出发，积极发起筹建华南农业科学研究所。1956年该所成立后，丁颖兼任首任所长，后来在此基础上发展扩建成为今天的广东省农科院。

今天，丁颖已当之无愧地成为华农人尊崇的精神导师，“笃学明德、躬行践履、建业自强、求精图新”的丁颖精神，就是他留给我们的一份沉甸甸的“精神遗产”。

南方日报：刚才您也提到丁颖不仅是中国稻作科学之父，也是近现代中国高等农业教育的先行者，“为振兴中华农业而兴办教育”的指导思想贯穿其一生。那么在您看来，他的哪些办学措施直至今天仍有重要的借鉴意义和启发性？

卢永根：早在20世纪30年代初，丁颖就在一次题为《农业教育与农政》的演讲中，精辟地阐述了他对农业教育的几个基本观点：一是为了振兴农业、复兴农村、安定农民生活；二是为了解决农业技术推广问题；三是为了提高民族文化素质。担任华南农学院首任院长的12年里，他为进行教育改革，改善办学条件，扩大学校规模，提高教学质量和学术水平做了大量工作，使华农进入了全国知名大学的行列，为广东高等农业教育进一步发展打下了良好基础。

在漫长的办学过程中，他特别注重从国情出发，以开拓精神探索具有中国特色的办学道路，他一直反对原封不动、“全盘西化”的教育方式。新中国建立后，在“一边倒”学习苏联的情况下，他一方面肯定苏联教育经验中诸如专业设置、课程安排和加强思想教育和实践环节等举措，一方面也提出不能脱离我国实

当年丁颖使用过的物品

丁颖塑像

际，照搬苏联高校的经验。他认为，我国是农业古国，农民在长期农业生产中积累了丰富经验，而且我国农业环境条件复杂，作物品种类型繁多，因此他翻阅了大量古书，搜集资料，虚心向农民请教，积极组织编写具有中国特色的教材，并开展配套的稻作试验研究。

他还特别注重对学风的培养，从上任伊始，就确立了“教学、科研、生产（推广）”三结合的办学思路。他强调“农学是应用的科学”，“不应该离开生产实际问题来进行理论研究，也不可能离开理论要求系统地、完整地来解决生产实际问题”，40多年来他一直深入田间，亲力亲为，以身垂范。丁老的弟子、水稻专家吴灼年教授说过：“在丁颖教授身上汇集了我国许多科技界的优良作风和传统的民族美德。这是祖国的宝贵精神财富，很值得我们去继承和发扬。”

南方日报：1909年，丁颖中学毕业之时，就已经立志学农，“当为农夫温饱尽责努力”。从东京帝国大学留学回来，把毕生心力投身农业科研教学工作。反观今日中国年轻一代，愿意学农的人日渐稀少，经济、电子、外语等专业炙手可热，而与农业沾边的专业门庭冷清，您认为采取哪些措施才能改善这种现状？

卢永根：我去过号称“小麦州”的美国堪萨斯州，一个州的人都在种粮食，公路两边都是金黄色的麦浪，当时我真是百感交集，为什么人家乐于务农，偏偏我们以务农为苦甚至为耻？我觉得，在中国对农业的歧视是最厉害的！中国学农的人少，根源在于农民普遍收入偏低，特别是在过去没有补贴，生活困难；由于体制关系，农村户口也享受不到城市户口的福利。农民的孩子都想通过读书“跳出农门”，怎么会甘愿回去种田？我常在乡下看到一整条村子都是老人孩子，青壮年都跑到城市打工去了，这种情况再不改变，中国亿万人口的粮食问题怎么解决？！

其实丁老在世的时候，这个问题就已经凸显出来了，受“轻农思想”影响，那个时候就有不少青年，不愿报考农科或者农科毕业后害怕工作艰苦，不愿回农村下基层，经常“跳槽”。当时，丁老也对此事深感忧心，他经常对师生进行学农、爱农、献身农业的思想教育，时常勉励农学院毕业生，要以“热烈的心情，坚决的意志，摆脱一切，遄赴农村”。

就今天的情况来说，有些措施是刻不容缓的，例如要切切实实提高农民的收入，至少不应低于城镇居民，“以工哺农”，实现可持续发展；解决基层农业技术人员的编制和待遇问题；在高校里，对于农业相关的专业，免除学费，吸引生源等。但我最担心的还是如今的社会功利主义盛行，像“女嫁公务员，男娶女教师”这些说法就是一个体现。但在丁老那一代人身上，你真的看不到一点功利的影子，只有理想的光辉。一个人若是没有理想作为支撑，是断然无法取得他那样的成就的。

华南农业大学卢永根院士

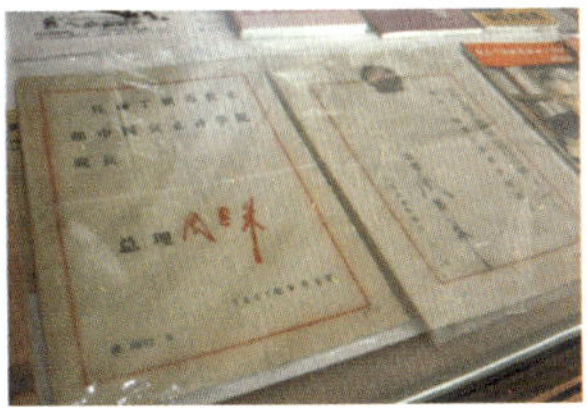

周恩来总理任命丁颖为农业部中国农业科学院首任院长的任命书

延伸阅读

丁颖名言

真诚的科学工作者，就是真诚的劳动者。要有科学家的头脑，种田人的身手。

没有需要应用的对象便没有农学存在余地。

科学是客观的，科学工作者要听得不同的意见，不能先入为主，不要有门户之见。

研究科学在探求真理以止于至善至美，以应用于人生。……不为功利主义机会主义所眩惑，亦不为颓废思想享乐思想所左右，而以富贵不能淫、贫贱不能移、威武不能屈之大勇、大智、大仁之精神以赴之。（1944年《中华民族与科学思想》）

学农的人，带有一种极欠妥的理解……看不起农夫，以为蠢笨顽固；看不起旧法，以为不合学理；看不起固有的农业制度，以为落后逆行……假使我们确有责任心的话，我们应该归咎自己学的错误，而不要谩骂农村，谩骂农民，谩骂旧法，强把自己矜饰，把自己地位抬高，把自己责任放卸，便算了事。（1942年《纯粹科学的农学观》）

（郭珊　唐蓓　张贻发　蔡颖　蒙丽）

学人小传

杨成志（1902—1991），广东海丰人，1928年受中山大学和中央研究院指派，赴云南调查少数民族情况。以后杨成志深入四川大凉山彝族地区，调查研究奴隶社会结构及彝族生活情况、风俗习惯、语言文字、宗教信仰、文化特征，写出《云南民族调查报告》、《罗罗族巫师及其经典》、《罗罗太上消灾经对译》等专著。这是中国较早的民族学田野考察著作。他早年获巴黎人类学院高等文凭和巴黎大学民族学博士学位，回国执教于中山大学，解放前按美国人类学系四分支结构一手筹建中大人类学系，深远影响了中国人类学南派阵营的发展。解放后，他调任北京中央民族大学，一手筹建了民大民族博物馆，以一名普通教授的身份默默完成后半生的学术使命。

杨成志：坚忍不拔之宏志 可步张骞通西域

20世纪前半叶灿若繁星的学界，曾有一位岭南学人如流星般划过天际，被定格了永恒的光芒。他就是杨成志，因26岁孤身一人完成了第一次人类学严格意义上的中国西南少数民族调查，而被镌刻于中国百年人类学史的发端。解放前，他即与费孝通的老师吴文藻齐名，被并称为中国人类学界的“南杨北吴”。

可惜风流总闲却。前半生在学术上屡建功勋，后半生却时运不济，被迫离开一线学术研究领域。“虽无铅刀用，庶几奋薄身”，一代学人杨成志从未灰心放弃。

他一生未曾辍离人类学，鲜有大师唱和，鲜有轶事流传，至今没有一本传记，刚毅木讷近仁。

他后半生遭遇冷落排挤，饱尝孤独，却如一盏微弱的烛火，从未停止发出幽冷的光。

他如一把素琴，冥冥中奏出无弦之音。以至于身为华南人类学阵营先驱的他，身后桃李多成名师遍布华南高校，但前些年民族出版社想要编纂一部《杨成志学术文集》，却几乎无人可以胜任……

这样一位学人，除了寥寥几篇学术文章，留下的足音如此稀薄。他的得意弟子江应樑、梁钊韬、曾昭璇等人相继离世，最后一任贴身弟子田晓岫移居美国……笔者几经努力，才辗转联系到田晓岫及杨成志后人等，得以拼凑出一个“一朝立志终生不弃、默默完成毕生使命”的学人轮廓。

曲终人不见，江上数峰青。正如幽冷的光更能穿透长空，他的精神和风骨，似永不消逝的流星，并未消弭。

历历往事

青年　一鸣惊人：

甘抛性命，单骑独闯西南蛮荒部落

民国时著名的《良友》画报，封面经常云集当红艳星、政要名流，有红极一时的女星陆小曼、胡蝶，有一手遮天的蒋介石、冯玉祥等。鲜有人知，一个籍籍无名的岭南学者，因为单骑独闯大凉山“独立罗罗”禁区的壮举，也曾成为它的封面人物。

20世纪20年代，来自广州中山大学史语所的年轻助教杨成志，人间蒸发一年零八个月，只身前往鲜有外人涉足的川滇之间的神秘地带——大凉山“独立罗罗”领地，成为使用人类学理论方法完成西南少数民族调查的国内第一人。这次调查在战事频仍的民国年间，看似无关国事，但时过境迁，他鲁滨逊式的冒险，却成为多少年后人们回忆那个乱世年代时，颇有成色的一抹记忆切片。

1928年，中国掀起第一次调查民族之风，由傅斯年等人执掌的中山大学史语所，以广州为营地，扎入中国西南腹地调查。就在这一年，刚满26岁的杨成志随同苏联著名人类学家史国禄、容肇祖等人一同前往川滇之际的大凉山，希望揭秘仍未开化、保留奴隶制度的神秘民族“独立罗罗”。

“天见蛮子，日月不明；地见蛮子，草木不生；人见蛮子，九死一生。”当时彝族地区流行的这句谚语，道出了这次考察的险象环生。就在此行前不久，曾有两名法国人类学家由汉人引导偷闯大小凉山，结果被彝人擒获，洋人被杀死，汉人被捉去充作奴隶。噩耗传来，风声鹤唳，关乎性命的当头，外国专家史国禄退却了，容肇祖因故撤回广州，只有年仅26岁的杨成志初生牛犊，孤身前往险境。

“我当时所觉得的，有两种背驰情感：一以为调查民族是我国新辟的学田，播种的人，安能任它荒废？一以为土匪遍野和山谷崎岖的滇道，孤行独往恐易陷于危险！结果，我的勇敢心战胜了畏惧，于是乎，这种调查的重大担子遂由我个人独挑。”这股天降大任于斯人的气度，让杨成志敢于绝尘而去，踏上旁人眼中的不归路。

沿金沙江徒步三日，与蛮荒神秘的“独立罗罗”禁地，只有一江之隔。很难想象，纵然心中万千踌躇、壮志满腹，在面对江对面的云雾遮蔽、阴风股股时，这个羸弱干瘦的书生心中会没有胆怯。

就在心里“外国人探险南北极尚能做到，国人在境内有何不可”的问号驱使下，杨成志渡过了那条阻隔理想与现实的金沙江，在日记中激昂地写下“随时准备结果了这条未死的生命”的句子。

江风一吹，疾病随生。闯入大凉山脚下的六城坝，杨成志一个月就病倒4回，然而内心的恐惧已不过是被抛在身后的江水。身体上品尝极度痛苦的杨成志说，精神上却非常慰藉。在当年给傅斯年、顾颉刚的信中，杨成志写道“夜闻江风的怒号和猛犬的高吠”，写道令人不寒而栗的“罗罗夜间偷袭汉人的脚步声”，都已在极度的刺激中萌生快意。

百年双喜
A21
世纪廣東学人
杨成志
坚忍不拔之宏志
可步张骞通西域
广东中烟工业有限责任公司特别呈献

1970年代杨成志与钟敬文等人合影

以“入虎穴”般的胆魄闯入大凉山禁区，杨成志改头换面，不再是一副不辨菽麦的读书人形象，如探险家般左右逢源。他主动学罗罗文，学彝语，学彝家风俗，与“罗罗们”一同生吃猪肝，身体力行，破除隔膜；他带上布匹、白糖、针线奉送与各寨首领，甚至还为一个女奴隶主医好脚疾，一片赤诚，终于感化了为汉人所惧怕的罗罗，得到颇有声望的酋长禄呷呷的入寨准许。

越山逾岭，穿林涉水，杨成志足迹所及凉山两百余里，收集各种民俗文物约两担，拍摄各种风俗照片，像闯入“大小人国”般新奇，他拾到苦中作乐的趣味：“罗罗们所吹拇指般大的生鸦片烟味加上一辈子不洗的衣服味，曾令我无法避开拼命地钻入我的嗅神经去久而晕倒。”他渐入佳境，无所不欢。他得到酋长欢心，险些成了驸马；为拍摄当地焚尸的习俗，他与死尸对面假寐，结果相机被抢，自己被追打；为研究罗罗的灵牌，他别出心裁地用钱买通小孩窃取，险些丧了那条命……所遇的惊险，所见的离奇，不断让年轻气盛的杨成志斩获前所未料的满足感，以至于他在回忆中，说自己实在是享受于一种“世外的上古生活”中。

就这样，杨成志前后耗时一年零八个月，独闯罗罗山地，靠双脚踏开一片世人未知的混沌之地。他千里走单骑，经滇南迤东、川滇交界的巴布凉山、昆明、河口和安南，走访大凉山地区的彝族、花苗和青苗、白族、傣族等族群，囊中取物般摘得大批彝族语言、文字经典、民情风俗的一手资料。归来后，这位名不见经传的青年学子，以“云南民族调查报告”专号发表一鸣惊人，如发聩之声，穿云裂石。云南巧家县各界称赞他的勇敢冒险之精神，坚忍不拔之宏志，可步张骞通西域，哥伦布获新大陆。

中国民族学创始人蔡元培，对杨成志这次开先河式的调查竖起大拇指，“尤为表示同情与鼓励”。他的这次西南民族考察，“颇得国内学术界之嘉奖”，如民族英雄般受追捧，被认为是中国人自己第一次使用人类学方法完成的民族族群识别。

“斯行不减路三千”，其时、其地、其果、其敢，都不容复制，在偶然与必然交织反复的历史巧合中，杨成志得以挣破了老辈书生闷声做学问的个人命运，成功站立于我们眼前，光芒穿越百年。

中年　开宗立派：

独擎大旗，搭建中国南派人类学支脉

朴鲁耿介的汕尾民风，在20世纪前半页曾孕育过三位名人：国际知名的小提琴家马思聪、被尊为中国民俗学之父的钟敬文，还有一位就是1934年代表中国学者出席伦敦第一届国际人类民族科学大会的杨成志。虽然在解放前被称为“汕尾三杰”，但相比马思聪和钟敬文的声名远播，杨成志的事迹却因年代久远，尘封雾淹，而不广为人知。

不难想象，当年站在世界讲坛上的杨成志，是怎样的踌躇满怀，他咽下胸中家国凌乱的屈辱，用法文大声宣讲著述，宣告中国人自己发现了自己领土上的稀有文明。那时的他，会不会数度哽咽？会不会饱含热泪？

杨成志不像五四时期许多家学丰厚的大师那样，他全靠刻苦勤奋走上当时的学术舞台。杨成志字“有竟”，1902年出生于广东汕尾一个贫苦的海员家庭，真名“成志”与字“有竟”相连，刚好是中国一句古谚“有志者事竟成”。杨成志前半生的轨迹，恰恰与此相佐。自幼苦读，少年成才，而立之年得以扬名。

钟敬文曾这样回忆杨成志早年的治学勤奋：“余与彼曾同任职于华南某中学，彼教历史，余教国文，所居亦同室。余性疏弛，夜或早眠，尝一觉醒来，见彼犹兀坐淡黄灯光下，挥笔为学生辑集参考文献，心窃悫然。”

历史中总不免有令人羡慕的巧合。1924年底，就读于广州岭南大学历史系的杨成志，在学校聆听了孙中山最后离开广州北上前的演讲《青年当立大志》，并被同学们推举为记录员，全文速记后发表在《南大青年》上。就在那次演讲中，孙中山的一句“学生要立大志做大事，不可做大官！”，冥冥中被杨成志用力记在了笔端，成为他一生立志修身的标准。

20世纪早期中国知识分子开疆辟土的洪流之中——新一辈的

晚年杨成志

杨成志镜头下的西南少数民族生活

中国读书人，正力图在传统学术之外开拓新的学术版图。在傅斯年、顾颉刚“到民间去”的口号下，一批当时的知识分子投身“民俗学运动”，走向民间，发现和研究民间文学、民间文化，发觉民众的重要性，这一股潜流，暗合了当年许多大知识分子不约而同的思想转向：顾颉刚投身民俗学，李济投身考古学……

杨成志应时而生，投身当时刚刚引入中国的人类学界，他弃做困守书斋、皓首穷经的老夫子，他弃做唯唯诺诺、为稻粱谋的弱书生。在岭大读书期间，他撰写《勿忘台湾》的小册子，振臂一呼，呼吁收回被日本占领的台湾岛。

历史就像一个万花筒。某些角度可能是杂乱的碎片，但一经翻转，就可能呈现绚丽的图案。得益于顾颉刚赏识，1928年杨成志进入大师云集的中大历史语言研究所，因一次西南考察功成名就。

很快，杨成志就被派往法国巴黎求学，四年后获巴黎大学民族学博士学位。1935年冬，学成归国的杨成志，即被委以重任，被任命为中山大学人类学部主任，创办人类学系，复办《民俗》刊物，恢复中山大学民俗学会。此时的杨成志，重振因战乱颠沛四散的“民俗学运动”，搭起人类学在中国的南派分支，独擎大旗，声名鹊起。

明日隔山岳，世事两茫茫。1937年到1949年的十余年战乱里，杨成志从大学课堂走向山野，几乎是隐遁深山，如饥似渴探秘南方少数民族部落，随中大迁徙，他每到一地、深入一地、研究一地，仿佛遍地是宝，他都能点石成金、化废为宝。1937年，杨成志带中大与岭南大学师生联合到海南岛黎苗考察，收集文物，带回黎男、黎女到中大表演，弟子王兴瑞撰成20万字《海南岛黎人研究》，成为“研究黎族问题的重要著作”；1942年，杨成志带队前往海丰搜集古物，对粤东沿海史前渔民遗迹发掘考古，力破古籍所载赵佗来粤以前，“广东无文化，土人皆蛮族”的旧观念；他的野心还不止于此，1944年，杨成志作为访问学者赴美考察印第安人部落，以中国学者的立场愤怒批评了美国的种族歧视问题，被新墨西哥州一家英文报纸大幅报道……杨成志此时在学界可谓扶摇直上、平步青云。

这十余年里，杨成志和中山大学社科学者一道，活跃在西南山地岛国。此时的他豪情万丈：“民族学的研究是由‘脚’爬山开踏进来，却不是由‘手’抄录转贩出去。”而他偏重田野调查的治学方式，如前人种树，泽被后世，深远影响了中国人类学南派的发展。

意气风发的杨成志，根本无暇顾及和思虑政事变迁，以至于1949年国民党政府给他一张逃亡台湾的机票，被他当机立断卖掉。杨成志眼前，无比宽阔和明朗的是他未曾涉足的大陆腹地，没有什么能比这更动人心魄，更能让他坚定地选择留下。

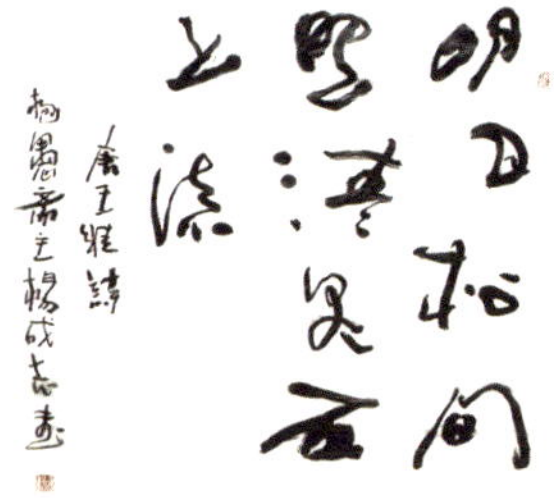

杨成志手迹

晚年　一声叹息：

不逝的流星，燃烧到生命尽头

历史的回声里，野马、尘埃飘然而过。一代学人的跋涉中，命运才是最大的顽主。对比前半生学术上的纵横驰骋，杨成志远未料及，等待自己后半生的竟是沉闷与萧条。解放后，他被迫离开一线学术岗位，身后的背景骤然变得幽暗昏黄，但他从未放弃发出哪怕微暗的光。

解放后不久，他在中大苦心建立起来的人类学系分崩离析，遭到解散。他的老上司傅斯年去了台湾，顾颉刚去了上海，好朋友钟敬文去了北京……1949年寒冬，杨成志也不得不北上，调到北京中央民族事务委员会工作。

相看万里外，同是一飘萍。解放后一直到“文革”前，他热忱不减，《中国少数民族分布简图》初稿、《中国少数民族文字简表》等前无古人的工作，他一手完成；他雄心未了，参加中央民族访问团中南团，访问广西苗、瑶、壮、侗聚居区，领导广东等地的少数民族识别，写出数百万字的调查报告；他壮志未酬，1956年在广西明江花山崖发现壁画，收集文物、采集壁画、举办展览，被尊为中国岩画发现与研究的先驱者之一。

他坦然接受命运的安排，1952年起，杨成志调任中央民族学院教授兼文物室主任。由中大的独栋别墅，迁到民大的一间居室，他毫无怨言。由于普通话不好，他在潘光旦、吴文藻、费孝通等名师集聚的民大，并太不受学生追捧；由于离群索居、学术支脉单薄，他也远没能像解放前与他齐名（时有人类学“南杨北吴”的说法）的吴文藻那样声名显赫。历史的回声中，甚至答案都没有，为什么他在中央民大没有高徒？为什么连在学界起步比他还晚的老友钟敬文都能扬名立万，而他却不能？

紧接着十年浩劫，杨成志被打成资产阶级反动学术权威，在民族学院和湖北沙洋民院干校劳动。即便“文革”结束，他也未能恢复“文物室主任”一职。此时的他已身世两忘，万念俱寂，他看着自己苦心经营的民大民族博物馆不断荒败，他看着颐指气使的学院领导吵着要把博物馆搬到学生饭堂的闹剧，终于不再沉默，守着他生平最后的“学术领地”——民大民族博物馆，青筋突暴，不顾所有体面尊严，横卧于地，厉声狂呼：“谁要搬，就先从我身上踏过去！”

他志于学的烛火，一直燃烧到生命尽头。从民大退休后的十余年里，他疾病缠身，深居简出，除了好友钟敬文等人的到访，几乎断绝了一切社会联系。女儿杨百荔的回忆里，他甚至疏于与晚辈交流，一个人终日摆弄着早年收集而来的少数民族文物，誓言要全面整理，要再去调查。他信任的人已不多，在他晚年最信任的几个人那里，才得以寻找到一些断简残篇。

他曾向好友、民大教授石建中展示过一本“天书”，是他早年从西南苗族那里得来，保存着后来失传的古代苗语，他渴望申请经费破解“天书”，最后却无人响应；他也曾接受过石建中邀请，拖着病体，只身来到民大与年轻学生们座谈整整两个小时，激动地鼓励年轻学生要投身田野调查；他给时任中大人类学院院长黄淑娉去信，寄来早年从美国印第安部落搜集到的一些书，交给最有感情的中大资料室代为保存，却不料后来在人事调整中被保管员当旧书卖掉……

直到他去世12年后的2003年，从他生前遗留的近两百篇著作中精选的部分文章，才在中山大学结集出版。人们才发现，当年埋头于偏僻田野考察的那个学人，随意信手拈来的文章都有灵光智慧：早在1934年，欧洲求学归来的他就热谏政府设立“广东省立博物院”，并草拟十万字“广东博物馆组织大纲”，然而听者藐藐；1943年，他在一篇深入剖析广东人民构成的文章中，精辟概括出广东文化“富于革命思想”、“独立创造精神”等特质……

“倘使当年身便死，一生真伪有谁知。”1991年5月30日晚，刚过完89岁生日不久的杨成志，起身行走不幸摔倒，无疾而终。在他死后，没人为他举办任何的追悼会或者是遗体告别仪式。直到十年后老伴去世，子女才把他们二老的骨灰安葬于深圳沙湾公墓，终于魂归故里。云天在望，落英无声，一代学人的命运，最终不过是油尽灯枯，蜡尽烛灭。

（本文参考了《杨成志文集》、《杨成志人类学民族学文集》、《中国民族学史》等著作，并参考了张寿祺等人的回忆文章，特别感谢石建中、周大鸣、田晓岫等教授及杨成志后人的帮助。）

（李培）

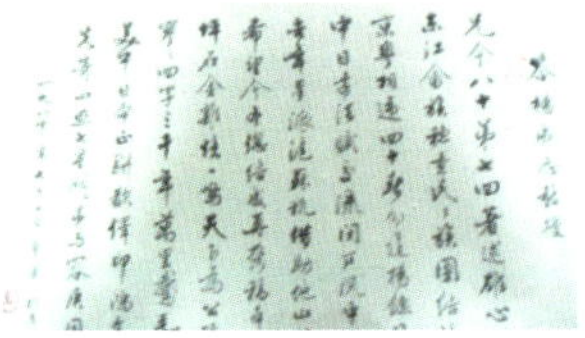

友人致杨成志的书信

知名学者黄淑娉和王建民谈杨成志

他无愧为中国人类学先驱

作为与传统经史学相比“在野”的学问，中国人类学、民俗学在20世纪二三十年代风起云涌，傅斯年、顾颉刚等大师级人物都投身其中，其背后有一条深刻的隐线：五四以后，胡适的白话文运动发展，急需为白话文学史“正名”，民俗文化、民间文学被一代学者重新认识和推崇，借此呼唤新文学作家的平民意识与民间情怀……在这样的历史背景下，有志青年杨成志登上历史舞台，以勤奋和过人胆识成就中国人类学一派先师的地位。

前辈学者的开疆拓土，后生晚辈才能屯垦深耕。杨成志在国内学习成才，后凭借游学海外的经验，在20世纪早期将西方兴起的人类学、民族学身体力行引入中国，以中山大学为据点，远见卓识地开拓出中国人类学的南方阵营，影响泽及当世。致使相当一段时间，中山大学人类学在全国享有排名第一的美誉。

由于解放后一度淡出学术界，杨成志在今天许多人类学、民族学家眼中是遥远但不可忘却的名字。他的学术影响潜移默化，润物细无声，深流于几代中国人类学者身上，刺激着人类学百年在中国的发展。南方日报记者特别专访了中山大学人类学系前系主任、著名教授黄淑娉，以及中央民族大学教授、博导王建民，请他们解读杨成志的深远影响。

学术评价：
杨成志是中国人类学的拓荒者

南方日报：早在20世纪30年代，中国学人掀起把人类学引入中国，并应用于中国社会研究的第一轮高潮，杨成志在当年声名鹊起，如何评价他对人类学的贡献？

黄淑娉：20世纪二三十年代，有两位先生堪称中国人类学的拓荒者。当时在中国齐名的“南杨北吴”，分别指杨成志和吴文藻先生，他们两位都在20年代去欧美留学。吴先生1929年于哥伦比亚大学取得博士学位，杨先生1932年获得巴黎大学博士学位。1934年，杨成志参加了在伦敦召开的第一届国际人类学学术会议，说明他在当时中国人类学界的地位。我认为，他们二位都是中国人类学的先驱、创立者。

蔡元培在留学德国的时候，也学过民族学，他在1926年发表《说民族学》。人们曾经认为中国人类学、民族学开始在1926年。但实际上1903年清政府颁布的大学堂章程中就有人种和人类学的课程，20世纪开始，西方人类学就传入中国了。20世纪头20年主要是一些关于中国少数民族情况的描述，算不上什么研究。1928年，杨成志翻译发表《民俗学问题格》，讲民俗学要调查研究哪些问题，对于当时的田野调查研究有相当高的价值。

王建民：在人类学、民族学作为一个独立学科出现之前，中国学者已作了许多重要的贡献。京师大学堂的人类学课程当时叫做“人种学”，实际就是从英文的ethnology翻译过来的，现在翻译成“民族学”，当时可能因为更关心“种”的问题，关心世界各地种族的分类，因此用了这样一个名字。不过，当时用的教本却是中国著名翻译家林纾和魏易合作翻译的《民种学》。译者序言说：西人“考其饮食、服御、营构之所从来与夫部落种族之所以自始，有书焉，曰《民种学》”。译者认为，西方所述各种制度与中国古代是相合的，而该书“深有裨于中国之学者矣”。除了解国外风情之外，译者希望“读是书者知西人殖民之心不能一日置乎震旦，吾须严鉴其鞭箠他种恣为忭笑之故用，自惕厉则，蒙译是书之意为不负矣”。

在19世纪末20世纪初，还有严复、章太炎等一批杰出的中国启蒙先贤翻译介绍了一些西方和日本的人类学、民族学著作，也带动了中国知识界对于进化论等西方学术思想的汲取和吸收，推动了中国近代的思想变革。这在学科发展的背景中是很重要的。此后，在国内一些主要的大学开设了社会学、人类学的相关课

A22 世纪广东学人
他无愧为中国人类学先驱
广东中烟工业有限责任公司特别呈献

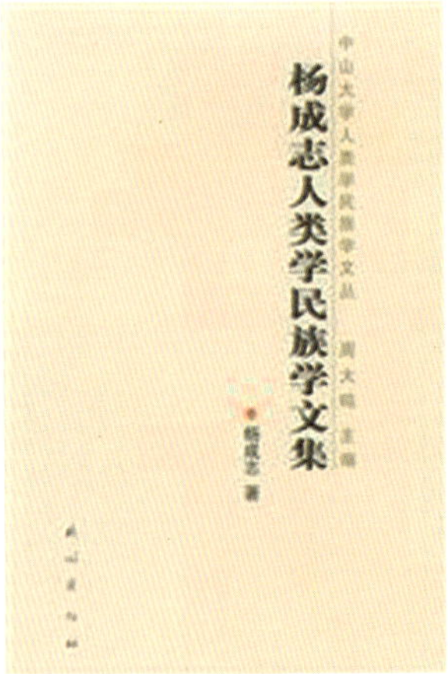

《杨成志人类学民族学文集》封面

程，杨成志先生正是在这样一种背景下得到了相关方面的基本学术训练，成长为人类学家的。

南方日报：为什么说杨成志是中国人类学的先驱者之一？

黄淑娉：杨成志早年留下的最有影响的是《云南民族调查报告》。杨成志调查的川滇边缘的彝族地区，外国人称为“独立罗罗”，以往人类学者无法进入。杨成志在彝族地区学习、研究彝语和“罗罗文”，读了450本经书，为日后的研究搜集了大量资料。他赴法留学，以《罗罗文字与经典》获得博士学位。他还对苗、瑶、傣等族进行了调查，两年中写成了《云南民族调查报告》、《云南罗罗族的巫师及其经典》（130部）、《罗罗太上清净消灾经》等廿余种著述。

当时，杨成志在给云南当地教育局局长的一封信里写了自己“为什么要调查民族”：一、谋文化的贡献，他认为中国各民族有各民族的原有文化，“窃考中国的经、史、子、集，无一不是汉族的私有表现”，所以要把苗夷的各种文化在书籍上还它们原有的地位；二、促进民族主义的实现，“对外求中国在国际上平等，对内求中国境内各民族一律平等”；三、融洽民族观念，打破“汉夷”的观念，同跻于平等地位；四、维护边陲；五、汉土人口的观测；六、争回中国人的体面，杨成志说全滇100多个县，有外国教堂的县占90多个，外国传教士往往一个人能把当地情景调查得非常清楚，而笔之于书，但本国地方官却相形见绌。

可以说，杨成志所提到的几点，对于早期中国人类学和民族学的形成和奠基都起到了很大作用。上世纪二三十年代人类学在中国刚刚起步的阶段，杨成志在彝族地区做了一年零八个月的人类学田野调查，这样长时间的调查在中国是开创先河的，并且他本人也是研究彝族的第一人。所以说，他是中国人类学的先驱者之一。杨成志调查彝区表现了不屈不挠的精神。当地官员劝阻前往探险，他表示“虽牺牲性命也值得”。在岭南的讲演中说“对于我国领土以内的人类学调查，应由中国人负担起来才是道理”。

王建民：因为当时中国学界还没有真正意义上的田野调查。由于田野调查是人类学、民族学专业的基本学术特质，开展田野调查可以说是中国人类学民族学学科作为一个独立学科产生的标志。杨成志先生当时作为一个初出茅庐的年轻人却完成了这样一项伟大的事业，为学科的建构作出了重要贡献。

南方日报：为什么杨成志这次调查有这么大的影响力？

黄淑娉：与西方的人类学家相比，杨成志的这次西南民族调查仍然非常重要，值得称道。20世纪20年代，西方有两位著名人类学家。一位是博厄斯（Franz Boas），美国老一辈人类学家，美国历史学派的创始人。他参加了北太平洋探险，研究美洲西北部文化与亚洲北部文化的关系，调查过许多印第安部落，杨成志翻译出版了他的《人类学和现代生活》。另外一位是英国人类学家马林诺夫斯基（B.K.Malinowski），功能学派的创始人之一。他做过南太平洋的特罗布里恩群岛（Trobriands）调查，他在当地前后有两年之久。和他们相媲美，杨成志在非常闭塞艰苦的云南大凉山生活了一年零八个月，调查研究了"独立罗罗"的名称和来源、历史沿革、地理概况、经济从业、生活方式、奴隶制、部落制度、家庭婚姻、丧葬制度、咒术、故事传说、音乐歌谣、民间文艺、语言文字等。杨先生第一次描述了凉山彝族社会的原有文化，揭示了凉山彝族社会的奴隶制。

与欧美人类学界相比，杨成志在上世纪20年代所作的长时间人类学田野调查也是开创性的，我们后辈永远铭记他的筚路蓝缕之功。在杨成志之后，中国人类学家凌纯声曾经在苗族和赫哲族地区调查研究较长时间，林耀华也曾经在彝族地区调查较长时间，但都没有杨成志当年所调查的时间长。

杨成志的田野调查经验非常丰富。除了最早调查彝族外，杨成志的田野调查对广东的水上居民（疍民）及畲族的认定，都很有贡献。新中国成立后，从上世纪50年代初开始，为解决我国有多少个民族的问题，进行民族识别调查。对于水上人（疍民）算不算少数民族，对于畲族是否是一个少数民族的认定，都有非常重要的作用。正是因为杨先生等人的努力，1956年，国务院正式将畲族确定为单一民族。

中山大学社会学与人类学在杨成志等人的影响下，成为全国知名的学科之一，图为学院所在地马丁堂。马丁堂建于1905年，是国家级文物保护单位

治学主张：
他在中大留下的传统被美国学者推崇

南方日报：中国民族学界在20世纪三四十年代就有了“北吴南杨”之说。北学派的代表人物吴文藻和南学派的代表人物杨成志在治学和学术倾向上有何不同？

黄淑娉：吴文藻在美国时就读哥伦比亚大学，这是人类学历史学派的中心。吴文藻在那儿接触人类学的各种学派，他认为根据中国的情况功能学派的理论最为合适。功能学派主要认为，研究一个社区或问题，所研究的问题是个整体，它不是孤立的，要研究这个社区的各个方面及其密切相关的相互关系。1929年，吴文藻在美国获得博士学位后回国，在燕京大学社会学系任教。吴文藻提出了很多看法，其中最重要的是提出“人类学社会学中国化”，这一直对中国的人类学社会学研究具有指导意义。

相比之下，杨成志更主张人类学家调查一手资料，这些资料到底能解决什么问题，不是关注的重点。主要受到美国历史学派的影响，他们注重实际调查，偏向于材料的搜集和解释，不用做理论归纳，认为只要把材料整理好，事实自然就显明了。南派更多按照这样一个路子走，与杨成志在中山大学的影响不无关系。

一般的学者认为人类学有南北派之分，北派以燕京大学为重镇，受功能学派影响，侧重汉人乡村社区的社会分析，意在致用；南派以中研院历史语言研究所人类学组为重镇，于法国民族学派及美国文化历史学派浸淫较深，侧重边疆后进族群的历史考掘，南派的调查往往无关国计民生，成绩却也能持久。

王建民：其实南北两派是一种概括的说法。这里说的“南杨北吴”主要是从培养学术队伍来说的。抗战之前，燕京大学的吴文藻先生采用“走出去、请进来”的办法，以社区实地调查作为重要支撑，也探索了导师制培养模式，培养出了一批本科生和研究生。而杨成志先生则以在研究所培养研究生为主，训练包括基本理论学习、田野工作训练等。比如说，抗战之前，他曾经亲自带领研究生到海南岛和粤北地区调查黎苗和瑶族，指导学生进行田野调查，撰写田野民族志论著。吴文藻先生更多强调理论分析，比较各种学派的理论，他主张采用当时比较具有解释力的功能学派的理论，“以试用假设时，以实地验证终”，将理论解释和田野材料结合起来。而杨成志先生则更主张通过对具体文化的实际调查，搜集相关资料。除此以外，两位学术大师当时培养学生的层面不太一样也是一个重要方面。

不过，两位学术大师都把田野调查作为研究生必备的训练环节。所以说，在学科的基本要求和规范上又是一致的。

南方日报：有人曾评价说，从杨成志到梁钊韬的中山大学人类学研究传统的形成，被美国人类学家看作是一部中国人类学学术史的缩影。为什么这样说？

黄淑娉：解放前，国民政府在国立中山大学设立研究生院，杨成志是整个研究生院的院长，地位比较高，王兴瑞、江应樑、梁钊韬、王启澍、吕燕华、张寿祺、容观琼等学者，都是他这一时期培养出来的，造就了华南人类学阵营中较为争气的一支学术队伍。

美国一直坚持四分支人类学传统，包括以下四个分支学科：生物或体质人类学、语言人类学、考古人类学和文化人类学或民族学。中山大学社会学和人类学学院一直到目前还保留四分支人类学传统：体质人类学、文化人类学、语言学、考古学，是国内唯一保留该传统的学院。厦大的人类学系也有比较久的传统，分考古学和人类学。北方的综合院校里，人类学也没有四分支，人民大学把人类学分到社会学系，后来成立了人类学研究所……从杨成志到梁钊韬在中山大学里留下来的人类学四分支的传统，被美国人类学家推崇。

王建民：之所以这样说的另外一个原因是因为美国人类学家顾定国（Gregory E.Guldin）教授写的那本《中国人类学逸史》，为了适合美国读者的口味，他选取了比较熟悉的中山大学教授梁钊韬作为焦点，将梁钊韬先生的学术生涯和中国人类学的发展联系在一起，再放置到中国人类学史的大框架中。

不过，在中山大学和广东人类学发展的追溯中，必须把杨成志先生放在一个学科开创者的位置上，我也曾经和顾定国教授就这一问题交换过意见。杨成志先生因为当时年事已高，顾定国去

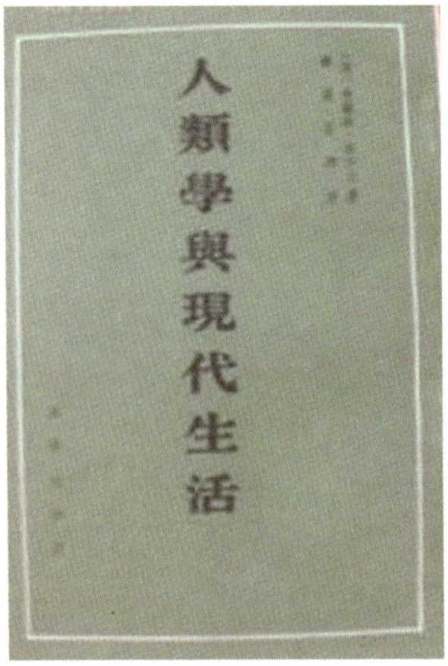

杨成志翻译出版的《人类学与现代生活》封面

访问他的时候没有获得太详细的材料，而文献材料的使用正是顾定国教授的短板。事实上，正是杨成志开创了广东的人类学事业，并为整个中国人类学、民族学的发展产生了重要的贡献。杨成志教授在培养学生方面很有成效，1949年之前，由他培养出的中山大学人类学专业研究生后来成为中国学界非常重要的一支力量。杨成志先生和他的学术梯队所经历的学术发展历程，恰恰能够表现出中国人类学在不同发展阶段所创造的业绩、经历的曲折，以及学科重建和发展的过程。

美国学者坚持四分支人类学学科结构，并且更愿意用这样的标准来衡量到底什么是人类学，到底哪个地方的学科建设更像人类学。顾定国在他的著作里就表现出了这种倾向，也受到了欧洲学者的批评，认为这是在中国人类学学科史研究中套用了美国模式。中国的人类学具有自己的特点。比如说，在语言学和考古学方面，我们的人类学没有办法涵盖整个学科，只是分别强调语言人类学和考古人类学。当然，中山大学的学科建设实践是非常有价值的，特别是考古学专业是放在社会学人类学学院中，实现了学科之间更好的衔接。不过，在全国许多大学中，因为学科体制的限制，通常考古学是和历史学专业或者博物馆学专业关系更密切一些，而语言学研究力量则主要集中在中文专业、少数民族语言专业和外语专业中，一时很难按照这种四分支的模式完全整合在一起。

学术精神：
脚踏实地做学问的态度是后人楷模

南方日报：作为许多从西方引进的学科，由于偏重应用，近百年在中国的发展都不断遇到学术世俗化的问题，你怎么看这样的问题？

黄淑娉：十几年前，我们就看到这个现象，一些高校的某些系的确遇到这样的危机，有些教师没有把主要精力放在教学上，在外面联系很广，四通八达，赚很多钱，拿到课题项目，主要让学生做。

人类学虽然从西方引进，但因为学科本身的特点，讲求实地调查一手资料，所以在论文和学术成果中抄袭往往容易被发现，所以特别要求扎实做学问的态度。

杨成志那一辈的学者，做学问的条件与今天不可同日而语。调查非常艰苦，几乎没有经费，但他们甘于寂寞和清贫，把一生奉献给自己的志向。现在的学者往往在社会上有更广泛的人脉，吸引的经费更多，视野更开拓，可以开展的课题也更多了。这一方面对学科发展有积极意义；但另一方面，任何一门学科的发展，最后都要依赖于那些甘于寂寞、皓首穷经做学问的人。

费孝通曾说，人类学这门研究人的学科，最后发展的归宿是要“各美其美、美人之美、美美与共、世界大同”，世界上2000多个民族，这么多群体一直在变化，研究得完吗？肯定研究不完。所以，人类学研究者应该有这样的胸怀和眼界，而不是只关注于眼前的发展和利益。学者们一方面要像杨成志那样脚踏实地，一生立志做学问而不言弃；另一方面也要眼望星空，有宏大的理想和视野。

王建民：当钱在社会中比过去有了更大的力量之后，现在的学术研究也受到了很大的冲击。田野民族志研究要求人类学家有更长时间、更为扎实的田野工作实践，但是在有了更充沛的研究经费之后，真正愿意花时间用心去做田野调查的人却比较少了。于是，有些人就更多地炒作概念、照搬理论，甚至剽窃他人研究成果、盗用他人研究资料，这样的学术对于社会、对于民众不会产生什么贡献，也许不仅是资源的浪费，更是精神的垃圾。人类学学科非常重视应用，但我主张这种应用必须以扎实丰厚的学科理论与方法为支撑，是一种理论性的实践，不是拾人牙慧，避免单向思维。研究应当有一种跨学科的视野，但一定要能够展现出你自己的学问对于所研究的那些问题的特别贡献。

（李培　文秀维）

杨成志早年最有影响的著作

学人小传

冯秉铨（1910—1980），出生于河北省新安县一个书香世家，著名电子学家、教育家，是新中国无线电电子学科的奠基者之一。他所提出的强力振荡器相角补偿理论获得国内外的一致肯定，而抑制脉宽调幅发射机残波辐射法，以及用射频削波法则有效解决我国边远地区广播覆盖面积有限和抗干扰能力差的问题。

冯秉铨：愿得英才三千数 春蚕丝尽方长眠

他少年得志，被视作哈佛的学术新星，却选择孔雀东南飞，回到满目疮痍的祖国当个“穷教书匠”；他在“文革”中备受迫害，却从未向人抱怨，还以“老牛不怕夕阳短，不用扬鞭自奋蹄”为座右铭；他的振荡理论本可发展出更多的可能性，但为了培养学生，他却自愿搁置自己的科研工作……

对于一个学者来说，最高的成就是什么？著作等身、开宗立派，或许都是上乘之选，但冯秉铨给出了自己的答案：著书立说固然可喜，但“愿得英才三千数，高峰深处共研寻”更加可贵。冯秉铨曾说：“我愿意为青年的锦绣前程而操劳，我不能离开青年，如果让我离开青年，我会感到生命失去了意义。”是以他可以和二十多岁的小伙子一起在实验室里通宵奋战，他可以把自己的讲稿毫无保留地交给青年教师，他可以每到一个新教室讲课就先去“踩点”，他可以直到逝世时还在带研究生……

当人们纷纷感慨如今的大学教育浮躁、功利、有大楼而无大师时，冯秉铨的“特立独行”才显得格外珍贵。本文不仅旨在还原一个血肉饱满的电子学家，更重要的是，呈现一个甘于奉献的教育学家。

历历往事

锐气：

宁肯不要文凭，也不要罗家伦的名字出现在我们的文凭上

现在已经无法想象，如果当初曾在京师大学堂译学馆学了几年德文、“喝了点洋墨水”的冯克庄没有坚持将儿子送到北平念书，那么自小熟读四书五经、十一二岁便在文史方面崭露才华的冯秉铨会不会如同那个时代的大多数人一样，深信“明理”远比“格物”重要？

历史是由无数巧合构成的，1923年，当13岁的冯秉铨穿着一身“乡巴佬”布裤褂走出白洋淀，走进北平私立汇文中学的课堂时，他的人生便注定要和物理结下不解之缘。彼时，五四运动“科学救国”的主张渐渐被许多青年人接受，而冯秉铨在汇文时期的物理老师“物理张”便是积极的拥护者。“中国几千年来，讲孔孟仁理讲得太久了，现在该是讲物理的时候了。”这句话给了冯秉铨很大的冲击，以前在白洋淀时，他知道的只是孔夫子的“克己复礼”、“言必称尧舜”，而在汇文，他知道了世界上最早的铁路在1825年就已诞生，但中国差不多过了60年后才开始自己修建铁路。“科学技术落后是国家积弱、受列强侵略的原因。”事实上，正是从那时候开始，冯秉铨将更多的精力放在物理、化学、数学中去。

16岁那年，冯秉铨连跳两级考上清华大学物理系，成为物理系第二级16名学生之一，待四年后毕业时，冯秉铨成了三分之一：清华的通过率极低，那一年物理系仅有3个学生顺利完成学业。然而，更具传奇色彩的是：苦读了四年的冯秉铨拒绝接受清华的一纸文凭，原因是在冯秉铨看来，当时由蒋介石派来的清华校长罗家伦官架十足，“宁肯不要文凭，也不要罗家伦的名字出现在我们的文凭上”，就这样，直到去世，冯秉铨都是清华的“黑户”毕业生。

作为著名的教育家，有关罗家伦的是是非非直到现在仍然没有公论。但无论如何，冯秉铨不图虚名、坚持信念的胆识和魄力从那时起便展露无遗，而这件“小事”似乎也可看作他人生的一个伏笔，在以后的岁月里，无论是毅然放弃哈佛大学的高薪厚职回国，还是在“文革”中受迫害却仍然乐观坚强，都依

稀能看到那个充满锐气的年轻人的影子。

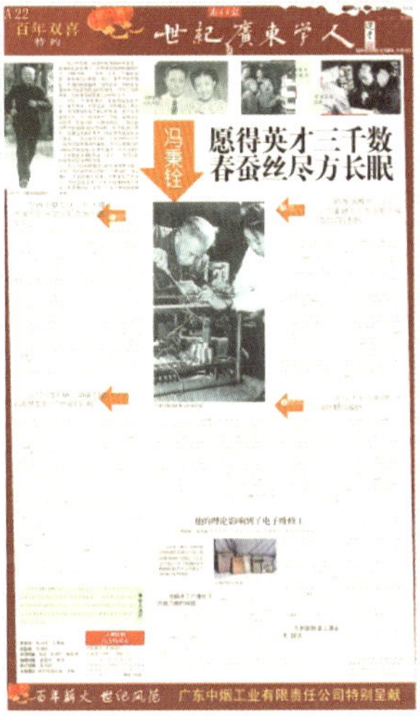
A22
百年双喜 特约
世紀廣東学人
冯秉铨
愿得英才三千数
春蚕丝尽方长眠
百年薪火 世纪风范 广东中烟工业有限责任公司特别呈献

爱情：

从“73”到“88”，用莫尔斯码收获高兆兰“亲爱的问候”

一串串数字，一个个公式，各种电路元件……这些在大多数人眼里极其无聊乏味的元素却如同变幻无穷的莫尔斯码一样组成了冯秉铨传奇的人生，甚至连他的爱情也与无线电息息相关。

1935年，在燕京大学完成硕士学业后，25岁的冯秉铨成为岭南大学最年轻的副教授，而担任许浈阳教授助教的机会让他认识了日后的妻子——当时正攻读硕士学位的高兆兰。爱情有许多种可能，诗人的爱情用绚烂的诗句表达，音乐家的爱情用浪漫的夜曲传递，而冯秉铨与高兆兰的爱情则是由声、光、电和数字、公式编织而成。每次做通讯实验时，冯秉铨总以“88”作为结束语，而高兆兰却总是答以“73”。两年之后，当高兆兰第一次以“88”作答时，冯秉铨知道，他终于等到了属于他的爱情，因为

20世纪40年代，冯秉铨与岭南大学教职工合影（二排左四为冯秉铨）

在莫尔斯码中，“73”的意思是“致以友谊的问候”，而“88”则代表“致以亲爱的问候”。

1940年，年轻的冯秉铨和高兆兰双双考取奖学金赴美留学，攻读博士学位。经过两年多的拼搏，冯秉铨终于“啃”下了博士学位，并担任哈佛大学研究生班的无线电实验课讲师，后来又受导师钱菲教授之邀在“军官电子训练班”担任教员。

在钱菲教授和很多当时的同学看来，冯秉铨无疑是哈佛一颗学术新星，前途一片光明，而且当时冯秉铨的月工资已经是400多美元，对于刚出校门的学生来说，这是真正的优薪厚职。然而，当抗战胜利的消息传到美国，冯秉铨坐不住了，与高兆兰商量再三后决定回国。“月是故乡明”，多年后高兆兰回忆起这段岁月时感慨地说，这个简单的理由，足以让他们放弃在美国的一切，回到满目疮痍的祖国。

拒绝了钱菲教授的善意挽留，冯秉铨和高兆兰开始寻找一切可以回国的途径。当时往来中美的客轮极少，要买到一张船票比登天还难。俩人四处奔走，才获悉有一艘美国的小货轮将开往广州港，但由于要绕道多个国家做生意，这

1979年，冯秉铨参观美国科学促进协会。

艘船到达广州需耗时两个多月。两个月的海上颠簸对于这两个“文弱书生”来说实在是个难题，幸好一位医生给他们提供了信息：维他命“B杂”有抗晕船的效力。于是，1946年3月，冯秉铨和高兆兰登上路易丝·莱克号货轮，开始了漫长的回国之旅。在那两个多月的时间里，两人几乎天天把“B杂”当饭吃。

育人：

院系调整后，以三人之力重建4个专业的无线电自动控制系

回国做什么？这是摆在冯秉铨面前的艰难抉择。赵元任推荐他到“国民政府资源委员会”任职，但在冯秉铨看来，能从根本上改变中国落后面貌的，唯有教育一途。从1946年9月接受岭南大学的聘书以来，教育成为冯秉铨生命的主题，直到逝世前，他仍然坚持带着6名研究生。

对于现在的许多华南理工大学学生来说，冯秉铨这个名字已经有些陌生。但在老华工学生眼里，冯秉铨这三个字意味着一个传奇：1956年全国第二次院系调整，华工电讯工程系的大部分人员和设备调往成都。在只有3个老师的情况下，冯秉铨组建了4个专业的无线电自动控制系。

“蜀中无大将，廖化做先锋，我一定带头上阵！”这是冯秉铨立下的军令状。“那时冯老师的工作量太大了，因为只有3个老师，他一个人要开12门专业课，高峰时期，每周上课27学时。而且每次都是他自己先讲，然后把讲稿交给青年教师，从而带出来一批教师队伍，这样的情况持续了一两年。”冯秉铨的研究生丘水生回忆。

在1958年到1963年这段时间里，休息对冯秉铨来说是太奢侈的事情。校医室的李美贞大夫是他的老同事，她曾无数次向操劳过度的冯秉铨提出警告：“血压太高，要注意休息！”然而，冯

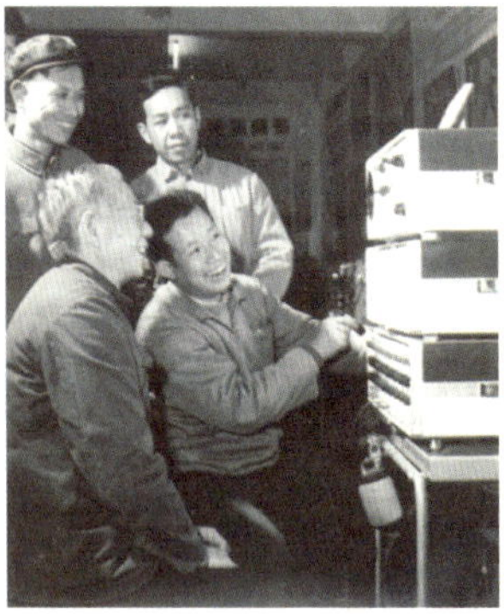

冯秉铨教授指导青年教师做实验

1979年，美国朋友在华盛顿机场迎接冯秉铨教授

1979年，与著名物理学家、诺贝尔奖获得者杨振宁博士一起交流

1979年，冯秉铨与著名学者袁家骝（左二）、吴健雄（左三）等合影

秉铨总是当面点头答应，过后就忘了。有一次，他在教学楼走廊的拐角处突然面色苍白，不能动弹，汗流如注，学生们看见都慌了，他只是缓缓地摆摆手，含一片硝酸甘油，稍事休息，又坚持上课去了。

冯秉铨的传奇还不止于此。在华工，只要是冯秉铨上的课，从来都是座无虚席。原华南理工大学501771班学生冯成光至今还记得当时的盛况：1977年，冯秉铨为新生上无线电历史，250个座位的特大课室里的走道里加满了座位，后面还站着密密麻麻的学生，甚至在教室旁边的草坪上都坐满了带调频收音机听课的人，而冯成光他们全年级加起来还不到200个学生。

晚年：

老牛不怕夕阳短，不用扬鞭自奋蹄

“老牛不怕夕阳短，不用扬鞭自奋蹄”，臧克家的这句诗是冯秉铨“文革”后最常念叨的句子。“有人说，冯老师是累死的，我觉得的确有这种可能。冯老师身体不太好，而且在‘文革’时精神压力大，身体非常虚弱。但‘文革’后他还坚持上课，搞科研，有时候我们学生看了真是心疼，只能提醒他注意身体。”丘水生这样回忆冯秉铨最后的日子。

作为冯秉铨的助手，丘水生对老师十分熟悉，但说起冯秉铨在“文革”时的遭遇，丘水生却说老师只是轻描淡写地透露过一点，他也是读冯秉铨的传记时才惊讶地发现老师曾受过这么多的苦。

而冯秉铨之子冯高义却清楚地记得，当他在医院看到被批斗得昏迷了36个小时的父亲时自己难以名状的震惊与辛酸。“当时，我都惊呆了！”冯秉铨躺在病床上，腿被乱针刺伤了，还在淌血，却努力向儿子挤出一丝微笑，这个瞬间在冯高义的记忆中就此定格。

不过，比起肉体上的痛苦，对于冯秉铨来说更难受的是，“文革”前夕他呕心沥血写的120万字的“振荡理论”书稿本已准备付梓，却在“文革”时被“造反派”抄走，直到“文革”后才找回90%的书稿。“振荡理论那时候很新，如果出版的话，在国际上都属于领先的。但‘文革’后期已经出现了这方面的书，因此，冯教授的‘振荡理论’再也没有出版过。”丘水生说，虽然有些遗憾，但冯秉铨从没有抱怨过。“文革”后冯秉铨便把自己未出版的书稿贡献出来当作教材使用。

在“文革”时的“狱友”朱福熙看来，冯秉铨的荣辱不惊、处之泰然让人敬佩。“他在‘文革’时候的‘帽子’一大堆，压得人透不过气来。但是，‘解放’之后，他立刻把全部精力投到科学研究和学术活动上。”用冯秉铨自己的话来说：“中国知识分子的责任特别重，每个人工作年龄都应该减10岁，60岁要当50岁用。”从1976年2月起，他像小学生那样给自己订一条“约法”——平均每天写1万字，不完成就不睡觉。年纪大了，每次连写三四千字，手便麻得握不住笔杆，冯秉铨在书桌旁备上热水，手麻了就在热水里泡上几分钟，等血脉流通了继续写。

这便是年近古稀的冯秉铨的成绩单：他提出的“射频削波”方法成功解决了边远地区广播受干扰的问题；仅从1976年2月到8月，他就完成了两本书的初稿，共120万字；他所著科普读物《今日电子学》获得全国优秀科普作品奖一等奖……

冯秉铨教授在工作

1978年，冯秉铨在晨运

后人追忆

他的理论影响到了电子维修工

讲述者：丘水生（原华南理工大学电子与信息学院教授，冯秉铨的学生和助手）

从学术上来说，冯老师最值得称道的是提出了强力振荡器的相角补偿理论，也正是这个理论开创了我国非线性电路理论的先河，从而奠定了他在电子学界的地位。

他解决了广播抗干扰能力差的问题

当全世界关心振荡器的电子学家们几乎都将注意力集中在小功率振荡器频率稳定度的研究上，他却独辟蹊径，潜心于提高大功率振荡器板极效率的研究。1949年到1950年，他连续发表了三篇论文，从而确立了这一理论。在冯教授发表这一理论20多年后，我在美国的学术杂志上还看到类似的文章，说明这一理论在国际上也是领先的。冯老师发明的强力振荡器相角补偿法已为国内外电子学术界公认和引用。这项贡献已于1959年编入中国科学院出版的《十年来的中国科学》一书。

另一个证明这一理论影响力的例子是，上世纪70年代机械工业部曾经出过一本薄薄的小册子，其中记载了高频炉的电子设备维修指南，其中就提到其部分元件的设计应用了相角补偿理论。由于这本小册子可以说是当时的电子维修人员必须熟读的，因此可以想见，连那时的维修工都知道应用相角补偿理论可以提高高频炉的散热性能和效率。

如果说这一理论是具有国际领先水准的原创发明，那么在“文革”后期冯老师提出的抑制脉冲宽度调制调幅和射频削波则属于引进国外领先技术，填补国内空白的范畴。这两项应用性极强的研究在上世纪70年代成功解决了广播质量不理想和边远地区无线电广播覆盖面积小和抗干扰能力差的问题。1976年，广东韶关无线电厂采用他的“脉冲宽度调制调幅”理论生产了国内第一台10千瓦脉宽调制式调幅广播发射机，在抑制残波辐射问题上达到了国内最高水平，中央广播事业局曾经决定以后凡是10千瓦以下的广播发射机，一律采用他设计的这种新样机。

凡到新教室上课必先“踩点”

冯老师曾说：“没有了学生，我的生命便失去了意义。”这句话给我留下了深刻的印象。冯老师热爱学生，真正把教学当成一项值得毕生追求的事业。

一个很典型的例子是：凡在一个新课室上课，冯老师必然会提前“踩点”，课室的大小、窗户的位置等等，都摸得一清二楚。当过学生都知道，黑板容易反光，冯老师特别注意这一点，每次他都会提前在黑板的各个位置写板书，然后根据学生人数站在最后的位置观看能否看清楚板书，是否有反光，然后再决定黑板字的大小，避免写在反光处。

我至今仍然记得第一次在冯老师家见面的情形。他当时对我说：“丘水生，你的入学英文考试答得很好，但是分数好像不高嘛。会不会是分数加错了？”当时我没当一回事，但没想到冯老师真的去调出我的英文试卷，最后发现分数是加少了。我当时很感动：“这个老师是真的想教好我的。”

在我的印象里，冯老师的脾气很好，几乎没有骂过学生，不过听说如果学生做实验的时候老是搭错电路烧坏电子管，冯老师会说：“你这不是乱搞嘛！”这也可以理解，毕竟当时电子管还是很贵重的东西。

（本文参考了姚树华所著《华南理工大学名师—— 冯秉铨》一书，感谢冯高义、丘水生以及华南理工大学对本文所作的贡献。）

（吴敏）

冯秉铨教授与孟昭英教授（中）、毕德显教授（左）合影（1979年）

冯秉铨教授的部分专著和奖状

学人小传

陈国达（1912—2004），广东新会人，中科院院士、地质学和大地构造学家。创立地洼学说，克服了『地槽—地台』学说的『静态的缺陷』，否定了地台是地壳运动的最后阶段的论点，扩大了找矿线索和领域，为寻找各类有关矿产资源指明了方向。

陳國達：大地之子

低调而严谨，这是人们对自然科学学科的学者们通常的印象。而作为一位享誉海内外的地质学家，这两个词同样可以概括陈国达的一生。学术界将其和李四光并称为“南陈北李”。遗憾的是，这么多年以来，“北李”的事迹多有传诵，而“南陈”的逸事却少有耳闻。

但低调并不代表枯燥，严谨更不等于乏味。事实上，陈国达的故事有很多。而他的一生也正如他所研究的大地构造，按照阶段来划分，可以用“地台—地槽—地洼”三个阶段来概括。

历历往事

地台期：1912—1952

名词解释：大地构造概念之一。由休斯（1885）和奥格（1900）提出。主要表现为该地区的地壳升降运动幅度小，沉积物的厚度较小，岩相比较稳定。

具体指代陈国达，地台期则指其在解放前漫长而稳定的野外考察和学识积累期。

崀山盆地展红层，
造就悬崖与峻陵。
借问谁家施技巧，
坚岩水蚀顺裂崩。

——陈国达《崀山胜景成因》

如果我告诉你，一位世界知名的地质学家，其从小生活的家庭居然是以看风水墓地为生的，你奇怪吗？

一个无比严谨，所有结论都建立在科学数据的基础上，一个则充斥着“左青龙右白虎”的谶纬之言，但世界上的事情就是这么奇妙地统一。

1912年，陈国达出生于广东新会县城南郊附近的五福里，原名“祖达”。直到8岁开始上学时，父亲才将“祖达”改为“国达”。陈国达自己回忆，自己地质学的启蒙的确得追溯到他的父亲陈奕山。父亲在当店员伙计的主业之外，主要精力就是做风水大师。由于对儿子非常喜爱，经常带着陈国达，并且向他讲述各地地形地貌的历史故事。比如在途经崖山时，父亲就告诉他，在这个地方，南宋最后一位皇帝跳海而死，但如今沧海已经变成桑田——但对于陈国达提出的“为什么沧海能变成桑田”之类的问题，父亲却解释不出。也正是童年时的这些疑问，使得陈国达在求学的过程中，对于地理、地质方面的内容，特别感兴趣。所以，在考进中山大学时，他自然选择了当时比较冷僻的地质学。

之所以把陈国达40岁之前的漫长经历都列为地台期，是因为这段时间里，虽然外界环境不断动荡，但陈国达在学问之路上却在不断积累。也正是因为这几十年来的野外观测与分析，才使得最终地洼学说的出现成了理所当然的事情。而诸如对山东海洋地貌考察、对太行山裂谷断层崖的考察、对现属广西的灵山地震的考察进而得出的诸多数据，都为地洼学说的最终形成打下了坚实的基础。

1934年，陈国达从中山大学毕业，毕业论文是《广东之红色岩系》，对广东大部分地区的红色岩层作了深入的研究，并且对后来中国东南诸省的红色岩层的研究和划分，对于“丹霞地貌”概念的提出，以及研究地洼型沉积和提出大陆第三构造单元等地洼学概念打下了第一块基石。

世纪廣東学人

大地之子陈国达

1912—1952

1953—1974

1975—2003

广东中烟工业有限责任公司特别呈献

地槽期：1953—1974

名词解释：大地构造概念之一。由霍尔（1859）和丹纳（1873）提出。主要地壳表现为在其发展的前期是强烈的沉降作用，后期地壳表现为强烈的上升运动。

具体到陈国达身上，所谓的地槽期，即为他在长时间积累之后爆发性地提出地洼学说，确立国际学术地位的时期。

1935年，陈国达考察蒙古高原

翔蛟惊起浩川腾，
浚峡千寻劈石成。
大地拉裂生巨堑，
台坪升断化高陵。
只缘欧陆辟新史，
方造洼盆享盛名。
变幻喜循递进律，
休提动静几番更。

——陈国达《欧陆萍踪留痕》

如果我告诉你，如今在大地构造学说上已经成为主流的地洼学，居然是陈国达在研究马列主义哲学著作时得出的灵感，进而发展完善形成学说的，你会相信吗？

由不得你不信。虽然地洼学算得上是一门相当严谨的科学，但几乎所有的学问在其产生的那一刻，总会伴随着一些看起来相当不靠谱的故事：苹果砸中了牛顿的脑袋，于是我们知道了万有引力；阿基米德洗了个澡，于是我们明白了浮力定律。而让陈国达成名的地洼学说的产生，同样属于一个听起来很有意思的故事。

与其他一些20世纪初期出生的大师在新中国成立前就奠定了自己的主要功绩不同，陈国达一生中最主要的成就“地洼学说”，却是在解放后提出的。1952年院系调整之后，陈国达来到了中南矿冶学院，也就是如今的中南大学的前身。根据陈国达授权的传记《大地之子》所记载，陈国达“在读到恩格斯《自然辩证法》一书中批评英国地质学家赖尔的‘地质渐变论’有‘静态’的缺陷时，深受启发，顿时豁然开朗，一种全新思维的火花在其脑海里飘过：100多年来，整个地学界流行的地槽—地台学说，在研究一个具体地区的大地构造属性时，其结构非此即彼”。

在此之前，陈国达根据长期野外地质观察与研究的成果，结合前人的大量资料分析后发现，号称“中国地台”的大部分中国东部地区，在2亿年前的中生代中期就经历过地槽—地台阶段，而在中生代中期之后，这个“中国地台”先后出现了许多新情况，地壳运动强烈，造山作用众多且活动频繁。所以，陈国达从恩格斯的警句“只有辩证法能够帮助自然科学战胜理论的困难”得到启示，大胆地提出，像中国东南部这些地方，既不像地台区，又不像地槽区，为什么就不能是一个既非地台区又非地槽区的第三种构造单元，即“活化了的地台区”呢？于是，在1956年9月，他把自己的这一想法发表在了《地质学报》上。而这篇名为《中国地台“活化区”的实例并着重讨论“华夏古陆”问题》的论文，也被公认为地洼学的发端之作，甚至被载入中外学者所编的世界自然科学史大事年表。

至于地洼学说的正式产生，更是一个“献礼”式的成果。1959年3月，在庆祝中华人民共和国成立10周年之际，陈国达交上了自己对祖国的厚礼：在《科学通报》上发表了《地壳第三构造单元——地洼区》一文，正式提出地洼区的概念。时至今日，这一学科已经发展成具有5个组成部分和4个衍生学科、兼顾大陆和海洋的涉及地球科学中多个学科及自然辩证法的全球大地构造理论体系。尤其是地洼学中的“递进成矿理论”，对于目前的矿山开发、地质找矿都有着极为重要的指导作用。

地洼期：1975—2003

名词解释：大地构造概念之一。由陈国达于1956—1959年创立。除地槽区及地台区以外的第三个已知构造单元，是在地壳演化中出现于后地台阶段的一种新型活动区。因其形成过程是地台活化，即它是地台区向活动区转化的产物。

具体到陈国达的人生，这一阶段虽属暮年，但其依然壮心不已。不但频频与国际同行进行交流，同时在国内也坚持不懈进行教学研究。因此，对于陈国达这种时期的状态，用其亲手命名的“地洼”来形容，最为恰当不过。

戈壁苍茫任驰骋，
壮志岂减青年时。
长学红柳无卑色，
风狂沙烈益固持。

——陈国达《红柳》

如果我告诉你，陈国达虽然名满天下，但作为一个从民国时期走出来的自然科学学者，他居然没有任何出洋留学的经历，基本上算是我国自己培养的“土专家”，你会相信吗？

就算不相信，这也是事实。虽然他早年在中山大学学习期间曾经得到过瑞士教授哈安姆、奥地利教授古力齐等人的指导，也曾经跟随过“脉动学说”创始人葛力普教授学习过，但在他的最高成就——地洼学的形成过程中，这些专家对他的影响，更多体现在严谨到苛刻的治学态度，而不是学说本身的观点内容。

值得注意的是，虽然陈国达本人没有留洋经历，但地洼学的兴盛，却是一个“出口转内销”的结果。由于当年的国内形势，陈国达提出的“地洼学”一开始在国内并没有引发多少重视。反倒是当时合作紧密的苏联科学家们对此很感兴趣，诸多学者先后撰文引用介绍并且高度肯定了这一理论，甚至美国《经济地质》杂志1976年第71卷第5期刊文评价谢格洛夫的专著《自治活化区》时，专门在醒目的地方指出，“功劳归于中国的陈国达和苏联的

1963年，陈国达在中南大学工作时与夫人、子女及其岳母合影

1981年，陈国达（左三）在美国考察

别洛乌索夫，是他们分别于1956年和1964年强调指出自治活化区的重要性”。

而根据他的理论，苏联学者在以前认为无矿的外贝加尔湖地区发现了储量可观的钨、铜、锡、萤石等多种矿产；巴西、澳大利亚、捷克、法国、加拿大等国也根据这一理论，相继找到了锡、汞、锑等多种矿产；甚至有人在冰天雪地的南极洲，也运用地洼学的原理找到了丰富的矿藏。但是，直到1989年9月，在中国地质学会和国家地质矿产部主持召开的第四届全国矿床学术研究会上，地洼成矿理论研究才被列为导向性研究课题。而在此之前的几十年里，这一学科早已发展成国际公认的地质学主流学科，甚至在1980年陈国达去巴黎参加第26届国际地质大会时，就已经被国际矿床成因协会大地构造委员会选举为学会副主席。

正因如此，苏联方面对陈国达的重视程度，在科学家中屈指可数。1982年，陈国达应苏联学者、国际矿床成因协会主席谢格洛夫的邀请出访苏联，在该国进行了近一个月的访问交流，而在此期间，谢格洛夫家中老母亲病逝，这位科学家甚至只抽出一天时间参加葬礼，其他时间全程陪同陈国达。而这次出访，甚至被评价为“打开了中苏两国地质学家交往中断20多年的局面，也为两国邦交正常化做出了自己的贡献，在国际上产生了重大影响，被认为是一次具有历史意义的科学外交”。

记 者 手 记

地质·找矿·油价

希腊神话中，大地之神被称为盖娅，传说中这也是世界上出现最早的神之一。而大地女神与天空之神结合，就生下了一度统治世界的泰坦巨人。

2003年，一座铜像在长沙中南大学落成。这座铜像的主人当时仍然健在，而他认为，自己这座雕像上应该雕刻的字是：大地之子。这个人名叫陈国达。

作为一位一生低调的科学家，陈国达对于自己的这个定位实在是无比准确。因为他这一辈子都是在研究大地母亲，而他自己，在地质学领域里，也的确堪称一位巨人。而解释一位巨人有多么高大，在没有大家熟悉的参照物的情况下，会是一件很困难的事情。

简单地说，陈国达的成就有两宗，但其实又是合二为一的事情。在青年时代，陈国达提出并命名了“丹霞地貌”；在他的中年时代，则提出了震惊世界的“地洼学说”。而这一学说也是建立在他早年实际观测的科学基础之上的。

地洼学说有什么作用？最实际的用处，就是找矿。找矿有什么好处？现在想必就算对地质学毫无兴趣的人也会清楚——哪次油价上涨不上报纸头条呢？但用地洼学如何找矿？我们不妨打个比喻：现在你面对的是一个由各类美味构成的大蛋糕，你把它切开，可以看出其中包含了十几二十层，但是大地你没法切开，地洼学就可以告诉你这个蛋糕如何构成，在哪一层为什么应该有葡萄干，哪一层为什么应该有朱古力。

所以，哪怕是从我们自身的生活实际出发，我们每个人也都应该对陈国达先生报以由衷的感激和敬仰。没有他的存在，你的生活绝对不会像现在这样精彩。

1988年，陈国达悉心指导研究生

在广西桃花金矿进行地质考察的陈国达

崀山位于湖南省邵阳市新宁县境内，曾被“丹霞地貌”命名人陈国达院士誉为“丹霞之魂，国之瑰宝”

学者视点

地洼学说对地震预报有重要指导意义

讲述者：谭克仁，原中国科学院长沙大地构造研究所研究员，1978—1981年为陈国达先生的研究生。

南方日报：从“丹霞地貌”到地洼学说，在陈老刚刚提出时，是不是备受部分专家质疑？

谭克仁：陈老说过，一个科学家、一个地质学家提出一种新的思想必然要遭受各种非议，但是这个思想只要是真理，就必须坚持下去！“地洼学说”在当时除了反对者外，也有国内外地质学界大力支持，茅以升、尹赞勋先生等就支持地洼学说；在国外，原苏联科学院副院长杨申院士、全苏联地质研究所所长谢格洛夫院士等都支持地洼学说。

南方日报：据说地洼学说是陈老在学习马列哲学著作时产生的灵感。这个说法确切吗？

崀山

谭克仁：这个说法非常确切，陈老学习和应用自然辩证法可以说心领神会，活学活用，他还招过研究生专门研究地质科学领域中的自然辩证法。每个学科都有自己的具体的研究方法，但是所有学科研究都自觉不自觉运用了辩证法规律，离不开自然辩证法的指导。比如大地构造，其演化本身就是按照辩证法的规律进行的，大地构造学研究的各个方面之间就构成了辩证的关系。

陈国达院士铜像揭幕仪式

南方日报：地洼学说对于找矿所起的具体作用能简单介绍一下吗？

谭克仁：全中国百分之八十的面积是地洼区，极大部分大中型贵金属、有色金属矿床形成地洼于阶段。地洼学说成矿理论是成矿区带和老矿山深部及近外围找矿勘探和找矿预测的重要理论和方法。广东韶关凡口铅锌矿和肇庆的河台金矿是地洼阶段形成的地洼型矿床，按地洼成矿理论，凡口铅锌矿外围和河台金矿2号地电化学异常，找矿潜力是巨大的，用大、中、小构造相结合的研究方法进行找矿勘探，将会取得重大突破。

南方日报：陈老在求学期间就去调查过广西灵山地震，但是为什么他并没有因此转向地震学研究呢？

谭克仁：陈国达老师对地震当然有研究。首先大地构造学研究里包括了地震研究，现代处于地洼阶段激烈期的地洼区的活化带就是破坏性地震高发地带，陈老带领原湖南大地构造研究所科研人员参与了邢台地震等多次地震调查，也有这方面的相关著作，原湖南大地构造研究所为我国许多地震研究机构和台站输送了有生科研力量，只是由于国家分工原因，长沙大地构造研究所退出了地震调查研究和地震预报领域。现在地震调查研究和预报也必然涉及到大地构造学说，陈国达先生创立的地洼学说至今对地震研究和预报都有重要的指导意义。因此陈老对地震学研究的贡献也是不可低估的。

（郑照魁　周晓婷）

学人小传

王力（1900—1986），字了一，广西博白人，中国科学院院士（学部委员）。幼年家贫失学，以教书为生，自习不辍。1924年赴上海求学，1926年考入清华国学研究院，1927年赴法国留学。1932年获巴黎大学文学博士学位后返国，先后在清华大学、西南联合大学、岭南大学、中山大学、北京大学等校任教。

王力在汉语语法学、音韵学、词汇学、汉语史、语言学史等方面出版专著40余种，发表论文200余篇，总计逾千万字。王力先生在半个多世纪的教学生涯中，培养了大批语言学专门人才，为中国语言学事业的发展作出了重要贡献。1985年他将《王力文集》20卷全部稿酬10万元捐献出来，成立『北京大学王力语言学奖金』。

王力：百年来最卓越的语言学家

1946年5月，西南联大宣告结束，北大、清华、南开三校北迁。这一年的6月，王力北上途经广州，被中山大学借聘。这一“借”，就是八年。其间，王力先后出任中大、岭南大学文学院院长。1952年院系调整，岭南大学并入中大，王力出任中大语言学系主任。直到1954年，中山大学语言学系并入北京大学中文系，王力才离开广东。

这八年，对于这位“用世纪来计算时间”的现代语言学大师来说，不过是倥偬人生中的一站。“他出生于世纪之交，从事了逾半个世纪的学术工作，研究几十个世纪的汉语，由他融会中西、贯通古今开创的现代汉语研究成果，将持续和保留到以后无尽的世纪。”但在广东近现代百年学术史上，王力却留下了不可忽视的一笔，他在中山大学创立了国内第一个语言学系。

也是在这里，王力经历了新旧中国交替的历史节点，作出了人生中最重大的一个决定——“留在广州等解放”。此后，他和他在广东的师生同僚们，一同被时代的洪流裹挟着踉跄前行，失散四方。几番风雨愁人，白发青山，相对苍华；犹自不忘，认取云中烟树，夕阳故人。

“艰难黄卷业，寂寞白头人”（王力《春日未名湖畔散步》）。季羡林在《回忆王力先生》一文中说：“中国知识分子实在是一群很特殊的人物。”他们生活清贫，饱受政治运动冲击，但依然任劳任怨，勤奋工作。这群以王力为代表的中国知识分子，是“世界上最好的知识分子”。而王力在其弟子心目中，不仅是学术泰斗，更是“现代圣人”，高风文藻，教泽师表，无不是《中庸》精髓“君子尊德性而道问学”的今世范本。

值得一提的是，王力一生若干学术高峰期，正好与中国百年高等教育史上几段“绝代风流”相吻合：上世纪30年代清华的“魏晋风骨”，抗战时期西南联大的“笳吹弦诵”，以及上世纪50年代北大的“万象更新”。而季羡林也说，这样的知识分子“只有在过去半封建半殖民地的中国”才能出现。此中真意，耐人回味。

勤学：
“脑子里装有一部《广韵》”

1946年初夏，王力先生即将来穗的消息，传遍中大校园。中文系的学子们，无不怀着“朝圣”的心情引颈以待，渴望“亲聆謦欬”、“近瞻岱岳”。据中大老教授吴宏聪回忆，早在西南联大期间，王力的传奇经历就不胫而走——只有高小学历，凭着十年自修考上大学，仅隔两年，又跻身清华大学国学研究院。学生们甚至连梁启超对王力毕业论文的评语“精思妙语，可为斯学辟一新途径”，都背得滚瓜烂熟。

然而，王力履新之际，在中山大学语言学系成立大会上，郑重介绍的却是另一位导师、中国现代语言学奠基人之一赵元任的治学经验。同期32个学生中，王力是唯一一个跟随赵元任专攻语言学的，他对王力影响至大至深。比起梁启超那些令人气血大增的美誉，赵元任对王力的论文《中国古文法》没有半句褒奖，反倒是开了一剂下火的“清凉散”——“言有易，言无难”。这六个字被王力毕生奉为圭臬。

王力曾说，赵先生是由哲学家、物理学家、数学家、文学家、音乐家作底子，根基深广，做学问自然得心应手。他将赵师所授心得倾囊转赠中大师生，譬如重视理科和外语，既要精通西方语言学理论，又要有乾嘉学派的国学功底。“借彼锋锐矢，射我云中鸢”（陈振寰语），方可“钻得进去，跳得出来”（吕叔湘语）。

精通多国语言、会讲33种方言的赵元任，是公认的“旷世奇才”，而王力在外语方面稍逊其师（照其自述，法文最佳，英语只能看书不能会话，俄语、越南语阅读需借助字典），但方言天分仍属超群。梁羽生在岭南大学就读期间，曾当面领教过王力的“绝技”——只消和学生谈上片刻，就能一口说出对方来自何处。王力是广西人，和夫人学会了讲苏州话，被叶圣陶鉴定为“宛逢乡旧”。

“对我来说，与其说是天才，不如说是勤奋造就学问。”有一次，学生询问王力著作宏富的原因，他答道：“我的脑子里装有一部《广韵》，这非一日之功。我在研究朱翱、朱熹的反切时，一般不需查阅，即可直接看出他们的反切跟《广韵》有什么不同。如果你对《广韵》不熟，只好看一个反切翻一次书，我工作一天，你就得工作一年。”

古有大禹惜寸阴，王力则是“分阴必惜”。在中大期间，他的助教曾目睹其生活节奏“像江河的滚滚流水，紧凑而又从容不迫”，只要没有学术活动，每天从8点开始伏案，持续十多个小时。

耄耋之年，他照旧每天工作8小时，用毛笔撰写两三千字，直到去世前，才减少到每天五六个小时，写数百字。那时他视力已大不如前，必须用放大镜看书写字，眼睛几乎贴着稿子。一旦开卷，立即澄神静虑，昼昏浑忘，“就是有人在身边敲锣打鼓也听不见”。

百年双喜
世纪广东学人
王力
百年来最卓越的语言学家
广东中烟工业有限责任公司特别呈献

谦逊：

自谦只懂格律，不是诗人

在西南联大任教时，王力曾开过一门“诗法”（即“诗的语法”）课，当时同在联大教书的著名文学家李广田也慕名前去听讲。1945年8月至1947年春，王力将“诗法”讲义加以整理补充，写成了《汉语诗律学》一书，从诗的用韵、平仄、对仗等方面，系统地叙述和分析了各种诗体的特征，并对诗、词、曲的句式和语法规则作了详细归纳，为现代诗词格律研究奠基性专著之一。

此后陆续出版的《诗词格律》及《诗词格律十讲》，风靡一时，请王力修改诗词的人络绎不绝。但王力始终谦称，只懂诗词格律，不以诗人自居。他以写出了《诗品》的司空图和写出了《沧浪诗话》的严羽为例，说：“会讲格律的人自己不一定是诗人，正如会讲运动规则的人不一定是运动健将一样。”

事实上，王力自幼喜爱吟咏，留学法国期间还曾用旧体诗翻译过《恶之花》。在译序中他写道："为信诗情具别肠，平生自戒弄词章"。说起早年"戒诗"的原因，缘于在清华教书时，有一次他听到朱自清和俞平伯评论郁达夫的诗"很浅"，大为震动，心想郁达夫的诗才都不算数，自己的诗必然贻笑大方，从此以后便少于提笔了。

20世纪50年代，时任广州市市长的朱光，写了几十首《广州好》的词寄给王力，请他代为润色。王力是朱光的老师，却不肯修改，只答应作序。

20世纪60年代初，王力又发表了《略论语言形式美》等论文，诗人郭小川读后，特意致信向他请教。受其影响，郭小川在后来诗歌创作中特别留意在诗的旋律、节奏、声韵上下工夫。他的诗因为音乐性突出，被誉为"叮当作响的清泉"。1965年，王力以《读陈毅副总理对中外记者谈话有感》为题，写了一组七律，寄给陈毅，深得其赞赏，除立即转给《人民日报》发表外，两人还结下一段难得的诗缘。

1975年，《书剑恩仇录》修订版出版时，金庸在《后记》中坦承："修订是书时，才翻阅王力先生的《汉语诗律学》一书而初识平平仄仄"。修订后的回目，如"盈盈彩烛三生约　霍霍青霜万里行"等，受到了诤友梁羽生的赞赏。

王力晚年有《龙虫并雕斋诗集》传世，约100首诗词中，"文革"前的作品不过1/10。"文革"后的作品以"漫道古稀加十岁，还将馀勇写千篇"等诗句传诵最广。暮年凡是找他写自传、谈治学之道的，绝大多数他都以"学术成就不大，经验未必值得借鉴"为由婉拒了。1980年，北大为他举行了八十寿辰暨从事学术活动五十周年庆祝会。他写了一首《浣溪沙》，感叹"自愧庸才无寸功，不图垂老受尊崇"。

平和：

"望之俨然，即之也温"

"先生一迈进教室，上课铃就响了；讲完最后一句话，下课铃跟着响起来。"王力"掐时间"的工夫，至今仍让中大教授傅雨贤佩服得五体投地。

王力的讲义全由工整的蝇头小楷写成，条理清晰，逻辑严密，语言简明，没有半句废话。像音韵训诂这些穷幽极微的“小学”，王力讲得深入浅出，将初学者眼中的“畏途”变为“坦道”。讲课时，他还常穿插些鲜活的实例，如广东人常把“私有制”说成“西游记”。于是，笑声之中，求学路上又平添了几分闲景流云的游兴。

王力的课要想得高分，光靠死背笔记是不行的，得有自己的见解才行。对于墨守师说的人，他的评价是“不违则愚”。相反，他更青睐那些敢给导师“下战帖”的学生，只要有人发现授课中的错误，或者对课程有所建言，他立即在下一次上课时当堂更正或致谢。

在吴宏聪印象中，“1946至1948年是战后中山大学学术气氛最为活跃的两年”。王力在主持中大文学院的两年时间内，求贤若渴，延揽了大批知名教授学者来校执教，包括钟敬文、詹安泰、吴三立、黄海章、李笠、商承祚、罗香林、杨成志、岑仲勉、刘节、熊十力等。一时间，中大文科名家荟萃，盛极一时。

1981年10月6日，王力伉俪在东京大学贵宾厅前庭院留影（左二为日本著名汉学家平山久雄、左三为东京大学校长平野龙一、左四左五为王力伉俪、右三为詹伯慧、右一为东京大学中文系主任伊藤淑平）

王力（右）和陈寅恪

"回溯历史，恐怕只有20年代大革命时期，鲁迅、郭沫若、郁达夫、傅斯年、顾颉刚、俞平伯、罗常培等大家鸿儒相继南来可与相比。"

王力和共事的教授彼此尊重，不存门户之见。身边的人从未听见他议论别人的学术短长，对于不同见解，往往是用"期期以为不可"之类的和缓语言表达己见。1947年杨联陞在美国《哈佛学报》发表文章批评王力语法理论，王力把该文在《中山大学文史集刊》上公之于众，并著文承认研究中的疏漏。

王力平素不苟言笑，但从无疾言厉色，一派宽容稳健的长者之风，"望之俨然，即之也温"。岭南大学并入中大后，四个年级学生加起来不满20名，师生亲如一家。课余王力拨冗修改学生文章，指点迷津，晚上常抽空到学生宿舍座谈，嘘寒问暖。中大53届语言学系毕业时，王力就在家中举行了欢送会，由师母亲自下厨，全系老师和7个毕业生畅叙话别。商承祚表演京剧清唱的情景，半个世纪后让暨南大学教授詹伯慧仍思之不尽，恍如昨日。

王力去世之后出版的纪念文集中，所有有幸亲炙过先生的人，都记得与他共处的时日"如坐春风"（季羡林语），怀念他"不矜己长，不攻人短"的气度（郭绍虞语），感激他有如《诗经》"有渰萋萋、兴雨祁祁"一般的点滴惠德。白发苍苍的学生们遥望西天，含泪许下"若来生有幸，重列门墙"的心愿。

宽容：

"对所有的人我都谅解"

广州解放前夕，知识分子阶层在"去留"问题上，思想颇为动荡。据《国学通才王力》一书记载，当时同在岭大教书的陈寅恪曾与王力当面商量此事，陈寅恪决定留下来，因为大陆是"父母之邦"，是中国学人之根，这与王力的想法不谋而合。

在留下来的学人当中，王力属于"积极进步"的一派。他主动学习马列主义和毛主席著作，又自学了俄文，到肇庆参加"土改"，接受阶级斗争教育，改造思想观。由于政治上"亲共"，他的著作一度在台湾被列为禁书。

可惜，这些并没有让他在此后席卷中国的狂热"浩劫"中，免除灾厄。

1959年，吴宏聪随中大参观访问团北上“取经”，听取北大中文系“拔白旗、插红旗”的经验，中文系的重点对象便是王力。与此同时，中大也在批斗陈寅恪和容庚。师徒二人在“令人窒息的大气候下”匆匆一见。“临别的时候，老师将我送出门口，一直看到我走远了，才转身进屋。那个晚上，我彻夜不眠。”

“文革”期间，王力饱经磨难，蹲牛棚，受审查，挨批斗，写检讨，抄家，没收钱财，子女划清界限，劳改，扫厕所……68岁时还得挑煤、搬石头，弯腰90度背上压两块砖，站着被批判两个多小时。然后，他被要求在红卫兵排成的人巷中通过，挥舞的木棍把他的眼镜打掉了，急得他两只手在地上乱摸。

1975年春，王力参与编写商务印书馆《古汉语常用字典》时，每周乘公交车往返。有一次从车上被挤了下来，摔了一跤，但毫无怨言，坚持到底。

对于这些，王力始终默默承受。唯独有一次开批斗会的时候，一个红卫兵从他身边经过，用手轻佻地在他的头顶上拍了一掌，这一回他当众掉下了眼泪。

1976年5月，吴宏聪第二次在北大见到了王力。当时高校正在开展“四清运动”，形势波谲云诡，学者教授人人自危。关于自己的经历，王力只说了一句“史无前例”，然后“顾左右而言他”，“低头不语，若有所思”。他最关心的还是陈寅恪、容庚、刘节等老先生在中大的遭遇。听说容庚咬牙死撑着继续做学问，王力庆幸家中图书没有被抄走，挨完批斗还可以偷偷回家工作。

1978年重新当选全国政协委员后，王力的境况有所改观。这位八旬老人诗兴大发，写诗自励，要效法“铁弓七扎老廉颇”，“志壮何妨白发多”。他只争朝夕，用不到十年的时间，完成了《同源字典》等9部专著和上百篇论文。

对于并不如烟的往事，他依旧沉默，只是为老舍、翦伯赞、吴晗、周予同、刘盼遂写下五首哀诗。而对于那些联名批判过自己的学生，他一再淡然表态：“对所有的人我都谅解。”

王力（左）与傅雨贤

我国著名语言学家、教育家、诗人、中科院院士王力

奉献：

最后一课，万人蜂拥中山纪念堂

据傅雨贤教授回忆，“文革”结束后，王力为探亲访友和讲学交流，一共回过4次广州。最后一次是在1984年11月中山大学建校60周年校庆期间。除了为中文系师生作学术报告外，他还应中大之请在中山纪念堂举行了一次公开演讲。

那一年，广东在全国率先建立了自学考试制度，中大中文系于同年秋天开设了中文刊授中心。消息一传开，全省18万多人报名，第一学年就收到学费700多万元。由于第一学期开设的课便是现代汉语和写作，中大因此特邀王力宣讲开道，老先生欣然应允。

11月18日，初秋的羊城凉风习习。傅雨贤陪着王力来到中山纪念堂时，只见大门东西两侧各排着一公里长的人龙，慢慢移动，鱼贯而入。纪念堂内5000个位子座无虚席，站在走廊、过道或者跳入乐池的学员把整个会场挤得水泄不通。还有数千人聚集在场外四周草地上，工作人员只好临时装上扩音器。王力当天讲的是《现代汉语的语音系统》，属于专业性较强、一般人“难窥堂奥”的学术演讲，居然吸引到12000多名观众。见此情景，他充满喜悦地说：“看来广州的读书热又走到全国前头啦！”

“老师坐在台中央，神采奕奕，完全不像个80多岁的老人。他笑容满面，吐字有板有眼，连最后一排也听得清清楚楚。纪念堂内外的听众们全神贯注地听讲、做笔记，没有座位的人互相用彼此的背当课桌作记录。他的讲课和往常一样，趣味盎然，笑声、掌声不断。”

傅雨贤说，这是王力生前最后一堂公开课，也是他从教50年来学生最多的一堂课。当他回到中大宾馆时，师母问：“今天的课上得怎样？”他自豪作答：“我讲的课哪还有不成功的？”

这堂课也展现了王力“龙虫并雕”的大师风范。身为中国语言学界的泰斗，王力长于以“雕龙缚虎手”持金针度人，用如椽巨笔做小块文章。所谓“雕虫”，既包括早年为生计所迫写散文、做翻译，也包括编撰普及性、入门性读物。至于像为电大学员录制讲课录像，为中小学生答疑析难等“屈尊纡贵”之事，王力同样甘之如饴。

王力在广东期间，不仅着手编写了新中国第一本专为学习普通话而编纂的“学话手册”——《广东人怎样学习普通话》，还特意为外地来粤工作者编写了一本小册子《广州话浅说》，受到热烈欢迎。如蔡瑛先生所言：“这些逸出常规的破格之举，凸显了其嚼饭哺人的文化担当之责，也成就了另一个意义上的王力。”

1986年5月，王力在京病辞。在遗嘱中，他说：“我的一生，是奋斗的一生。我对我的一生是满意的”。他嘱咐子女：“要为国家，为民族做一些有益的事情”，“要把为人类造福当作最大的乐事，最大的幸福”。

王力幼子王缉宪说：“生活在父辈无法享受的现代物质文明之中，我还是体会到他们相对简朴的生活中那更富意义的层面。他所贡献的才是他真正得到的。在今天的社会里，要做到以‘给予为得到’越来越难了。这也是我越来越敬爱父亲的原因。”

（郭珊　周素琼　何亮）

王力著作书影

后人追忆

王力的广东弟子傅雨贤和詹伯慧回忆王力

生前一代雕龙手　身后三千倚马才

傅雨贤，广东连平人，中山大学中文系教授（1953年考入中山大学语言学系）。

詹伯慧，广东饶平人，暨南大学中文系教授（1949年考入中山大学语言学系）。

1990年，在北大举行的纪念王力先生九十诞辰学术研讨会上，孙玉石教授在致辞中称赞，王力先生是我国"近百年来最卓越的语言学家之一"，"他以渊博的学问、过人的才识、拓荒者的气魄和坚忍不拔的精神，在语言学的领域里辛勤耕耘，纵横驰骋，肩负起了开创中国现代语言学的重任，取得了举世瞩目的成绩。他研究领域之广，取得成就之大，中外影响之深远，在中国语言学家中是极其突出的"。

王力的一系列著作都充满独创精神，大多发前所未有之新声。《中国语法理论》、《中国现代语法》，以《红楼梦》为标准，辅之以《儿女英雄传》，使汉语研究摆脱了对西洋语法的模仿，而走上了真正独立自主的道路。《汉语诗律学》全面详尽地阐释了古今诗词格律，揭示了古典诗词的句法特点。《汉语史稿》第一次系统叙述了汉语语音、词汇、语法的发展历史，开创了汉语研究的新天地。《中国语言学史》第一次全面扼要地论述了中国文字学、训诂学、音韵学、语法学的产生、发展及其源流，总结了自先秦至清代的汉语研究成果。

王力也是我国高等教育界教学与科研密切相结合的典范，不仅勤于著述，亦笃于教学。由他主编的《古代汉语》首创了文选、通论、常用词三结合的教材体系，为推进全国古汉语教学立下了不朽功勋。南坛北苑，三千桃李，咸被春风。他被誉为"生前一代雕龙手，身后三千倚马才"（北大中文系挽联）。

特别值得一提的是，王力生前孜孜以求的重要工作之一，便是文字改革、推广《汉语拼音方案》和普通话。早在1940年出版的《汉字改革》序言里，他就再三强调汉字改革本身的复杂性，并对汉字改革利弊、改革的可能性和拼音文字所引起的问题作了深入细致的探讨。近年来，广东学界、坊间热议“粤普”之争，海内外文人学者反思汉字简化得失，在这个时候回顾王力先生的治学经验，深具意义。

A20 世纪广东学人

生前一代雕龙手
身后三千倚马才

广东中烟工业有限责任公司特别呈献

谈教学为人：

没有一点架子的大学问家，让学生在笑声里学到很多东西

南方日报：在您与王力先生交往过程中，哪些事令您印象最为深刻？

傅雨贤：先生讲课很生动，注意深入浅出，理论联系实际。比如广东人学习普通话时，常常分不清楚“z、c、s，zh、ch、sh，j、q、x”三套音。王力先生就举了个例子：有些广东学生会把“洗”念作“死”。有一回，一个人问北方的同学“你洗不洗澡”，说成“你死不死”。北方同学听了之后就回答“我不死”，问的人就说“那你不死，我就先死啦”，对方哈哈大笑：“好吧，你死去吧。”这样的例子他搜集了很多，经常在课上说给我们听，让我们在笑声里学到很多东西。

1978年，王力与詹伯慧的合照（左三为王力，右二为詹伯慧）

还有就是王力先生虽然是大学问家，但是没有一点架子，对学生十分亲切。我是连平客家人，进大学的第一个学期一句普通话都不会讲，但是在他的纠正和辅导下，我逐渐学会普通话了。先生觉得我很勤奋，在学期末的时候当众表扬了我一个人，令我备受鼓舞。

1954年的时候，我跟着先生去了北大。他给我的毕业考试成绩评了不少“优”，暗示让我留下当助手。但是我不习惯北方的气候，想回中大。临走时我去拜访了他，他问我：“我有什么可以帮你的？”当时我想把1951年创办的杂志《中国语文》集齐方便以后研究学习，就想向他借40元钱，他十分爽快地叫师母把钱拿给了我。我回中大后的月薪为61.5元，可见当时40元不是笔小数目。

詹伯慧：我父亲詹安泰当时是中大中文系教授，和王力先生是同事。在我还是高中生的时候，王先生经常到我家来和我父亲谈论语言文学方面的问题，我在旁聆听，加深了我对语言学的兴趣，这对我后来报考王力先生创办的中大语言学系产生了直接影响。

王先生讲课深入浅出，逻辑性强，重点突出，举例精当，讲义记下来就是一篇现成的文章。当时我对文字改革和方言有兴趣，王先生对我勉励有加，在我写毕业论文的时候，还特意找出他上世纪三四十年代写的关于汉字改革的书籍给我作参考。那个时候流行学俄语，但我学的是法语，我曾试着把法国报纸上一篇关于斯大林论语言学的文章翻译给王先生看，他非常高兴，还叫系里把我翻译的文章油印出来，发给全系教师参阅，这对我是个很大的鼓舞。1953年毕业后我被分到武汉大学，1955年他推荐我去北大跟袁家骅老师进修方言学，并有机会进行实地调查，这确定了我以后的主要研究方向。

南方日报：王力的传记里提到他除了重视天伦之乐，十分珍惜师生间的情谊，比如他和恩师赵元任，还有朱自清先生感情深笃。您在毕业之后，包括“文革”期间，跟他联系多吗？

傅雨贤：毕业后我还经常写信向他请教，每一次他都认真作答。有一次，我寄了一篇关于句法问题分析的论文给他，他仔细看后，回信夸我做学问认真，并指点我注意一些问题，令我受益匪浅。我们之间的书信来往有不少，可惜很多都在“文革”期间遗失了。“文革”结束后的我还保存了20多封以及他的两份文稿、一份他八十大寿时送给我的墨宝。

印象中最难忘的一次是1972年。当时中大中文系打算复办语言学专业，于是我受命去北大考察具体的课程设置。到北京第二天我就去拜访了王力先生。当时他的历史问题还没解决，他见到我之后非常动情地说：“我知道你是党员，我现在还没‘解放’，你怎么敢来看我？”我回答说：“我来拜访我的老师，这有什么错吗？”他听了之后潸然泪下，说“文革”开始后北大的很多讲师、助教都不敢入他的门，我是第一个来拜访他的外地学生。他还询问了我的住址，过了两天请我去他家吃饭，那天，师母做了满满一桌的苏州菜。王先生“文革”之后从来没喝酒，但是那晚却破例让我陪他喝了一些。他向我一一询问了他的一些学生和容庚等旧友的情况，得知大家都还健在的消息后，他感到很是宽慰。

“文革”后，先生一家人一共回过广州四次。1978年他平反后，跟夫人第一次回广州看望亲人，然后打电话告诉了我。我就陪他去看了容老、吴宏聪等人，容老就在南园酒家招待王先生吃饭。大家20多年没有见面，都非常激动高兴。席间提及“文革”期间的遭遇时，先生没有一句抱怨和诉苦，只是淡然说，过去的就让它过去吧。他被扣上“文化特务”的帽子以及遭人挟嫌诬陷等事，我还是从别处得知的。我知道，先生这些年吃了很多苦，我听说，有一次他甚至向师母说，“我再也管不了孩子们了”，当时翦伯赞、吴晗这些人都已经自杀了。我才知道，先生也是起过轻生的念头的。但对这些事情，他一向不愿多说，只是抓紧时间，挽回被“文革”所耽误的时间，他的坚韧毅力真是令人钦佩！

1981年，王力与詹伯慧于东京的合照

谈文字改革：
大面积恢复使用繁体字不现实不可取没必要

南方日报：纵观王力先生的一生，他非常重视的两件事，一是普及《汉语拼音方案》，另一个就是汉语文字的改革。作为语言学家，您觉得，今天我们该如何客观评价王力当时倡导的“汉语拼音化”工作呢？

傅雨贤：这个问题比较复杂，一个国家一个民族树立一种标准语，是势在必行的。《汉语拼音方案》从制订到推广，王先生是主要的创始人之一，担任了汉语拼音改革委员会的副主任。《汉语拼音方案》与“汉语拼音化”是关系密切的。这里有个历史背景，之所以研究“汉语拼音化”，其出发点除了方便人们学习、运用祖国的语言文字外，还有一个考虑，就是如何方便与世界各国在语言文字信息化上面实现“接轨”，开展交流。当时囿于时代局限，人们以为不搞汉语拼音化，汉字就进不了电脑，就没法进行信息处理，但现在这个难题已经解决了。在我看来，汉语拼音化没有必要了，但提高普通话的水平还是很应该的，而《汉语拼音方案》对推广普通话、规范汉语标准语无疑是意义重大的。

南方日报：对于“汉字简化”的问题，学界一直存在争议。

有一些专家学者认为，繁体字包含了很多古汉语、古代文化的信息，一旦简化就没有了，那么您对“复兴繁体字”这一口号持何种态度呢？

傅雨贤：推广简化字，有利于提高广大群众的文化水平，这个已经是被历史所验证的了。繁体字可以作为“文化遗产”保留下来，凡是有兴趣、有需求的人，好比说中文系汉语言研究方向的学生，可以把学习研究繁体字当作爱好，但是要在全社会范围内大面积恢复使用繁体字，我认为是不现实、不可取，也是没有必要的。

詹伯慧：简体字的推广是为了方便向大众普及文化、降低文盲率，并不是要完全废除繁体字，有需要的地方还是会使用繁体字的，例如《汉语大字典》从头到尾都是用繁体字印的。简体和繁体各有用处，文字主要的功能还是作为记录语言的工具而已，文字本身不是文化，比如莎士比亚的作品翻译成中文后我们同样能够领略其中的文化精髓，不一定非要看英文原版不可。

简体字方案刚出台的时候也遭到很多人的反对，但是经过一定时间后人们基本都接受了。关于语言规范问题，我认为要用发展的眼光来看待语言的发展，专家学者应该少当语言警察，多当语言导游。语言的世界是很精彩的，语言研究者应当把大众带进这个世界中去，享受语言的乐趣、总之，语言的规范工作只能滞后，不能超前。

谈推广普通话：
粤语是绝对不会在推广普通话过程中沦陷断根的

南方日报：王老生前曾写过《广东人怎样学习普通话》，致力于普通话的推广。但是现在一些人却担心普通话的推广会影响粤语的传承，导致“推普废粤”，您对此怎么看？

傅雨贤：普通话的推广是顺时应势的。改革开放后随着地区间社会、经济、文化往来互动的频繁，联系的频密，学习普通话已经成为一种必需。在推广的过程中，普通话和方言会互相交融，这是个好现象，好比这些年粤语当中也有许多词，像“埋单”等，被全国人民所接纳，普通话对粤语的影响也是一样的。不用担心粤语会消灭，但它肯定会有所发展和变化，不能为了强求粤语“正宗”，而不去推广普通话。语言只是工具，只要达到交流的目的，它的功能就完成了。王先生以前就跟我讲过，法国各地的方言也是很复杂的，但是不影响法语标准化，官方使用的标准法语和地区使用的法语方言是并行不悖的。

詹伯慧：我觉得，在公共场合讲普通话是必须的，而语言学界对“推普废粤”的担心，则是没有必要的。我经常说“留住方言留住根”，在推广普通话的过程中我们也在推广粤语，两者并不矛盾。例如我主编的《新时空粤语》等书也是教人们学粤语的，我认为粤语是绝对不会在推广普通话过程中沦陷断根的。王力先生在编写《广东人学习国语法》的同时，还编写了一本供外省来粤干部学习广州话用的粤语入门书《广州话浅说》。当时正值新中国成立初期，“推普”运动风起云涌，王先生却能够高屋建瓴，正确认识方言和普通话两者之间的关系，认为两者都应发挥作用，各司其职。这一看法和我们今天在“推普”的同时仍然强调继续发挥方言的作用，甚至还提出要拯救某些濒危方言的精神是完全一致的，可谓一脉相承。

南方日报：您认为王力给中大，乃至整个广东学术界，留下的学术遗产有哪些？

傅雨贤：王先生的最重要的贡献，一是在中大成立了语言学系，二是设置现代汉语这门课并撰写了教学大纲。此外他对珠三角地区方言和海南白沙黎话等方言开展了卓有成效的研究。从普及这个角度来说，最出名的是1951年出版的《广东人学习国语法》，是新中国成立后全国最早为大众学习普通话编撰出版的自习教材，对于今天的广东人学习普通话都具有很强的实际指导作用。

詹伯慧：王力是当之无愧的语言学领域的一代宗师，他的治学经验中，有两点我个人觉得受益匪浅：首先，做学问要深入浅出，要结合中国实际，对西方语言学流派择善而从。比如他的《中国音韵学》把现代语音学理论和方法成功地应用于汉语音韵研究，化神秘深奥为平易，把望而生畏的“绝学”，变成容易理解的“科学”。其次，是要重视语言学的普及与应用工作，理论研究最终要为语言应用服务，例如普通话的推广、字典的编纂等。

王力写给傅雨贤的信

值得一提的是，在现代粤方言的研究中，王力教授堪称是一位建树良多的开拓者。早在1928年，他在负笈清华大学国学院期间，写出了《两粤音说》一文，首先对两广的方言进行了分区；赴法国留学期间撰写了博士论文《博白方音实验录》，王力先生在这篇论文中揭示了粤语（白话）中不仅有广州的“九声”，还有广西博白的“十声”，这一点对粤语声调的研究来说，是具有突破性意义的。回国以后，王力先生仍持续不断地进行汉语方言调查研究，其中粤语是他关注最多、用力最勤的汉语方言。在中大、岭大任教时期发表的《东莞方音》（1949）、《台山方音》（1950）和《珠江三角洲方音总论》（1950）等论文，不仅启发了粤语研究者的思路并开拓其视野，更突破了广东粤语的研究总是在代表点广州方言中兜圈子的局面。

逸闻趣事

清华国学院试题“4个100”

1926年夏，清华国学研究院在全国公开招收32名研究生，要求报考者必须具备三个条件：一、大学毕业生；二、曾在中学任教五年的教员；三、从名师研究有心得者。前面两条王力均不符合，他只读了两年大学，尚未毕业，只当过小学教师，唯有第三条还有点活动余地。他在上海国民大学读书时，章太炎任“挂名”校长，从未到校上过课，王力无奈之下，只好以“师从章太炎”之名义前去报名，果然奏效。

王力投考时的入学考试题非常奇特，考生需回答“四个100”：100个古人名，要写出每个人所处的朝代和主要著述；100个古地名，要答出各是今天的什么地方；100部书名，要答出各部书的作者是谁；100句诗词，要答出各出自哪首诗词。最终在清华国学院录取的32名研究生中，王力名列第26名。

“一斤和一根”

1951年出版的《广东人学习国语法》（1955年再版更名为《广东人怎样学习普通话》），对普通话和广东几大方言之间声、韵、调的差别一一进行了比较。王力将最易弄错的突出问题，归纳为通俗而醒目的短语作为各章节标题。如分论第一章《广州人学习国语法》就将广州人学普通话的通病列为18项，如分不清“做事和做戏”，“黄先生和王先生”、“荒唐和方糖”、“一斤和一根”等。

帮助外地人学习广州本地方言的《广州话课本》（后改名为《广州话浅说》），是一本7万字的小册子。在书中王力引用他所提倡的“类推法”，将北京音系与广州音系进行比较，每一种音腔韵调，均列出可以类推的例字及例外字的情况。

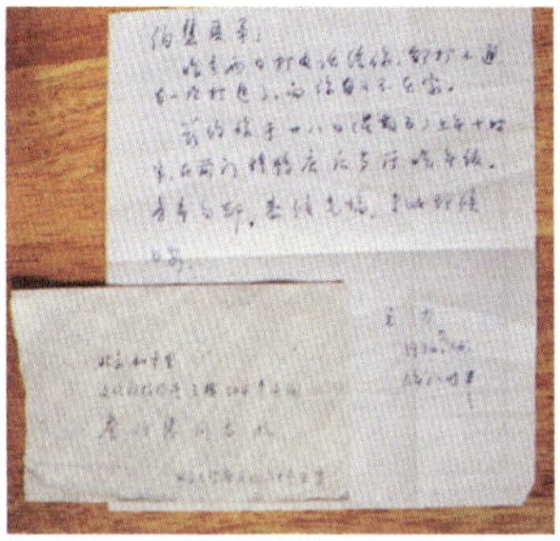
王力写给詹伯慧的信

满门英才　夫妇恩爱

王力与原配秦祖瑛育有缉和、缉平、缉国3个子女，其中长子秦似，原名王缉和，是著名作家、语言学家；次子王缉平是广西医科大学教授；女儿王缉国为资深记者。

王力和夫人夏蔚霞共育有5个儿女。王缉志是著名民营企业四通公司的创始人之一，教授级科研人员，曾成功主持开发MS系列文字处理机；王缉思是当代著名国际政治问题专家，原中国社会科学院美国科学研究所所长，现任北京大学国际关系学院院长，教授、博士生导师；幼子王缉宪为香港大学地理学系副教授。女儿王缉惠毕业于清华大学，后来也加盟了四通公司；王缉慈现任北京大学城市与环境学院教授、博士生导师。

王力和夏蔚霞夫妇，相濡以沫达半个世纪。1980年，80岁的王力写下一首《赠内》诗：“甜甜苦苦两人尝，四十五年情意长。七省奔波逃猃狁，一灯如豆伴凄凉。红羊溅汝鲛绡泪，白药医吾铁杖伤。今日桑榆晚景好，共祈百岁老鸳鸯。”这首诗是王力夫妇感情生活的写照，在报纸上刊登之后，感动了许多读者。

（郭珊　周素琼　何亮）

学人小传

陈耀真（1899—1986），广东台山人，中国现代眼科学的主要奠基人之一，眼科学家和医学教育家。为中山医学院眼科医院首任院长、中山医科大学眼科中心名誉主任，毕生从事医学教育事业，建立教育、医疗、科研与防盲为一体的眼科中心，致力于中国眼科史的研究。

毛文书（1910—1988），四川乐山人，我国眼科学界的女先驱，国际著名的眼科专家。为中山医科大学眼科中心首任主任兼防盲办公室主任。她还是卫生部医学科学委员会委员，中华眼科学会副主任委员、中国医学百科全书眼科分册编委、《中华眼科杂志》副总编、《眼科学报》主编。

陳耀真、毛文書：中国眼科界的『居里夫妇』

陈耀真、毛文书。

这是两个分不开的名字，一对中国眼科界的“居里夫妇”。

他是博雅温和的老夫子，她是敏锐利落的女强人，携手创造了多个“中国第一”：创建了中国第一所高校眼科医院、第一个眼科中心，联系并促成了国际眼科飞行医院第一次到中国访问传艺，组织了在我国第一次召开的国际眼科大会……

他们都是为中央首长保健的“御医”，曾为毛泽东、周恩来、邓小平、董必武、朱德等九位元帅和胡志明、金日成会诊，但仍难舍一腔平民情怀，七八十岁高龄还深入海南、新会农村为百姓防盲治盲。

他们对医学的追求、对病人的大爱，令人感佩。在抗战逃亡的人潮中，他一直带着两大铁箱的眼科书籍；在身患癌症从美国返回的归途中，她还带着三大包人工晶状体，那是给国内白内障病人免费用的。

他是她的老师，她是他的伴侣，风风雨雨相伴46年，很少能在一起吃上一顿完整的饭，在他弥留之际，她终于从美国赶回，带来了国际视觉和眼科学研究会授予中国眼科学家的第一次“功勋奖”。两年后，她也追随而去。

他们的爱情似乎并不浪漫，但就在最后的一凝眸间，在万千病人的重见光明中，得以永生。

历历往事

求学之路

作为蜚声国际的“光明使者”、眼科大师，陈耀真、毛文书的求学道路非常艰辛。

陈耀真祖籍广东台山，1899年出生在福州。父亲陈联祥1897年于美国哈佛大学化学系毕业后，就立即回国，先后在福州、南京等地的学校教书。他自小受父亲熏陶，学习刻苦，成绩优异。但17岁那年父亲病故，陈耀真被迫中途辍学，到父亲早年在香港开设的一家眼镜店打工。他一边工作一边学习，从香港皇仁书院中学毕业。1921年，22岁的陈耀真在族人的资助下，漂洋过海，考进了美国波士顿大学。

在美国，陈耀真继续半工半读，在餐厅洗碗赚学费，只经过6年奋斗，他先后获得科学学士和医学博士学位。1929年进入世界最著名的眼科研究所——美国霍普金斯大学威尔玛眼科研究所，成为该所第一位中国籍的研究人员。

1934年，陈耀真放弃在美国优越的工作条件和生活条件，回到苦难深重的祖国，到山东省济南齐鲁大学医学院任教。1937年，抗日烽烟四起，母亲、朋友都劝他到香港或国外开业赚钱。但他毅然带领在校学生，带着两大铁箱的眼科书籍和科研资料，一路颠簸，内迁成都，在华西协合大学执教，并任附属存仁医院眼科主任。

在医院里，他认识了刚毕业的女医学博士、聪慧灵巧的毛文书。1940年，相差11岁的他们结婚了，婚后诞下4个女儿。抗战时期物资紧缺，陈耀真连同母亲一家七口也经常吃不饱饭。但陈耀真夫妇一直勤于事业，据其在华西的学生李凤鸣回忆，不止一次到陈教授家里，看到陈教授和毛教授两人各一只手抱个小孩，一面看书。

1947年，在陈耀真的鼓励下，毛文书前往加拿大、美国深造眼科。当时最小的四女儿只有6个月大，陈耀真开始既当爹又当妈。

这段童年时光留给二女儿又昭的最深印象是，一张大床上睡着父亲和四个女儿，两个大女儿分别睡在陈耀真脚的两边，两个小女儿睡在爸爸头的两边。

有时半夜听到储藏室有动静，陈耀真就和又昭打着手电筒掀开米缸打老鼠、拍蟑螂。

1949年，毛文书完成进修任务，回到阔别两年的家。她给每个女儿都带来一份礼物——她在美国亲手用毛线织的连衣裙，竟然每个孩子都很合身。

岭南之春

陈耀真回国后，一直想着发展中国的现代眼科学，使之迈入世界现代眼科学之林。

1950年，陈耀真携全家回到家乡广东，同毛文书一起应聘在广州的岭南大学医学院任教授，在新中国的阳光下开始了人生的新里程。

1952年4月后，岭南大学医学院、中山大学医学院和光华医学院三院合并为"华南医学院"，1957年更名为中山医学院，陈耀真担任眼科教研室的主任。

1965年，在聂荣臻、陶铸的大力支持下，陈耀真、毛文书的梦想终于实现了：从最开始的两个医生、两张病床起步，建立了中国高校第一家眼科医院——中山医学院眼科医院。

经历十年劫难，1983年，白发苍苍的陈耀真、毛文书又在广东实现了另一个更大的梦想：建立了中国第一个集眼科教育、医疗、科学研究和防盲等任务于一身的新型眼科综合体——中山眼科中心，包括眼科研究所、眼科医院和防盲治盲办公室。

他们的希望寄托在年轻人身上。从1955年8月始，陈耀真开始招收培养我国第一批眼科学研究生。当时，他的研究生做课题，苦于缺少文献索引指路，亦没有多少可查的文献资料，研究工作较难下手。陈耀真及时从自己的"活索引"库中搜索资料，参阅国际上的研究动态，结合我国眼病发病情况和研究能力，选择研究方向，收集文献亲自把学生引上研究之路，后放手让学生独立

百年双喜 特约

世纪广东学人

A19

陈耀真毛文书：

中国眼科界的"居里夫妇"

百年新天 世纪风范 广东中烟工业有限责任公司特别呈献

陈耀真1921年留学美国波士顿大学，1927年毕业，获医学博士学位

思考，独立钻研，培养创造性思维，闯出科学新路。有时，为了指导学生准确精练地表达研究结果，他常用铅笔在稿纸边上密密麻麻地写满蝇头小字，不容许任何马虎和失误。这些学生后来都成为所学专业在全国学组的带头人。而毛文书直到逝世前夕还在带研究生，在她培养出的研究生中包括了中国眼科界第一个工程院院士李绍珍。

大医之道

新中国成立后，陈耀真、毛文书长期担任中央保健委员会专家，负责中央首长和友好国家政要的眼科保健工作。1960年后，陈耀真因患冠心病逐渐退出医疗一线后，毛文书就肩负起重任。

她为毛泽东、周恩来、邓小平、董必武等都做过保健。也为九位元帅诊治过。“文革”中，她对给哪些首长看过病，始终守口如瓶。女儿们也只知道她经常出差，但不知道去哪儿了，多年后看到她和胡志明、金日成的合影，才知道母亲当年的行踪。

当时粤港澳很多名人都喜欢找她看病。除了她医术超群，还因为她背后站着一个中国眼科界的泰山北斗、“活字典”陈耀真。遇到疑难病例，夫妻俩总会一起讨论研究。

她是出了名的“工作狂”。在她的遗物中，有一个小本子，记录着她1975年3月至5月去北京给中央首长看病的工作安排，上面的首长名字都是代号，看不懂，但有一点很清楚：整整54天里，只有两个上午没有安排医疗工作，她却去了北京协和医院图书馆查资料。

毛文书常说，只要是我的病人，我都一视同仁。

有一次，她在高干病房给贺龙元帅检查完眼睛后，来到普通病房，听到一个医生在大声说：“你不要眨眼嘛！你再这样，就自己负责！”原来，是年轻医生给一个老伯量眼压，眼压计要放在眼球上，病人忍不住闭眼眨眼。

“请起来，让我来做！”当时天气冷，毛文书搓暖了双手，轻柔地给老伯量眼压。病人不眨眼了，年轻医生羞愧地低下头。

毛文书想，不能把医生呵斥病人看成小事，如果病人是在高干病房，或是医生的亲人，他还会那样做吗？她专门找了几个年轻医生做三件事：一是用黑布把眼睛蒙起来，自己进入暗室，试坐到裂隙灯前；二是互相给对方量一次眼压；三是洗眼。“你们回去好好体会，我们当医生的，要时刻理解病人的心理。”

这件事很快在医院传开了。谁都知道，毛教授是为中央首长、老帅们保健的大专家，但对着平民百姓，她也是一视同仁，视如亲人。

陈耀真

破冰之航

毛文书

1982年9月21日，一架美国DC-8大型喷气式飞机停在了广州白云机场。那是奥比斯飞行医院在1981年成立后首航中国。在广州18天，就在飞机上做了几十例的眼科手术，全国各地有120多名眼科医生前来观摩学习，大开眼界，轰动一时。

这是改革开放之后，第一次有外国的非客机进入我国领空，并在广州机场停留这么长时间。其影响已经超越了医疗教学本身，成为中国改革开放初期的一个标志性事件。

陈耀真、毛文书就是这件事的推手。当时，美国眼科专家派顿教授给陈耀真写信，说他在筹建奥比斯飞行医院，将一架客机改装成一个小型医疗教学医院，组织美国、澳大利亚、西班牙、英国、法国等29个国家的眼科专家，飞往世界各地特别是发展中国家，教学传播先进眼科知识，让更多穷苦病人免受失明之苦。希望能到中国来。

这是世界级专家上门授课呀，对百废待兴的中国眼科界是很好的学习机会！陈耀真、毛文书看了材料激动不已，决定向有关部门申请邀请奥比斯访华事项。

但当时国门初开，并无先例，找了卫生、民航、安全、外事、海关、公安等“有关部门”，但这事较难拍板。亦有人认为这是“不可能完成的任务”。

毛文书想到，要找个能管事的首长，对，就找叶帅！

她请叶帅支持此活动能在广州白云机场举行，一来广州是改革开放前沿，二来广州有眼科医院。

这件难事最终办成了。奥比斯先进的设备和技术，比如白内障人工晶体植入、二联手术等，都让国内医生们大开眼界，受益匪浅。如今，奥比斯已经成为中国人的好朋友，还在中国设立了基地，造福万千眼病患者。

执子之手

女儿们回忆，从1950年代来到岭南开始，父母的生活总在匆忙中度过。就连吃饭的时候，也常常是毛文书急忙吃完一小碗米饭就赶去工作，而陈耀真怕烫，要等凉了再吃，夫妻俩难得在一起完完整整地吃过一顿好饭。

陈耀真尽管留学美国多年，但他既不爱跳舞打牌，也不上电影院，整天泡在书房里。毛文书也是加班加点，顾不了家。就在父母挑灯夜战的繁忙中，女儿们都悄悄成长了。

1983年陈耀真脑中风，在生命的最后三年只能卧床，连说话都很艰难，他的病房，就在眼科中心的四楼。开始只有一张床位，毛文书就睡在沙发上。后来总算添置了一张床，她就住在这间病房里，白天在医院工作，晚上在病房陪伴她的老师、她的伴侣。

有时吃完晚饭，毛文书会用轮椅把陈耀真推出室外走走。他们最喜欢去五楼的图书馆，看着年轻医生们在学习。看着图书馆的灯火辉煌，看着年轻人求知的眼神，陈耀真的两眼会发光，脸上显出兴奋的光彩，毛文书也笑了。这就是两老晚年的幸福时光。

1985年11月12日到14日，眼科国际会议在广州花园酒店召开，一是庆祝中山眼科医院建院20周年，二是庆祝陈耀真教授回国执教51周年。毛文书向国际眼科界的朋友们发出了邀请，原以为外宾不会超过50个，没想到来了22个国家和地区的195名专家，加上国内代表564人，可谓高朋满座。毛文书作为组委会主任，每天忙到晚上两三点钟，但都要挤出时间去病房看陈耀真，向他介绍当天会议的情况和国际友人送给他的礼物。

这是有史以来首次在我国举办的、由中国人主办的大型国际眼科会议，国际防盲协会主席克弗感叹说，这次会议充分表明中国眼科事业正在迅速占据在世界应有的地位。也充分展示了陈耀真、毛文书一呼百应的崇高地位。

在这次会议落幕的五个月又二十天后，陈耀真与世长辞了。他是带着微笑和赞誉离开的。

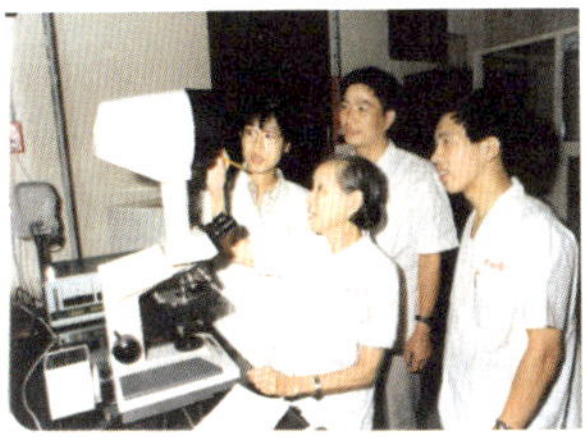
1986年毛文书指导研究生

生死之别

1986年5月2日，陈耀真已经神志不清，心跳微弱。医院发出病危通知书。

此时，毛文书正代表陈耀真参加在美国举行的国际视觉和眼科学研究大会。一个个越洋电话打来，她心急如焚，但还走不了，她在等待国际视觉和眼科研究学会为陈耀真授予的“功勋奖”，她一定要把这个奖牌带回去，亲手捧到陈耀真面前。

时间在一小时一小时地艰难度过。

拿到奖牌的毛文书火速从美国佛罗里达州启程，与在美国工作的三女儿之昭一起回国。

但当她们的航班飞往香港机场时，遇到台湾军官驾机回大陆的突发事件，香港机场紧急关闭，不能降落。这个意外，对于已经站在生与死边缘的陈耀真和毛文书来说，是何等残酷！难道连最后一面都见不到了？

第二天，5月4日上午9点，飞机终于降落在香港启德机场。早有人与香港海关联系，毛文书飞也似的迅速过关。当她冲进中山医病房时，已是中午时分。

“这是你的奖牌，我帮你领回来了！”毛文书把那块熠熠生辉的奖牌举在陈耀真的面前，他艰难地睁了睁眼，闪出一丝光亮。

下午2点，最后一次凝视着风雨相伴46年的妻子，还有已经成为眼科专家的二女儿又昭、三女儿之昭，老人终于安详地闭上了眼睛，终年87岁。

毛文书再次拨打越洋电话，要在瑞典出差的二女婿吴乐正继续到意大利罗马出席第二十四届国际眼科大会，作学术报告，以行动纪念陈教授。吴乐正忍着悲痛向国际眼科学会主席毛莫尼教授报告了陈耀真教授逝世的噩耗。

在国际眼科大会闭幕式上，到会各国眼科专家全体起立，第一次为一位中国科学家的逝世默哀。毛莫尼沉痛宣布："1986年5月4日，国际眼科界的一颗巨星陨落了！"

难舍之爱

陈耀真去世后，毛文书痛感自己时间不多了，要抓紧时间做想做的事情。在她生命的最后两年，先后八次奔波于亚洲、美洲等友好国家推动交流，还想带队到西藏为藏民治白内障，但到了成都就因为年高并患病被拦下了，只能在成都电话"遥控指挥"。

1987年11月，77岁的毛文书与美国国立眼科研究所及海伦凯勒基金会合作，率队在广东新会县开展防盲治盲。要将全县83万人大普查一遍，对能治疗的眼病患者计划安排治疗。毛教授白天带医疗队下乡检查，晚上回到住宿地还要逐张逐张地翻看检查登记卡，如果病人有没有光感、地址等登记不清楚，第二天要重填。这次普查共查人数832288人，其中盲人1954名，白内障盲人占了48.88%，大部分得到手术治疗。大普查的经验受到国际卫生组织的赞扬。

1988年，毛文书应邀到美国参加学术交流会。会前在华盛顿三女儿之昭家小住数日，但她被发现便血了！送到医院一检查，肚子里有肿块，必须手术。但倔强的老人还是坚持先去纽约参加学术活动，向世界介绍新会县防盲治盲的普查情况。之后再回到华盛顿，立即手术。但打开腹部后，发现肿瘤已经到了晚期，只好重新缝合。医生说她只能维持两个月左右。

"我还有很多事情要做！死也要死在祖国！"缝合后第二天，她就下床推着吊架当拐杖锻炼走路。二女儿把她接回国时，她带了三大包人工晶状体，这是给国内白内障病人免费治疗用的。

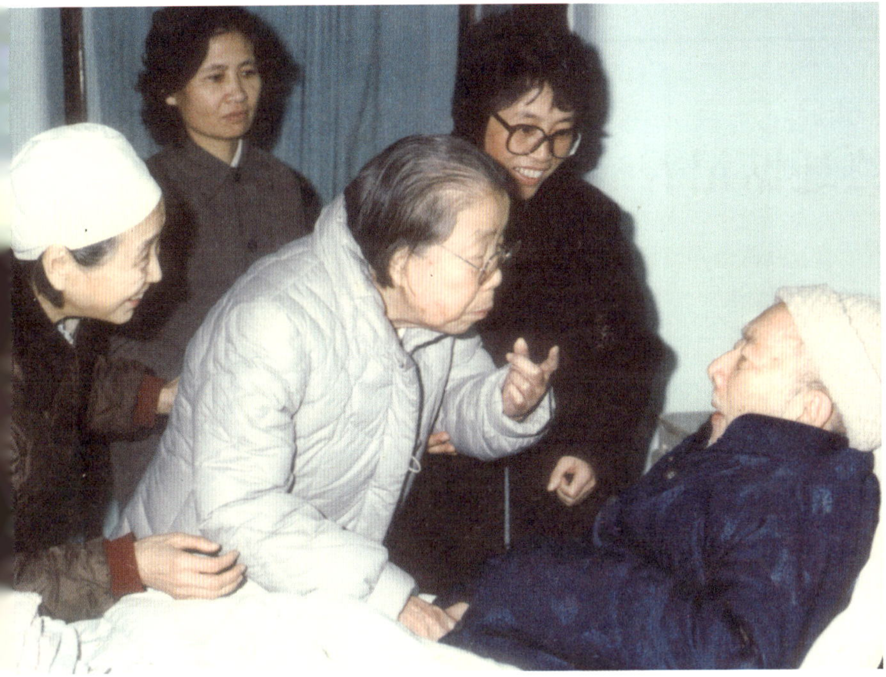

1985年4月邓颖超探望陈耀真

弥留之际，她还在牵挂眼科中心17层新眼科大楼的建设，这是她晚年的心血之作，可惜看不到了……1988年9月1日，这位中国现代眼科学女先驱安静地走了，享年78岁。

身后，许多病人闻讯赶来送别，相交数十载的邓颖超大姐也发来悼词，署名是“关心你的你关心的邓颖超”。

（陈枫　余婷）

女儿女婿深情追忆陈耀真毛文书——

他们临终还惦记着病人

在陈耀真、毛文书的四个女儿中，二女儿陈又昭、三女儿陈之昭都继承家学，成为眼科专家。二女婿吴乐正教授还是陈耀真的得意门生。二老逝世后，吴乐正、陈又昭多方搜集奔走，主编出版了他们的传记和纪录片。已踏入暮年的他们，一提起父母，依然有说不尽的故事、叙不完的思念。

晚年自学甲骨文，研究中国眼科史

南方日报：如何评价陈耀真教授的学术成就？

吴乐正：现在学术界比较公认的是，中国现代眼科主要有三位奠基人：北京的毕华德教授、上海的周诚浒教授以及陈耀真教授。1950年，陈教授翻译第一本国内眼科教科书《梅氏眼科学》第20版，1962年又担任我国第一部全国高等医学院校通用教材《眼科学》主编。他对中国眼科史的研究非常深入，贡献巨大。

陈教授在国际医学界影响力很大。他去世后，在罗马举行的世界眼科大会上，3000多人都为他的去世默哀。这是大会第一次为一位中国眼科专家的逝世而全体追悼。我当时低着头，泪都流出来了。

南方日报：毛文书教授是陈耀真教授的学生、妻子，在学术上，两人又是怎样的关系呢？

吴乐正：如果说陈教授是一个统帅，那毛教授是冲锋陷阵的大将。陈教授是导师级人物，晚年较多精力是在做中国眼科史研究，办学办医的具体事情靠毛教授在做。毛教授是中国现代眼科的女先驱。在中国眼科现代化教育过程中，她投入了一生。

南方日报：他们最宝贵的学术思想是什么？

吴乐正：就像一位母亲含辛茹苦带大自己的孩子一样，他们第一个主要的学术思想是他们致力于要培养中国好的眼科医生，为中国老百姓治疗眼科去做最好的服务，这也是他们毕生的理想。

记得陈教授说过：“我感到自豪的是，我能把我知道的完全教给你们。我也希望你们都能够贡献给国家和那些患眼病的病人。”这就是他一生思想的总结。

1934年，在中国最危难的时候，陈耀真教授选择从美国回到了这片他深爱的土地。带着满腔爱国热情，他一心想把中国现代眼科发展起来。

他们第二个学术思想体现在，希望中国眼科和世界最先进的眼科接轨，他们要让中国眼科能屹立在世界眼科之林，并在这片树林中站稳脚。1965年，他们建立了中国高等院校第一间眼科医院。1983年，他们建立了全国第一间眼科中心。

第三个学术思想体现在，中国一定要发掘整理自己的中国眼科医学史。在陈教授之前，很少有人系统整理过中国眼科的历史。他研究很深，精辟论述了我国从隋唐到明清时代的眼科学发展脉络和主要学术成就，专门考证过杜甫、白居易、欧阳修的眼病，还研究出我们比洋人安装假眼早了800年。不跟着洋人走，而是把中国值得自豪的东西发掘出来，这就是他们整理眼科史的意义。

陈又昭：爸爸做中国眼科医学史很不容易。他在香港长大，在美国读大学，都是用英文讲课，不懂文言文。为了研究医学史，他不仅努力学习文言文，还自学甲骨文。我们小时候，他经常找中山大学的陈寅恪先生、冼玉清先生，还有我姑父曹汝康教授请教古文，这个过程是很艰苦的。

吴乐正：第四个学术思想体现在，他们一直强调，做眼科工作一定要防盲。医生不能等到有眼科病人才开心，最好是没有人有病。他们觉得我们要无私地去防盲。

上世纪40年代，他们带着学生，深入到彝族、羌族等少数民族地区去防盲，还专门挂牌“免费门诊”给病人赠药。毛教授在时，她就是防盲治盲办公室主任，带着学生去新会、海南等地防盲。

A20

世纪广东学人

女儿女婿深情追忆陈耀真毛文书

他们临终还惦记着病人

广东中烟工业有限责任公司特别呈献

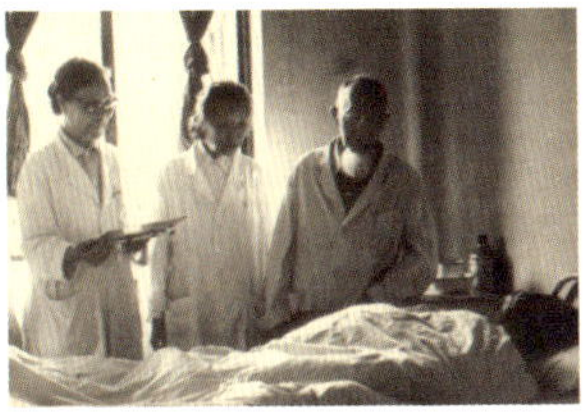

陈耀真、毛文书在眼科医院查房

"文革"后，他们不计前嫌培养学生

南方日报： 据说毛教授对学生很严厉，批评人不留情面。

陈又昭： 妈妈是很严厉，但对学生的生活也很关心。爸爸对学生很慈爱。据他早年在四川的学生回忆，那时晚上天气冷，爸爸晚上去图书馆看书的时候，会带上两个红薯放在火炉上烤。烤熟后，他一个，学生一个。如果只带了一个红薯，就和学生一人一半。他晚上走过学生宿舍楼下，还会叫一声："Doctor罗？Doctor刘？"看看学生是否在房间看书。

吴乐正： 在20世纪80年代，全国5个中华眼科学会的正副主委有4个是他们的学生。我是1959年入学读陈教授的研究生。陈教授一共招了四批研究生，我是第三批，最后一批研究生因为"文革"没读完。中山大学眼科中心陈家琪教授、李绍珍院士都是二老的弟子。

南方日报： "文革"后，两位教授的大度胸襟很让人佩服。

陈又昭： 在"文革"期间，他们的学生批斗他，打他，骂他，还关在医院的破房子里，连家都不能回。他们遭受着肉体和精神上的非人的折磨。

家里被抄了很多次，金银财宝是抄不出来的，但最让他们心疼的就是多年收藏的书籍被撕烂。

但"文革"后，他们很宽容，不计前嫌培养学生。当时一个革命造反派想到医院研究室一个部门工作，部门主任不愿意接受，妈妈反而一定要主任接受他。事情过了，妈妈就不会去追究了，让大家往前看。这种胸怀真的很难做到。

爸爸的兴趣就是补袜子，不愿放弃眼科手艺

南方日报： 在你小时候，对妈妈有什么印象呢？

陈又昭： 妈妈没有任何的兴趣。不听音乐，不会艺术，也不看小说，就是爱工作。记得一次去苏州，我们要登山时，妈妈就坐在汽车上不下来，说了句"你们去吧"，就拿出她带的眼科杂志坐在车上看，边看边等我们回来。

妈妈饮食很简单，20世纪60年代她就因为胃病切掉了4/5的胃，一顿只吃一小碗饭，最喜欢豆腐和四川泡菜。

她是四川人，脾气很急，不转弯抹角，没有心眼。虽然妈妈很严厉，但一

直会有人告诉我一些妈妈很温暖的事情。哪个护士的小孩摔了一跤，脑出血，妈妈听说了，会专门去看她。

记得最困难的时期，大家都缺粮。爸妈就专门安排科里医生护士30多个人分几批来家里吃饭，给他们补充营养。妈妈还常常把剩下来的粮票，送到家庭困难的护士手里。

南方日报：那爸爸呢？

陈又昭：爸爸就喜欢在书房里做他的研究，直到吃饭我们才叫他。他吃饭怕烫，叫了很多次都不出来。

爸爸虽然是大教授，但没有架子，喜欢说笑话，跟很多工友都是好朋友。他常穿着长袍，像老夫子一样。凡是跟眼睛有关系的东西，他都千方百计去了解。

在我印象中，爸爸的兴趣就是补袜子。在家里，爸爸的袜子都是他自己织补的。补袜子就像我们眼科医生做手术，一针一线缝。后来爸爸一把年纪不做手术了，但是他还是没有丢掉自己的手艺，保持着给自己补袜子的习惯。

妈妈去世以后，我们回到原来在北京的家。在家里我还看见爸爸补过的袜子，我一直舍不得丢。

1953年陈耀真、毛文书在做科研

1965年，两人创建的当时全国规模最大的眼科医院

夜晚妈妈就推着轮椅，带爸爸在医院走走

南方日报：你们如何看待父母之间的爱情呢？

陈又昭：爸妈大多数时间都沉浸在对事业的追求中。虽然他们都是留学生，在国外生活了十几年，却没有平常人所说的浪漫。

我们一家人聚在一起时就交流自己看了什么眼科书，乍一听上去就像一个读书报告会。生活虽然看似单调枯燥，但都享受着这种过程。

妈妈年轻的时候是很聪明的一个人，比较爱玩，不刻苦但也可以把书念得很好。婚后女伴们都在打麻将，虽然妈妈是一点儿都不会，但是她喜欢站在旁边，看着女伴们玩，一看就是一个晚上。

爸爸为了慢慢扭转妈妈这个不好的习惯，就规定妈妈今天要看一本什么书，明天写一篇什么文章。等妈妈以为做完这个就可以玩了时，还没到做完，第二份功课又开始来了，接着，第三份又开始来了。慢慢地爸爸将妈妈引导到做学问上来。小的时候，别人到我们家来看我们，常会看到爸妈一手抱着我们，另一只手在看书。

在爸爸中风后的那三年，他就住在中山眼科医院的1号楼病房里。妈妈没有回家住过一天。她白天处理医院事务，晚上就在病房搭一张床，陪爸爸睡。医院成了他们最后的家。那时的爸爸已经不能说话。夜晚，妈妈就推着爸爸的轮椅，带着他到医院各处走走：去楼下看看值班的医生，看看工作的护士。两个人静静漫步在那些他们曾经为理想耕耘过的地方。

大女儿“文革”得精神病，是她一生的痛

南方日报：据说毛文书教授病危时，最担心的就是大女儿。

陈又昭：我大姐从小身体不好，比较内向，高中没有毕业就待在家里。妈妈为了让她感受到自己也能为这个家创造价值，就让姐姐到医院帮忙搓棉签，姐姐的工资却是妈妈偷偷拿自己的工资来支付的。

“文革”中，大姐看到父母受迫害，自己又遭到殴打，竟患了精神病。妈妈很伤心，觉得自己亏欠了女儿。可为了工作，她经常不得不狠心给大姐吃上一片安眠药，自己赶去给患者看病。

也许是冥冥之中的天意，妈妈把大姐送进精神病院，之后的两个月她就离开了人世。姐姐没有家庭，没有工作，只有户口。这些年来，她一直待在精神病院，从未出来过。我们每天都提心吊胆，最怕的就是半夜接到电话，害怕听到精神病医院那边传来她病危的信息。

南方日报：妈妈弥留时，是你去美国接她回来的？

陈又昭：是的，她很虚弱，但很顽强，缝线第二天就下地练习走路了。当时她叮嘱我要拎着三大包行李回来，都是人工晶状体。当时国内的人工晶状体质量还不行，一个进口晶体要250美元，老百姓怎么买得起？妈妈就跑去找美国一个公益防盲协会，从那里拿免费的人工晶状体。她一拿就拿几百个回来，为几百个中国贫苦病人谋求利益。她真是到死也惦记着她的病人！

（陈枫　余婷）